El arte de la conversación,
El arte de la composición

el arte de la conversación
el arte de la composición

Second Edition

José Luis S. Ponce de León

California State University, Hayward

HARPER & ROW PUBLISHERS

New York, Evanston, San Francisco, London

Photo credits:

Joel Gordon (p. 33).
David Haas (pp. 17, 131, 145, 207).
Francisco Hidalgo, Woodfin Camp (p. 225).
Jason Lauré, Woodfin Camp (pp. 173, 187).
José Luis S. Ponce de León (pp. 1, 109).
Spanish National Tourist Office (cover).
United Nations (p. 93).
Wide World (pp. 45, 61).
Rick Winsor, Woodfin Camp (pp. 77. 131).

Sponsoring Editor: George J. Telecki
Project Editor: Ellen Antoville
Designer: T. R. Funderburk
Production Supervisor: Will Jomarrón
Photo Researcher: Myra Schachne
Compositor: Santype Limited
Printer and Binder: Halliday Lithographic Corporation

EL ARTE DE LA CONVERSACIÓN, EL ARTE DE LA COMPOSICIÓN,
Second Edition.

Library of Congress Cataloging in Publication Data

Ponce de León, José Luis S
El arte de la conversación, el arte de la composición.
Published in 1967 under title: El arte de la conversación.
Introduction in English.
Includes index.
1. Spanish language—Conversation and phrase books.
2. Spanish language—Composition and exercises.
I. Title.
PC4121. P644 1975 468'. 3'421 75-288
ISBN 0-06-045249-8

A mis estudiantes

Tabla de materias

Preface ix

I. Los medios de información 1

El **subjuntivo** en la expresión de un **ideal** 10
El **subjuntivo** en la expresión de una **negación** total 10
El **indicativo** en la expresión de la **realidad** 10

II. La universidad 17

cuando (y otras expresiones de tiempo) + **subjuntivo** 26
cuando (y otras expresiones de tiempo) + **indicativo** 26

III. La emancipación de la mujer 33

como si + imperfecto de subjuntivo 42
como si + pluscuamperfecto de subjuntivo 42
si + indicativo + indicativo 42
si + imperfecto de subjuntivo + condicional 42

IV. La política 45

El uso de los tiempos del subjuntivo (I) 54

V. La vida urbana y sus problemas 61

El uso de los tiempos del subjuntivo (II) 72

VI. Los problemas demográficos del mundo actual 77

por y **para** (I) 86

VII. Los prejuicios 93

por y **para** (II) 102

VIII. El cine 109

Los pronombres relativos (I): **que**, **quien**, **cual**, **cuyo**, **el que**, **el cual** 122

IX. La madre tierra 131

Los pronombres relativos (II): **quien**, **cuyo**, **cuanto** 140

X. La gente joven 145

El objeto directo 155

XI. Conflictos culturales 161

El objeto indirecto 169

XII. El antiamericanismo 173

Frases con pronombres de objeto indirecto y de objeto directo 182

XIII. La violencia 187

se: sus diferentes tipos 197
Los verbos reflexivos 197

XIV. Los tópicos nacionales 207

ser y **estar** (I) 217

XV. La cultura y la lengua 225

ser y **estar** (II) 235

Vocabulario 241
Indice de dificultades 261

Preface

The story of this book began in 1967, when *El arte de la conversación* was first published. That book was gratifyingly successful and, in the preparation of a second edition, so many changes were introduced that, in the end, the author realized that he had written a new book.

This book can be used in conversation courses, in composition courses and in those that combine both conversation and composition.

Each lesson is divided into two parts:

El arte de la conversación is for oral practice. Since class time is precious, students can read the dialogues at home, and devote the time spent in class to talking. The instructor should explain in class those parts of the dialogue that he or she considers more difficult, and answer questions students might have on that part of each lesson. The whole class should then pass on to the next section:

Comentarios. When answering the questions included in this section, or any other questions that come up in class, the instructor should lead the students in such a way that they will use in their answer and comments the vocabulary and the idiomatic expressions they have learned in the dialogue.

The *Ampliación de vocabulario* introduces more material and more questions on each subject. New words are always presented within a context which makes them self-explanatory, and which connects them to actual situations in everyday life. Students can read the paragraphs of this section at home, and then practice the newly acquired vocabulary in class conversations. Another possibility is for the instructor to present each paragraph in class, writing new words and expressions on the blackboard, and then providing practice through questions and answers. Later a general practice of the whole section can be done, with or without the new vocabulary still written on the blackboard. All instructors know that vocabulary expansion should not be done too fast, and that students should be given time to absorb the new material.

Dificultades y ejercicios presents several examples of each linguistic problem. These exercises are not at all difficult. Their purpose is not to torture the students, but to help them to absorb new expressions through repetition.

The following section, *Practicando al contestar*, has the same purpose. Each question includes one of the linguistic problems the students have just practiced. Each response should contain that same structure. The questions included are models for others that the students themselves should formulate and pose to their classmates.

The *Pequeño teatro* is the high point of each lesson. The ideas given in this section are just suggestions, and both students and instructors can create other skits that will force them to use the new vocabulary.

The last section, *Sea usted mi intérprete, por favor*, helps the students to realize how much they have learned. When creating their own questions, in English, they should limit themselves to the new words and expressions they have learned in each lesson. A student asks a question. Another student, his interpreter, translates that question into Spanish. A third student will answer in Spanish, and, finally, the interpreter will translate that answer into English. In this way the members of the class will be working in teams of three. This type of practice can be used as a mini-exam at the end of each lesson.

Cuestiones gramaticales is suitable for both conversation and composition courses. This section can be used in the former, even though the course does not involve written work, and must be used in the latter. *Cuestiones gramaticales* explains some of the more difficult structural points of the Spanish language. It is not a complete grammar and, of course, each individual may agree or not with the choice made by the author. The exercises help the students to see each idea expressed in two different ways. Each linguistic problem may be solved with alternative possibilities offered by the Spanish language: One solution permits avoidance of the problem, while the other faces the problem directly.

El arte de la composición tries to provide a balance between the students' creativity and the need to practice a certain vocabulary and a certain set of grammatical structures.

Each lesson includes several possible subjects for compositions, a list that both students and instructors can complement with their own ideas. A list of the new vocabulary, idiomatic expressions and grammatical structures is also included. (This list is given without English equivalents.) Using it as a source of material for their compositions, students should include in their work as many of these new items as they can (an example of what can be done is given in *Lesson* 1). The purpose of each composition is not to write a piece of first-class literature but, in all modesty, to practice what has been learned, accepting certain limitations to the creative ability of each writer.

The characters introduced in the dialogues are: an American couple (Sheila and Craig, two names that cannot be translated into Spanish) who speak Spanish as a second language; an Hispanic couple (Manuel and Pilar, two typical names in Hispanic countries); and two young people: María Luisa (daughter of the Spaniard Manuel and his Mexican wife Pilar), born in

Argentina and educated in Hispanoamérica and in Spain; and Howard, the son of the American couple.

These characters are the product of their own environments. They are middle-class, well-educated, cosmopolitan and full of curiosity for other cultures and for different ways of life. They are not perfect; thay have virtues and shortcomings, but they are all united by a sincere affection for one another which permits them to be even sarcastic in their conversations, without hurting anybody's feelings.

Manuel uses the *vosotros* form, common in most parts of Spain; his wife and daughter, however, prefer the use of the *ustedes* form, favored in some parts of the South of Spain, in the Canary Islands, and in all of Hispanoamérica. Their American friends always use the *ustedes* form.

The Spanish used in this book tries to reflect, as much as possible, the great linguistic variety of the Hispanic world. There is a common language that permits over two hundred million Spanish speakers to understand one another, even though enormous distances separate them. There are Spanish speakers in Europe (not only in Spain: Let's not forget the Spanish Sephardic Jews of the Mediterranean countries), Hispanoamérica, the United States (where Spanish really is not a foreign language) and in the Philippine Islands. Of course there are some differences in the language of this extensive Hispanic world, but the linguistic and cultural heritage has a common base that unites Spanish speakers all over the world. If the linguistic creativity of the inhabitants of each area has introduced innovations in the language, the common heritage is not damaged but, on the contrary, enriched by the contributions of each group, and what they all have in common permits them to communicate and understand one another.

Many friends and colleagues of the author have used *El arte de la conversación* since its publication in 1967. Their comments and criticisms were gratefully accepted when this new book was prepared. There are now four completely new dialogues, and in those already included in 1967 many changes have been made. All exercises in each lesson are completely new, and there are new suggestions for the *Pequeño teatro*.

I would like to express my appreciation to all those that reviewed *El arte de la conversación*, and to those who sent their comments to me. My gratitude also goes to my former student Douglas Carver, whose help in the preparation of the *Indice de dificultades* is truly appreciated; to my good friend Ofelia Arizmendi, who very generously discussed Hispanic-American varieties of Spanish with me; to my friend and colleague Richard Woehr, whose suggestions helped me to improve many pages in this book; to my former professor of Spanish Language and Literature, and now dear friend, Isabel Magaña de Schevill, whose teachings have helped so much in the study of my own language; to Claire Browne and to Constanza Bales, who teamed up in the typing and proofreading of the original manuscript; to George Telecki and Ellen Antoville, of Harper & Row, who made publication of this book possible; to all my American friends who answered my questions on some subtle meanings of American English expressions; and, of course, to my students who, with their questions, year after year, made me see what is difficult and what is not for American students of the Spanish language.

the author

El arte de la conversación,
El arte de la composición

I.

Los medios de información

Revistas, libros y diarios de varios países en un puesto de periódicos de Madrid.

Personajes: SHEILA *y* CRAIG, *matrimonio norteamericano*
PILAR *y* MANUEL, *matrimonio hispano*

MANUEL Verdaderamente, es muy interesante para un extranjero[1] comparar los medios de información[2] de varios países.

CRAIG ¿Encuentras muchas diferencias entre los medios de información de los Estados Unidos y los de otras naciones?

MANUEL Pues mira, sí y no. En televisión y en radio, por ejemplo, veo que hay muchas emisoras[3] privadas, pero no hay una emisora nacional, como la *British Broadcasting Corporation*, la *BBC*, o la Radio Nacional de España.

SHEILA Una emisora nacional, de radio o de televisión, controlada por el gobierno, no puede ser objetiva.

PILAR Depende de cómo esté organizada. La *BBC* es muy independiente.

CRAIG Pero hay otras que no lo son, y en sus programas siempre presentan el punto de vista[4] del gobierno.

PILAR Es cierto, pero al menos[5] tienen la ventaja de que en sus programas no hay tantos anuncios.[6]

SHEILA Es decir, que en vez de[7] publicidad comercial hay publicidad política.

MANUEL Algo así. Aquí, en cambio,[8] hay unas emisoras educativas muy interesantes.

CRAIG Sí, la pantalla[9] de nuestros televisores[10] nos ofrecen programas muy buenos y programas para retrasados mentales.

PILAR Mira, Craig, eso ocurre[11] en todas partes. Lo mismo sucede con los periódicos:[12] Los hay muy buenos y los hay pésimos.[13]

CRAIG Es muy difícil hacer un buen periódico, y la prueba está en que, en realidad, hay muy pocos periódicos buenos en el mundo. O pocos buenos periodistas.[14] Por ejemplo, escribir unos buenos titulares,[15] breves e informativos, es un arte.

SHEILA ¿Qué entiendes tú por un buen periódico?

CRAIG Pues uno que esté bien informado, que sea imparcial, que tenga buenos corresponsales,[16] y que esté hecho con imaginación.

SHEILA Todo eso que has dicho es muy general.

MANUEL Te olvidaste de una característica muy importante: que escriba con libertad.

CRAIG ¡Hombre! ¡Eso se da por descontado![17]

1 nacido en otro país; ciudadano de otra nación
2 difusión
3 estaciones
4 la opinión
5 por lo menos
6 anuncios comerciales
7 en lugar de
8 por el contrario
9 parte del aparato de televisión donde aparece la imagen
10 aparatos de televisión
11 pasa, sucede, acontece
12 los diarios
13 muy malos
14 reporteros
15 títulos de cada noticia
16 periodistas que envían sus crónicas desde otras ciudades o desde otros países
17 se supone que es cierto, que existe

PILAR ¡Qué optimista eres! En muchos países la prensa está censurada, y sólo[18] publica lo que el gobierno quiere que diga.

CRAIG Ya lo sé, Pilar. Por eso[19] en esos países no hay ni un solo periódico[20] que pueda llamarse bueno. La censura y los buenos periódicos, o las buenas revistas,[21] son incompatibles.

MANUEL La prensa norteamericana tiene fama de ser muy independiente. Varias veces ha publicado informaciones que crearon serios problemas al gobierno, y nadie se lo impidió.

PILAR ¡Ojalá sucediera así en todas partes! No hay cosa más triste que la monotonía de una prensa censurada.

18 *solamente*

19 *por esa razón*

20 *no hay ni un solo periódico = no hay ni uno*

21 *publicaciones ilustradas, generalmente semanales*

COMENTARIOS

1 ¿Ves la televisión todos los días? De los programas que has visto últimamente, ¿cuál te interesa más, y por qué?
2 Cuando tenías menos de doce años, ¿veías mucho la tele? ¿Crees que la tele ha influido en tu personalidad? ¿En qué sentido ha influido?
3 Si en tu niñez has pasado muchas horas delante del aparato de televisión, ¿consideras ahora que esas horas han sido tiempo perdido? ¿Te gustaría que tus hijos pasaran muchas horas delante de la tele?
4 ¿Crees que en la televisión hay anuncios bien hechos, con valor artístico? ¿Te dejas influir por la publicidad de la televisión o de la prensa?
5 ¿Lees el periódico frecuentemente? Si no lo lees, ¿cómo te enteras de lo que pasa por el mundo, en tu país o en tu ciudad?
6 En lugar de leer el periódico, ¿prefieres ver las noticias en la televisión? ¿Crees que es interesante saber lo que sucede en el mundo?
7 ¿Crees que lo que sucede en el mundo, a veces a gran distancia de ti, puede influir en tu vida?
8 ¿Has leído alguna vez un periódico extranjero? ¿Era muy diferente de los periódicos norteamericanos que conoces? ¿Qué crees que es «un buen periódico»?
9 ¿Te gustaría ser periodista? ¿O fotógrafo de prensa? ¿O corresponsal de algún periódico importante en una capital extranjera? ¿O corresponsal de guerra?
10 ¿Crees que la censura está justificada en algunos casos? ¿En qué casos?

Ampliación de vocabulario

A La televisión **en color** (**a colores**) todavía no ha llegado a muchos países. En ellos, todos los programas de televisión son en **blanco y negro**. En muchos países hay uno o dos **canales** (**cadenas**) de televisión. Hoy en día las **antenas de televisión** cubren los tejados del mundo.

¿Cuántos canales de televisión puedes ver en tu casa?
¿Crees que la televisión puede ser un buen instrumento educativo?
¿Te gustaría trabajar para la televisión? ¿Qué clase de trabajo te gustaría hacer? ¿ser **entrevistador**? ¿o, quizá, **camaraman**? (¡Anglicismo!)

B Los periódicos tienen muchas secciones. Veamos algunas:

1 **La sección deportiva** de los diarios es leída, generalmente, por hombres gordos que nunca hacen deporte.

¿Estás de acuerdo con esta afirmación? ¿Por qué «hombres gordos» y no «hombres y mujeres gordos»?
¿Asocias la idea de los deportes con la masculinidad?

2 **La sección financiera** da las noticias de la marcha des los negocios, y de **las alzas** (**subidas**) y **bajas** de **las acciones** y **valores** (documentos que prueban participación económica en una empresa) de **la Bolsa** (lugar donde se compran y venden esos valores).

¿Te interesa la sección financiera del diario? ¿Crees que nada de lo que sucede en la Bolsa te puede afectar a ti? ¿Crees que las depresiones económicas y los períodos de prosperidad influyen en tu vida?

3 **La crónica de sociedad** nos da informaciones muy interesantes: **la puesta de largo** (**la presentación en sociedad**) de la bella señorita Tal y Cual; **la boda** (ceremonia en la que un hombre y una mujer se casan) de la señorita A con el señor B; la fiesta dada por los señores de Tal y Cual en su magnífica residencia. . .

¿Te interesa este tipo de noticias? ¿Crees que sólo los *snobs* se interesan por estas informaciones?
¿Crees que la crónica de sociedad es una sección frívola del periódico? ¿O crees, por el contrario, que es una muestra inocente de la vanidad humana?

4 **El consultorio sentimental** es, a veces, la sección más divertida del diario.

¿Has leído, últimamente, alguna carta particularmente interesante aparecida en esta sección? ¿Qué piensas de la gente que escribe cartas a estos consultorios?
Piensa en un problema personal cualquiera, verdadero o inventado, y escribe una carta a un consultorio sentimental. Léela en voz alta. Cada estudiante debe pensar en una respuesta a tu consulta.

5 **La sección de espectáculos** anuncia **las películas** (**los filmos**) que se presentan en **los cines**, y **las obras de teatro** que **se representan** en los teatros; también anuncia **las salas de fiestas** (los cabarets), **las revistas musicales** y la ópera. En esta sección también se publican **las críticas** de cine y de teatro, escritas por **los críticos.**

¿Cuando vas al cine o al teatro, lees antes las críticas de la película o de la obra que vas a ver? ¿Crees en los críticos, o prefieres juzgar personalmente?
¿Qué película has visto últimamente? Haz una crítica de esa película.

6 **La página literaria** contiene **críticas** de libros, y **la sección de arte** incluye las críticas de **las exposiciones** de pintura, escultura, fotografía, etc.

¿Has visitado alguna exposición recientemente? Haz una crítica de las obras de arte expuestas en ella.
¿Te gustaría ser pintor o escultor? ¿Crees que la vida de los que se dedican a la pintura, o a cualquier otra forma de arte, es más interesante que la de cualquier otra persona?

7 **Los anuncios por palabras** (**anuncios breves, clasificados**) nos indican quién quiere vender o comprar coches, o casas, o quién ha perdido un perro, o quiere **alquilar** (rentar) un piso o apartamento, quién busca trabajo, u ofrece empleo. . .

¿Qué otras secciones hay en los anuncios breves? Si quisieras vender tu coche, ¿cómo redactarías el anuncio? Imagínate que buscas un puesto (un trabajo, un empleo, una chamba) ¿cómo ofrecerías tus servicios?

¿Se te ocurre alguna sección del periódico que no haya sido mencionada? ¿Te gusta leer **la prensa escandalosa** (amarilla)?

8 En los Estados Unidos es ahora muy popular la llamada «*underground press*». ¿En qué se diferencia de la otra prensa? En español diríamos

«**la prensa clandestina**», pero en el mundo hispánico este tipo de prensa se vendería en secreto y con gran peligro. Algunos partidos políticos prohibidos publican sus periódicos clandestinos, que luego circulan a espaldas de la policía.

¿Cómo explicas que en los Estados Unidos se llame «*underground*» a unos periódicos que se pueden comprar en cualquier esquina? Para un habitante de un país hispánico, esta prensa no podría llamarse nunca «clandestina».

Dificultades y ejercicios

1. Uso De: **extranjero, forastero, desconocido**

extranjero, -a	*foreigner* *foreign countries*
forastero, -a	*stranger*
desconocido, -a	*stranger, unknown person*
extraño, -a; raro, -a	*strange*

Durante las vacaciones de verano, la ciudad se llena de **extranjeros** y **forasteros**. A mucha gente le gusta viajar por **el extranjero** donde habla con **desconocidos** que, muchas veces, se convierten luego en buenos amigos. En la ciudad, durante el verano, se oyen muchas lenguas conocidas, y otras lenguas **extrañas**, lenguas **raras** que nadie comprende y que dan a la ciudad una atmósfera exótica y cosmopolita.

PRÁCTICA

Ayer conocí a una familia de otro país.	Ayer concí a una familia **extranjera**.
En las fiestas de verano hay mucha gente de otras ciudades.	En las fiestas de verano hay muchos **forasteros**.
Me recomendaron que no hablara con gente que no conozco.	Me recomendaron que no hablara con **desconocidos**.
Tiene un acento muy extraño.	Tiene un acento muy **raro.**
Me gusta viajar por otros países.	Me gusta viajar por__________.
¿No vive usted aquí? No, señor, soy de otra ciudad.	¿No vive usted aquí? No, señor, soy __________.
Cuando viajo hablo con muchas personas que no conozco.	Cuando viajo hablo con muchos __________.

¡Qué acento tan extraño tiene ese extranjero! ¿De dónde será?	¡Qué acento tan ______ tiene ese extranjero! ¿De dónde será?

PRACTICANDO AL CONTESTAR

¿Cuál es la diferencia entre un forastero y un extranjero? ¿Has estado alguna vez en el extranjero?

¿Crees que es una buena idea hablar con desconocidos?

¿Te parece extraño que los niños europeos beban vino?

2. USO DE: **ocurrir, ocurrírsele** (algo a alguien)

ocurrir = { pasar / suceder / acontecer } ——— *to happen*

ocurrírsele (algo a alguien) ——— (*something*) *to occur* (*to somebody*)

Aquí hay muchos malos programas de televisión, pero eso **ocurre** en todas partes. Ahora **se me ocurre** una pregunta: ¿Qué se entiende por un programa bueno, o por un programa malo? Todo es muy relativo.

PRÁCTICA

¿Por qué hay tanta gente delante del Banco? ¿Pasó algo?	¿Por qué hay tanta gente delante del Banco? ¿**Ocurrió** algo?
Me imagino lo que sucedió: Robaron el Banco.	Me imagino lo que **ocurrió**: Robaron el Banco.
¡Qué ideas tienes! ¡Siempre piensas lo peor!	¡Qué ideas **se te occurren**! ¡Siempre piensas lo peor!
¡Hay tanta violencia! Pasó lo que tenía que pasar!	¡Hay tanta violencia! ______ lo que tenía que ______.
¡Tengo una idea! ¿Por qué no vamos a preguntar qué pasó?	¡______ una idea! ¿Por qué no vamos a preguntar qué ______?
¡Oiga, señor! ¿Pasó algo?	¡Oiga, señor! ¿______ algo?
Están haciendo una película para la tele. Esto no pasa todos los días en este barrio.	Están haciendo una película para la tele. Esto no ______ todos los días en este barrio.
¿Ves como siempre piensas lo peor?	¿Ves como siempre ______ lo peor?
Bueno, hombre, es natural. ¡En esta ciudad suceden cosas tan raras!	Bueno, hombre, es natural ¡En esta ciudad ______ cosas tan raras!

PRACTICANDO AL CONTESTAR

¿A alguien se le ocurre algún tema que podamos comentar en clase? ¿Se te ocurre algún comentario sobre la televisión? ¡Hay que tener un poquito de imaginación! ¿Es que no se les ocurre nada?

3. Uso De: **el editorial, la editorial, el editor, el editorialista, el director; resumir, corregir; editar, publicar**

el editorial	*editorial*
la editorial	*publishing house*
el editor	*publisher*
el editorialista **el autor del editorial** **el redactor de editoriales**	*editorial writer*
el director	*editor-in-chief*
resumir **corregir** **editar**	*to edit*
publicar	*to publish*

El director del periódico me dijo que tenía que escribir un **editorial** sobre **las editoriales** que se dedican a **editar** libros pornográficos. «Es intolerable», me dijo, «que se publiquen esos libros». El editorial que escribí salió demasiado largo, y parecía escrito con precipitación. Tuve que pasar varias horas **resumiéndolo** y **corrigiéndolo**.

PRÁCTICA

Trabajo en una casa que publica libros.	Trabajo en **una editorial**.
A veces recibimos manuscritos demasiado largos, y hay que hacerlos más breves.	A veces recibimos manuscritos demasiado largos y hay que **resumirlos** (abreviarlos).
Otros están mal escritos, y hay que mejorar la prosa.	Otros están mal escritos, y hay que **corregir la prosa**.
La opinión del periódico está expresada en un artículo sin firma.	La opinión del periódico está expresada en **un editorial**.
Voy a abrir un negocio de publicación de libros.	Voy a abrir __________.
Me gustaría ser la persona que escribe el editorial del periódico.	Me gustaría ser __________.
Esta compañía sólo publica diccionarios.	Esta compañía sólo __________ diccionarios.
El que dirige este periódico es un hombre muy conservador.	El __________ es un hombre muy conservador.

PRACTICANDO AL CONTESTAR

¿Te gustaría trabajar en una casa editorial?

Si te dedicaras al negocio de editar libros, ¿qué libros editarías?

¿Cómo se llama el artículo diario que aparece sin firma, y que refleja la opinión del periódico sobre algún problema de actualidad?

Cuando un artículo es demasiado largo ¿qué podemos hacer para publicarlo? Si un artículo está muy bien, pero tiene muchas faltas de ortografía, ¿qué necesita?

Pequeño teatro

1 La clase se convierte en un equipo de redactores de un periódico. Se distribuyen los papeles: director, redactores, correctores de pruebas, fotógrafos, corresponsales en el extranjero, críticos de cine, de teatro, de arte, de libros. Hay también articulistas (personas que envían artículos), cronistas deportivos y de sociedad, encargados de publicidad, etc. Si hay muchos estudiantes en la clase, los papeles pueden duplicarse, creando así una rivalidad profesional que puede animar el diálogo.

2 Los estudiantes traerán a la clase el mismo ejemplar del periódico local, o del periódico de la universidad. Puede ser el del día en que se celebre la clase, o de cualquier otro día. Se supone que van a utilizar este periódico como modelo de un diario que van a comenzar a publicar. Los estudiantes comentarán cada una de las secciones del periódico, criticando lo que en ellas encuentren de malo e indicando lo que les parece bien, para tomarlo como modelo de su futuro diario.

3 Un periódico local cualquiera sirve de fuente de noticias, como si fuera un teletipo o una agencia de prensa, para un diario que los estudiantes van a publicar. Tendrán que criticar cada noticia y cada artículo y decidir en qué sección de su periódico serán publicados.

Sea usted mi intérprete, por favor

Se supone que en la clase hay angloparlantes e hispanoparlantes que tienen que conversar por medio de intérpretes. Cada estudiante preparará varias preguntas en inglés que incluyan problemas y dificultades estudiados en

esta lección. Cada uno hará sus preguntas en voz alta, otro estudiante (su intérprete) las traducirá al español; cuando otro estudiante conteste cada pregunta en español, el intérprete traducirá esta respuesta al inglés.
Los estudiantes pueden preparar preguntas parecidas a éstas:

1 Do you like to read foreign newspapers? They give a different point of view. Don't you think so?
2 This TV program was good, but, don't you think there were too many commercials?
3 Do you have color TV in your country, or only black and white?
4 If you don't read the newspaper every day, do you read a weekly magazine? If not, how do you know what is happening in the world?
5 Do you like talking to foreigners? They have different ideas, some interesting, some strange.
6 I didn't find one single interesting piece of news in the paper today. Is it that nothing new happend in the world?
7 I read your manuscript and I think it is very interesting. Why don't you find a publisher and publish it?
8 Are there many good publishing houses in your country?
9 Do you find news more interesting on the TV screen than in newspapers?
10 Do you think that watching TV too much is good for children?

Cuestiones gramaticales

Uso del
- **subjuntivo**
  - en la expresión de un **ideal**
  - en una **negación** total
- **indicativo** en una expresión de la **realidad**

A Craig ha dicho que, en su opinión, un buen periódico es uno «que esté bien informado, que sea imparcial, que tenga buenos corresponsales, y que esté hecho con imaginación».

Manuel añade que también es necesario que ese periódico ideal «escriba con libertad», y Craig afirma que en los países sin libertad «no hay un solo periódico que pueda llamarse bueno».

En todos estos casos, Manuel y Craig hablan de un periódico ideal, sin indicar si existe o no, y usan el subjuntivo en todos los verbos. Si expresaran una realidad conocida, habrían usado el indicativo.

Vamos a comparar tres situaciones diferentes:

1 Busco un periódico 2 Aquí no hay un periódico	que esté bien informado. que sea imparcial. que tenga buenos corresponsales. que esté hecho con imaginación. que escriba con libertad. que pueda llamarse bueno.	(**subjuntivo**)
3 En esta ciudad hay un periódico	que está bien informado. que es imparcial. que tiene buenos corresponsales. que está hecho con imaginación. que escribe con libertad. que puede llamarse bueno.	(**indicativo**)

Todas estas frases tienen una estructura semejante: Tienen, por lo menos, dos verbos, o una expresión impersonal, como **hay**, y un verbo.

La palabra **que**, y todas las que le siguen, funcionan como un adjetivo referido al nombre que las precede:

Busco un periódico	imparcial. que sea imparcial.

El segundo verbo está en subjuntivo o en indicativo:

Busco No hay	un periódico que	esté	bien informado.
Hay	un periódico que	está	bien informado.

¿Qué nos enseñan estos ejemplos? En frases con la estructura indicada,

1 usamos el **indicativo** si hablamos de una **realidad conocida**:

Tengo un amigo que habla cinco idiomas.
En esta ciudad hay un periódico que está escrito en inglés y en español.

2 usamos el **subjuntivo** si hablamos de **algo deseable** que quizá existe en alguna parte, quizá no, o cuando **negamos rotundamente** que algo existe:

Busco un intérprete que hable cinco idiomas. (¿Existe? Si existe, ¿lo encontraré?)

Aquí no hay un periódico que sea bilingüe. (Negación rotunda.)

B Sutiles diferencias

Si yo digo: «Busco **a** un intérprete que **habla** cinco idiomas», usando el indicativo, e intercalando el **a personal** delante de **un intérprete**, estoy diciendo que sé que ese intérprete existe, y que yo lo estoy buscando. En este caso sería más frecuente decir:

Busco **al** intérprete que **habla** cinco idiomas.

PRÁCTICA

Vamos a usar el indicativo o el subjuntivo, según la idea que se quiere expresar en la frase.

Modelo

Me gusta ver los programas de televisión que tienen pocos anuncios. ¿Hay algún programa de televisión que. . .

¿Hay algún programa de televisión que tenga pocos anuncios?

Estoy suscrito a una revista que tiene artículos verdaderamente interesantes.

1 ¿Hay alguna revista que. . .
2 Busco un periódico que. . .
3 Siempre leo un diario que. . .
4 No sé si hay algún diario de la tarde que. . .
5 No hay una revista quincenal que. . .
6 En este periódico no hay una sola página que. . .
7 ¿Conoces algún diario que. . .

EL ARTE DE LA COMPOSICIÓN

Al escribir una composición sobre alguno de los aspectos de los medios de información vas a practicar el vocabulario, las frases idomáticas y las cuestiones gramaticales utilizadas en esta lección.

En el diálogo hay veintiuna notas explicativas de algunas pequeñas dificultades idiomáticas que un extranjero puede encontrar en la conversación de nuestros personajes. Incluye algunas de estas expresiones en tu composición, escogiendo las que sean nuevas para ti, o las que te parezcan más difíciles o más útiles. Recuerda que el propósito de las composiciones que vas a escribir durante el curso es aprender algo nuevo, y no simplemente practicar lo que ya sabes. Procura incluir también el mayor número posible de las palabras que aparecen en la sección **Ampliación de vocabulario**, y de las de la sección **Dificultades y ejercicios**. Y utiliza por lo menos una vez cada una de las estructuras gramaticales estudiadas en la sección **Cuestiones gramaticales**.

Estas instrucciones, ciertamente, imponen algunas limitaciones en lo que vas a escribir. No pierdas nunca de vista, sin embargo, el propósito de estas composiciones: utilizar lo aprendido y practicar el arte de escribir en español. Encuentra, por lo tanto, el punto de equilibrio entre la práctica de lo aprendido y la expresión personal de tus propias ideas, en un estilo que refleje tu personalidad y tus puntos de vista sobre la cuestión de la cual estás escribiendo. La lengua es un maravilloso instrumento de comunicación humana, y al escribir en un idioma que no es tu lengua nativa estás adquiriendo la posibilidad de expresar tu visión del mundo usando un nuevo instrumento de comunicación, que te da una alternativa más en la expresión de tus ideas, y estás abriendo nuevas puertas para entrar en contacto con todos los que hablan la lengua hispánica.

La lista que sigue incluye las palabras, expresiones idiomáticas y estructuras gramaticales explicadas en esta lección. Si todavía no entiendes alguna de ellas, busca en las páginas de la lección hasta que la encuentres en el texto, formando parte de una frase, y no la consideres como una palabra aislada que hay que buscar en el diccionario. Cada palabra forma parte de la expresión de una idea, y es dentro de esa idea donde hay que aprenderla. Esta lista se da para que tú puedas comprobar lo que has aprendido, no para que la aprendas de memoria, como si fuera una lista de cosas que tienes que comprar en el supermercado. Usa tu propio criterio para escoger en esta lista las palabras y expresiones que vas a usar en tu composición. No te engañes a ti mismo, o a ti misma, escogiendo las más fáciles o las que ya sabías antes de estudiar esta lección. Una vez más, recuerda tu objetivo: practicar algo nuevo, no practicar lo ya sabido.

Para usar en la composición

1. La prensa

- el periódico
- el diario
- el titular
- el editorial
- el editorialista
- el director
- la sección
  - financiera
    - la Bolsa
    - el alza
    - la baja
    - los valores
    - las acciones
  - deportiva
  - de arte
  - de espectáculos
- la página literaria
- el crítico, la crítico
- la crítica
- la exposición de
  - pintura
  - escultura
- el punto de vista
- el anuncio
- los anuncios
  - breves
  - clasificados
  - por palabras
- el consultorio sentimental
- la crónica de sociedad
- la puesta de largo
- la presentación en sociedad
- la boda
- el, la corresponsal

la crónica
la revista
la prensa { escandalosa, amarilla, clandestina

2. *Los espectáculos*
el cine
la pantalla
la película, el filmo
la televisión { en color / a colores / en blanco y negro
el canal, la cadena
la antena
el entrevistador
el camaraman
la emisora
la obra de teatro
representar
la sala de fiestas
la revista musical

3. *Otras expresiones*
el forastero, la forestera
desconocido, -a
extraño, -a; raro, -a
al menos
en cambio
por eso
ni un solo + *nombre* + que + *subjuntivo*
ocurrir
ocurrírsele (algo a alguien)
resumir
corregir
publicar
editar
frase principal { + que + *indicativo* / + que + *subjuntivo*

No es muy difícil introducir en una composición parte del material estudiado. En el párrafo siguiente hay palabras, expresiones o estructuras gramaticales estudiadas en esta lección:

Hay muchas **críticas** sobre los programas para niños en la mayor parte de **los canales de televisión**. Algunos **críticos** dicen que no hay **ni un solo programa que enseñe** algo útil, y que **las películas que ven** los niños no estimulan su inteligencia ni su imaginación. ¿Qué hacer para que las películas **que vean** sean educativas y, al mismo tiempo, interesantes? ¿A quién **se le ocurre** una solución que no signifique establecer una **censura** de los programas para niños? La solución depende del **punto de vista** de cada uno, y de la imaginación y capacidad artística de los que hacen los programas. **Por eso** es importante que **la prensa** hable de este tema, en **artículos** y **editoriales,** para que todos sepan que el problema existe, y que es posible mejorar esos programas. Lo malo es cuando todos **dan por descontado** que no es necesario **corregir** nada, y que lo **que ven** ahora los niños y lo **que vean** en el futuro no tiene importancia ninguna.

Posibles temas para una composición

Cualquiera de las preguntas en las secciones *Comentarios* y *Ampliación de vocabulario* puede servir de tema para una composición. Cuando pones estas preguntas en una forma más breve y abstracta, puedes encontrar títulos de este tipo:

1 El nivel intelectual de los programas de televisión.
2 La influencia de la televisión en la personalidad de los espectadores.
3 La televisión y los niños.
4 La publicidad en la televisión (o en la prensa).
5 La televisión en competencia con la prensa.
6 El periodismo como carrera.
7 La censura, ¿justificada en algunos casos?
8 El sensacionalismo en la prensa diaria.
9 La sicología de los corazones solitarios.
10 El arte en la sociedad actual.
11 El cine como reflejo de la sociedad.
12 La violencia en los espectáculos y en la sociedad.
13 El poder de la prensa, ¿es excesivo?
14 Función de los periódicos universitarios.
15 ¿Se te ocurre algún otro tema?

2.

La universidad

Entre clases, un refresco en la terraza de un café.

Personajes: SHEILA *y* CRAIG
PILAR *y* MANUEL

PILAR ¡Qué grande es la universidad donde enseña tu marido! ¿Cuántos estudiantes tiene?

SHEILA Francamente, no lo sé. Se lo preguntaremos a Craig cuando venga del campus. No tardará en llegar.[1] Oye, por cierto,[2] ¿cómo se dice *campus* en español?

PILAR Pues mira, en realidad no tenemos una palabra paralela por la sencilla razón de que en Europa casi no hay *campuses*. Las universidades europeas se desarrollaron de manera diferente y, que yo sepa,[3] la de Madrid es la única que tiene lo que podría llamarse un *campus*. Le llamamos la Ciudad Universitaria. Pero empieza a usarse *campus*, también.

SHEILA En París también hay una ciudad universitaria.

PILAR Sí, pero la *Cité Universitaire* es un conjunto de residencias donde viven los estudiantes. Para ir a clase tienen que ir a las diferentes facultades que están desperdigadas por París adelante.[4]

SHEILA Empiezo a estar despistada.[5] Veo que tú llamaste residencia a lo que nosotros llamamos *dormitory*. ¿Qué es, entonces, un dormitorio?

PILAR Es una habitación, en una casa o en una residencia, donde hay camas para dormir. En México la llamamos recámara.

SHEILA ¡Ah! Bueno, otra cosa. Me parece que también tengo dificultades[6] con la palabra «facultad».

PILAR Las universidades están divididas en facultades: Facultad de Derecho, Facultad de Medicina, etc. Cada facultad tiene un claustro de profesores,[7] que está formado por todos los catedráticos y profesores. Los catedráticos tienen sus cátedras en propiedad,[8] los profesores, no.

SHEILA Hablando de profesores, ahí vienen nuestros sabios maridos.

(*Entran* MANUEL *y* CRAIG.)

MANUEL Bueno, hoy me estrené como profesor[9] en Yanquilandia. Dicté mi primera lección y, a pesar de mis problemas con el inglés, creo que resultó bien.

PILAR A veces, cuando te da por ser profesor[10] todo el día, lo eres a conciencia.[11] Eso de «dicté la lección» suena pedantísimo. ¿Por qué no dices simplemente, «di mi primera clase»?

1 *llegará pronto*
2 *a propósito*
3 *me parece*
4 *en diferentes lugares, en París, separadas unas de otras*
5 *a no comprender, a sentirme perdida*
6 *tengo problemas*
7 faculty
8 *no pueden ser privados de sus puestos*
9 *actué como profesor por primera vez*
10 *cuando decides actuar como profesor*
11 *lo eres completamente, lo haces muy seriamente*

MANUEL Tienes razón, mujer, pero a veces un poco de pomposidad no viene mal.[12] ¿No crees?

PILAR Perdona la crítica, «profe», pero acuérdate de que prometimos hablar en español común y corriente, de todos los días, para que nuestros amigos no aprendan un español libresco.[13]

CRAIG Calla, Pilar, que hoy tu marido me volvió loco con problemas de vocabulario académico. Ahora ya sé que los estudiantes escuchan al profesor y toman apuntes, o notas, y si hacen bien el examen reciben buenas notas. Estas son dos palabras que se prestan a confusiones.[14] Un lío.[15]

MANUEL Lío... ¿para quién? El lío también funciona al revés.[16] Vuestra *high school* es nuestro instituto, vuestra *private school* es nuestro colegio, y vuestro *college* es quién sabe qué, porque en España se pasa directamente del instituto a la universidad.

SHEILA ¡Qué casualidad! Pilar y yo estuvimos hablando de los mismos líos.

PILAR Pues me parece que aún olvidamos algunas cosillas. A su *diploma* nosotros le llamamos «título». Título de Bachiller al terminar el bachillerato en el instituto o en el colegio, y Título de Licenciado en Ciencias Químicas, o en lo que sea,[17] al licenciarse en la universidad.

CRAIG Bueno, vamos a dejarlo por hoy. Tengo que preparar una... vaya, otra vez la misma historia... una *lecture*.

MANUEL Una conferencia.

CRAIG Y entonces, ¿qué es una *conference*?

MANUEL Lo mismo, una conferencia. Un profesor de historia, por ejemplo, puede dar una conferencia sobre la Conferencia de Yalta.

PILAR Y además una conferencia es también una llamada telefónica de una ciudad a otra. Pero también se dice una llamada a larga distancia.

SHEILA ¡Basta, por favor! La cabeza me da vueltas. Vamos a tomar un aperitivo o una copa de algo. Ya ves qué buena alumna soy, Pilar, Ya aprendí a distinguir entre copa y bebida.

CRAIG ¿En qué se distinguen?

SHEILA Ahora me estreno yo de profesora. Una copa de... lo que sea, es lo que llamamos *a drink*, así en términos generales. *Let's have a drink*: Vamos a tomar una copa.

12 está bien

13 excesivamente culto, aprendido en los libros

14 que se confunden fácilmente

15 una complicación

16 funciona en sentido inverso

17 o en cualquier otra (carrera)

CRAIG ¿Y la bebida?

SHEILA Pues mira, de uno a quien le gusta mucho beber se dice que le gusta la bebida. También se usa de otra manera... ¿cómo diría yo? Mira, si quiero decir que en casa tenemos botellas con licores de muy buena calidad, puedo decir que tenemos buenas bebidas.

CRAIG Gracias por la conferencia, profesora.

SHEILA Y a uno que le gusta demasiado la bebida se le llama borracho, borrachín, borrachito o chispa.

MANUEL ¡Sheila! ¡Esas son palabras muy poco académicas! ¡Una señora no debe usarlas!

SHEILA ¡Pues ya aprendí cosas peores!

MANUEL ¡Pilar! ¿Qué clase de español le enseñas?

PILAR El que aprendí de ti, maridito. El que aprendí de ti.

COMENTARIOS

1 ¿Cómo es el lugar donde estás estudiando? Descríbelo.
2 ¿Dónde vives? ¿Con tu familia? ¿En una residencia? ¿En una pensión? ¿En un apartamento con otros estudiantes? Describe el lugar donde vives.
3 ¿Cuántas facultades tiene la institución de enseñanza donde estudias? Explica a un amigo extranjero cómo es el sistema norteamericano de división por departamentos.
4 ¿Qué título esperas recibir al final de tus estudios? ¿Cómo se llama ese título en inglés? Explica a un amigo hispánico qué significa ese título.
5 ¿Qué esperas hacer después de licenciarte?
6 ¿Crees que una educación universitaria es absolutamente necesaria en el mundo actual?
7 ¿Crees que las universidades te preparan para enfrentarte con el mundo?
8 Si fueras profesor de alguna materia que te interesa particularmente, ¿cómo organizarías tus clases?
9 ¿Por qué estudias una lengua extranjera? ¿Crees que saber hablar más de una lengua hará tu vida más interesante o más creativa?
10 Casi toda la gente culta del mundo habla inglés. ¿Para qué aprender otros idiomas, si el inglés que tú ya sabes es casi una lengua universal?

Ampliación de vocabulario

A Los niños pequeños van al **jardín de infancia**, los jóvenes van al **instituto** (**liceo**) y, al terminar, van a la universidad.

¿Crees que un jardín de infancia plurilingüe y pluricultural enriquece la vida de los niños?
En nuestra sociedad tecnológica, ¿crees que es indispensable que todos los jóvenes terminen sus estudios en el liceo (obtengan el Título de Bachiller)?

B Para entrar en la universidad hay que **solicitar** la admisión enviando **una solicitud**; una vez aceptada, hay que **matricularse** y pagar **los derechos de matrícula**.

En los Estados Unidos hay universidades privadas y universidades **estatales** (del estado). ¿A qué grupo pertenece el lugar donde estás estudiando? ¿Es difícil ser aceptado? ¿Son caros los derechos de matrícula? ¿Crees que todas las instituciones de enseñanza deben ser **gratuitas** (no deben costar nada)?

C Cada **curso** (año) tiene varios cursos (**asignaturas**, materias). Esto es un poco confuso, porque la palabra **curso** se usa en dos sentidos. Un ejemplo lo aclarará: «Soy estudiante de primer curso (año) y estoy tomando cuatro cursos (asignaturas). Estos cuatro cursos son: historia, economía, sociología y español.» En el sistema norteamericano, cada curso (asignatura) vale varias unidades. Para terminar la **carrera** (para poder recibir el **Título**) hay que haber completado *x* número de unidades.

¿Cuántos cursos estás tomando ahora? ¿Cuántas unidades valen esos cursos? ¿Cuántas unidades necesitas para conseguir el Título (para terminar tus estudios, para terminar la carrera)? ¿No crees que el sistema norteamericano es muy complicado?

D En el sistema educativo norteamericano hay cursos **obligatorios** y cursos electivos. En casi todos los países hispánicos el sistema es más rígido, y no hay cursos electivos. Muchos países están reformando sus sistemas educativos, e imitan el sistema norteamericano. También están introduciendo el sistema del *college*, como institución de enseñanza entre el liceo y la universidad.

¿Cómo explicarías a un amigo extranjero el sistema norteamericano de *colleges* de dos años, de cuatro años, y luego de universidades?

E En cada curso (asignatura) los estudiantes tienen que examinarse; tienen que hacer exámenes, que pueden ser **parciales** (o **de mediados de curso**) o finales. Al final del curso el estudiante recibe una **nota**. En el mundo hispánico los nombres de las notas varían de un país a otro. En España, por ejemplo, las notas son (de mejor a peor): matrícula de honor, sobresaliente, notable, aprobado y suspenso. Los estudiantes aprueban (**aprobar**: pasar el examen) o suspenden (**suspender:** ser reprobado), o el profesor **los aprueba** o **los suspende** (**los reprueba**).

¿Crees que el sistema de exámenes debe desaparecer? Defiende tu punto de vista. ¿Y el sistema de notas? ¿Crees que es importante **sacar** (recibir) buenas notas? ¿Cómo es el sistema norteamericano de notas? ¿Crees que los estudiantes norteamericanos están obsesionados con las notas? ¿Por qué será?

F Cuando un profesor da buenas clases, los hispanos dicen: «**Enseña bien**», o: «Es buen profesor». Cuando dicen de alguien que **es un buen conferenciante**, están hablando de algún intelectual que da **conferencias** durante un ciclo de conferencias (una serie de conferencias) o durante una visita a una universidad o a algún centro cultural. Cuando un profesor hace trabajar mucho, dicen de él que es **un hueso**.

¿Tienes algún catedrático hueso? ¿Qué cualidades crees que debe tener un buen profesor?
¿Te gusta asistir a conferencias sobre materias que no conoces?
Si te dedicaras a la enseñanza, ¿crees que serías un buen profesor? ¿Por qué crees que serías bueno (o malo)?

G Cuando un estudiante no tiene dinero para continuar sus estudios, puede solicitar **una beca** (dinero que le da la universidad, una fundación, el gobierno o alguna institución cultural). Si va a estudiar a una universidad extranjera puede pedir (solicitar) una beca o **una bolsa de viaje**.

Para dar una beca, ¿qué criterio se debe seguir: los méritos del estudiante o su necesidad económica?
¿Crees que está bien que un estudiante inteligente, trabajador y muy rico reciba una beca?

Dificultades y ejercicios

1. Uso De: **darle a alguien por ser** + *adjetivo*; **serlo a conciencia**

Esta expresión siempre se usa con un cierto sentido humorístico. Expresa, más o menos, la idea de: Cuando alguien tiene el capricho de ser..., cuando alguien decide por una vez ser..., lo es muy seriamente. Siempre va precedida por **cuando** o **si**.

PRÁCTICA

Cuando Manuel quiere ser profesor, lo es a conciencia.	Cuando a Manuel **le da por ser** profesor, lo es a conciencia.
Si yo quiero ser generoso, lo soy a conciencia.	Si a mí **me da por ser** generoso, lo soy a conciencia.
Si nosotros queremos ser estrictos, los somos a conciencia.	Si a nosotros **nos da por ser** estrictos, lo somos a conciencia.
Cuando tú quieres ser pesado, lo eres a conciencia.	Cuando ____________.
Si ustedes quieren ser amables, lo son a conciencia.	Cuando ____________.
Cuando yo quiero ser buen estudiante, lo soy a conciencia.	Si ____________.

La expresión **darle a alguien por** + ... puede usarse con cualquier otro verbo además de **ser**. Observa que en ese caso se usa el verbo **hacer** en la segunda parte de la expresión:

Cuando quieres escribir bien, lo haces a conciencia.	Cuando **te da por escribir** bien, **lo haces a conciencia.**
Si quiero estudiar, lo hago a conciencia.	Si **me da por estudiar, lo hago a conciencia.**
Cuando queremos trabajar, lo hacemos a conciencia.	Cuando **nos da por trabajar, lo hacemos a conciencia.**
Cuando él quiere hacerse simpático, lo hace a conciencia.	Cuando ____________.
Cuando ella decide divertirse, lo hace a conciencia.	Cuando ____________.
Si ustedes deciden beber, lo hacen a conciencia.	Si ____________.

PRACTICANDO AL CONTESTAR

Me han dicho que cuando te da por trabajar, lo haces a conciencia. ¿Es cierto?

Oí que cuando te da por beber, lo haces a conciencia. ¿Es verdad?

¿Les parece absurdo que (a mí) me dé por aprender *karate*?

2. Uso De:

escapársele
olvidársele
acabársele
terminársele
apagársele
caérsele

} (algo a alguien)

Estas formas establecen una relación más personal, a veces afectiva, entre la acción del verbo y la persona que sufre las consecuencias de esa acción. Al mismo tiempo estas formas indican un deseo de disminuir la responsabilidad del sujeto. Por ejemplo:

Olvidé las llaves del coche.	= Tengo mala memoria; no tengo excusa. Yo olvidé.
Se me olvidaron las llaves del coche.	= Aquí el sujeto del verbo es las llaves. Inconscientemente se busca evitar la responsabilidad del olvido.
El perro se murió.	= Es un hecho expresado sin comentarios.
Se me murió el perro.	= Mi perro se murió, y yo siento su muerte profundamente.

Observa el cambio de estructura de la frase:

	Sheila	olvidó	las botellas.
A	Sheila	se le olvidaron	las botellas.

¿Comprendido? Pues pasemos ahora a la:

PRÁCTICA

La excursión fué un desastre. El perro se escapó de nosotros.	La excursión fue un desastre. **Se nos escapó** el perro.
Olvidé el vino.	**Se me olvidó** el vino.
Los niños acabaron la comida y todavía tenían hambre.	A los niños **se les acabó** la comida y todavía tenían hambre.
El coche quedó sin gasolina.	Al coche **se le terminó** la gasolina.
El tabaco se mojó, y mi pipa se apagaba continuamente.	El tabaco se mojó y **se me apagaba** la pipa continuamente.
El reloj de mi mujer cayó en el agua. ¡Qué día de campo!	A mi mujer **se le cayó** el reloj en el agua. ¡Qué día de campo!
Saqué a pasear el perro, y se escapó (se alejó de mí).	Saqué a pasear el perro y __________.
Olvidaste llamarme por teléfono.	Se __________ llamarme por teléfono.
Acabamos todo el dinero y tuvimos que volver a casa.	Se __________ el dinero, y tuvimos que volver a casa.

Terminamos todos los dólares y tuvimos que volver a casa.	Se ________ todos los dólares y tuvimos que volver a casa.
Este tabaco es muy malo. Mi cigarrillo se apaga continuamente.	Este tabaco es muy malo. Se ________ el cigarrillo.
Su sombrero cayó al agua.	Su sombrero se ________ al agua.

PRACTICANDO AL CONTESTAR

Alguna vez, durante un viaje, ¿se te terminó el dinero? ¿Tienes buena memoria? ¿Se te olvidan alguna vez las llaves de tu casa?

¿Tienes perro? ¿Se te escapó alguna vez? Si tuvieras un perro y se te perdiera, ¿pondrías un anuncio en el periódico?

Pequeño teatro

Una parte de la clase se supondrá formada por consejeros de estudiantes extranjeros. Otra parte de la clase hará el papel de estudiantes de otros países. Estos estudiantes extranjeros tienen que matricularse en una institución de enseñanza de este país, pero no comprenden bien el sistema y hacen preguntas sobre él. Los consejeros contestan a sus preguntas, preparan programas de estudios, etc.

Sugerencias:

1 Explicar el sistema de matrícula, por cursos independientes, cada uno de los cuales representa *x* número de horas de trabajo.
2 Indicar cuáles son las asignaturas más importantes, cuáles son obligatorias y cuáles son electivas.
3 Explicar la división del año académico en trimestres o semestres.
4 Describir el sistema de exámenes y notas.

También se puede suponer que la clase es un comité para la organización de una nueva universidad. En este comité se habla sobre el plan de estudios de esa nueva institución de enseñanza: qué cursos se ofrecerán, cómo será el sistema de exámenes y notas (¿quizá se suprimirán?), qué criterios se utilizarán para admitir a estudiantes nuevos, etc. Es decir, hacer un plan para la universidad ideal.

Sea usted mi intérprete, por favor

1 Do you live in a dormitory?
2 Are there many foreign professors on the faculty?

3 If you go to his lecture and take some notes, will you let me read them?
4 When are you going to receive your diploma?
5 Are registration fees very high (expensive)?
6 Where do I have to send my application for admission?
7 Why don't you work more? I know that when you feel like working, you can do it.
8 Did you forget your notes?

Cuestiones gramaticales

USO DE: **cuando** (y otras expresiones de tiempo) < + **subjuntivo** = **acción sin realizar** / + **indicativo** = **acción realizada**

A Hablando con su amiga Pilar, Sheila le dice: «se lo preguntaremos a Craig cuando vuelva del *campus*». Esta idea también puede expresarse con un orden diferente de palabras: «cuando Craig vuelva del *campus*, se lo preguntaremos».

En los dos casos tenemos la palabra **cuando**, un verbo en presente de subjuntivo y otro en futuro de indicativo. Si nos concentramos en el estudio del segundo ejemplo, vemos que su estructura es:

Cuando +	**presente de subjuntivo**	+	**futuro de indicativo**
Cuando	vuelva	del campus se lo	preguntaremos.

Las frases que tienen esta estructura pueden tener el verbo que sigue a la palabra **cuando** en subjuntivo o en indicativo. En cada caso, el significado de la frase cambiará, y también cambiará el tiempo del indicativo del segundo verbo:

Subjuntivo:
Cuando **vuelva** tomará una copa. = acción sin realizar: No ha vuelto todavía, ni ha tomado la copa.

Indicativo:
Cuando **vuelve** toma una copa. = acción realizada regularmente, rutina. Es una costumbre practicada en el pasado, en el presente y, podemos suponer, en el futuro.

Vemos, por lo tanto, que cuando queremos decir que las acciones indicadas por los dos verbos no se han realizado todavía, usamos la estructura:

Cuando +	**presente de subjuntivo** +	**futuro de indicativo**
Cuando	termine la carrera	trabajaré en Nueva York.

y si queremos decir que las dos acciones son realizadas frecuentemente, usamos la estructura:

Cuando +	**presente de indicativo** +	**presente de indicativo**
Cuando	hago bien un examen	espero una buena nota.

PRÁCTICA

Vamos a cambiar el sentido de las frases siguientes: si indican acción realizada, expresaremos acción sin realizar, o a la inversa.

Modelo
Cuando mi amigo viene a casa, estudiamos juntos.
Cuando mi amigo venga a casa, estudiaremos juntos.

1 Cuando traiga sus apuntes, me los dejará copiar.
2 Cuando sale de clase, va a la biblioteca.
3 Cuando compre los libros, pagaré con un cheque.
4 Cuando suspendemos un curso, tenemos que repetirlo.
5 Cuando terminen los exámenes, irán de vacaciones.
6 Cuando se acaban las vacaciones, vuelven a la universidad.
7 Cuando no tengo dinero, trabajo en una estación de servicio.

B Variaciones sobre el mismo tema

1 Encontramos la misma estructura en las frases que se refieren al tiempo pasado. Podemos hablar del pasado y, al mismo tiempo, hablar de una acción sin realizar, cuando desde el punto de vista de ese pasado nos referimos al futuro de ese pasado:

Hoy es domingo, y él dijo el viernes que cuando viniera (viniese)* el sábado traería los libros.

* Las dos formas del imperfecto de subjuntivo.

En estos casos la estructura de la frase es:

Verbo en pasado	+ **que** +	**cuando**	+ **imperfecto de subjuntivo**	+ **condicional**
Prometió	que	cuando	llegara (llegase)	escribiría.

2 Puede suceder que la última acción sea a la vez futuro del pasado y futuro del presente. En este caso tenemos dos opciones:

Ayer dijo que cuando {viniera mañana traería los apuntes. / venga mañana traerá los apuntes.}

PRÁCTICA

Vamos a concentrarnos en el caso B.1, pues en el caso B.2 cualquiera de las dos formas está bien. En las frases siguientes, al introducir la idea del futuro del pasado, tendremos que cambiar los tiempos de los verbos.

Modelo
Cuando termine el trimestre de primavera, se matriculará en el trimestre de verano.
Estamos en octubre, y él dijo en abril que cuando...
Estamos en octubre, y él dijo en abril que cuando terminara(terminase) el trimestre de primavera, se matricularía en el trimestre de verano.

1 Cuando dé su conferencia, la dará en inglés.
Anteayer dijo que cuando ayer...
2 Cuando vayamos a la biblioteca, buscaremos los libros.
Prometimos que cuando...
3 Cuando tengan un profesor hueso, tendrán que estudiar más.
Se dieron cuenta que cuando...
4 Cuando reciba la beca, irá a Colombia.
Decidió que...
5 Cuando empiece el curso, compraré los libros.
Dije que...

C Si las dos acciones ya están realizadas desde el punto de vista del presente, usaremos esta estructura, con sus variantes:

Cuando	+ **indicativo**	+ **indicativo**
Cuando	recibió (*pretérito*) la beca	se alegró (*pretérito*) mucho.
Cuando	iba (*imperfecto*) a clase	tomaba (*imperfecto*) apuntes.

RESUMEN

En frases de este tipo, el uso del indicativo o del subjuntivo cambia su sentido, y exige cambios en los tiempos de los verbos que indican la segunda acción:

Cuando viene toma una copa. = rutina
Cuando venía tomaba una copa. = rutina en el pasado
Cuando vino tomó una copa. = dos acciones realizadas
Cuando venga tomará una copa. = dos acciones sin realizar

Dijo que cuando viniera (viniese) tomaría una copa. = una acción realizada (dijo que), y dos acciones futuras desde el punto de vista del pasado

D Otras expresiones que indican tiempo

En frases con la misma estructura hacemos los mismos cambios de modos y tiempos verbales si usamos otras expresiones que indican tiempo:

Hasta que { recibió el título no pudo trabajar. / reciba el título no podrá trabajar. }

Le dijeron que hasta que recibiera (recibiese) el título no podría trabajar.

{ En cuanto / Tan pronto como / Así que } { se licenció, abrió una clínica. / se licencie, abrirá una clínica. }

Me dijo que { en cuanto / tan pronto como / así que } se { licenciara / licenciase } abriría una clínica.

PRÁCTICA

Vamos a hacer frases con las expresiones de tiempo dadas, y con las dos acciones indicadas entre paréntesis. Cada frase debe expresar uno de los aspectos temporales estudiados.

Modelo
En cuanto ella + (llegar a casa, ponerse a estudiar)
Rutina: En cuanto llega a casa se pone a estudiar.
Rutina en el pasado: En cuanto llegaba a casa se ponía a estudiar.
Acción realizada: En cuanto llegó a casa se puso a estudiar.
Acción sin realizar: En cuanto llegue a casa se pondrá a estudiar.
Futuro del pasado: Dijo que en cuanto llegara (llegase) a casa se pondría a estudiar.

1 Mientras nosotros + (ser estudiantes, tener que ir a clase)

2 Tan pronto como ellos + (terminar la carrera, buscar un trabajo)
3 Cuando tú + (tener hijos, mandarlos al jardín de infancia)

EL ARTE DE LA COMPOSICIÓN

Para usar en la composición

1. La enseñanza
el jardín de infancia
el instituto, el liceo
la universidad {estatal, del Estado / privada}
solicitar
 la solicitud
matricularse
 los derechos de matrícula
 la matrícula
 gratuita
la cátedra
el curso {obligatorio / electivo}
la asignatura
el examen {escrito / oral / final / de mediados de curso / parcial}
aprobar
suspender, ser reprobado
{sacar / recibir} {buenas / malas} notas
los apuntes
la conferencia
 ser un {buen / mal} conferenciante
enseñar {bien / mal}
ser un hueso
la beca, la bolsa de viaje
la carrera
el Título de...
la Licenciatura en...
licenciarse en
graduarse en

2. Expresiones verbales
no tardar en + *infinitivo*
estar desperdigado por...
estar despistado, -a
estrenarse como...
serlo a conciencia
darle (a alguien) por + *infinitivo*
venir bien
no venir mal
prestarse a confusiones
ser un lío
lo que sea
tomar una copa
{escapársele / olvidársele / acabársele / terminársele} algo a alguien
que yo (tú, etc.) sepa
cuando + *subjuntivo* + *futuro indicativo*
cuando + *indicativo* + *indicativo*
verbo en pasado + que + cuando + *imperfecto subjuntivo* + *condicional*

3. Otras expresiones
por cierto
al revés
libresco

Posibles temas para una composición

1 La educación universitaria en el mundo actual.
2 El estudio de las lenguas extranjeras: una alternativa en la expresión de las propias ideas.
3 El inglés como lengua universal, ¿un mito?
4 La enseñanza secundaria en los Estados Unidos.
5 Universidades estatales y universidades privadas.
6 Las notas, ¿reflejan la inteligencia del estudiante?
7 Innovaciones necesarias en el sistema universitario.
8 Aspectos económicos de la educación.
9 La educación universitaria, ¿derecho o privilegio?
10 Papel de las humanidades en el mundo tecnológico.
11 Papel de la tecnología en el mundo de las humanidades.
12 Plan de estudios para una universidad ideal.

3.

La emancipación de la mujer

Si su abuela la viera, diría que andar en moto no es cosa de mujeres.

MANUEL Oye, Pilar, en esta revista hay un artículo que te interesará. Trata del[1] movimiento femenino de liberación aquí en los Estados Unidos.

PILAR Eso me interesa mucho. Creo que en nuestros países hispánicos tenemos mucho que aprender de estas activistas norteamericanas.

MANUEL ¿Activistas? Locas e histéricas, querrás decir. ¿Cómo se les ocurre hablar de liberación femenina en el país donde las mujeres están más liberadas que en ninguna otra parte?

PILAR ¿Ves, Sheila? Ya habló el *homo hispanicus*.

SHEILA ¡Qué sorpresa, Manuel? ¡No sabía que tenías unas ideas tan. . . tan machistas¡ ¿Se dice así en español?

MANUEL No lo sé, pero es una buena manera de decirlo. Los sociólogos dicen que el machismo es una especie de culto hispánico, pero yo veo unas contradicciones muy interesantes en todo este asunto.

PILAR Pues yo lo veo todo clarísimo. ¿No te das cuenta,[2] querido marido, que yo no puedo sacar un pasaporte sin tu permiso, ni abrir una tienda, ni firmar un contrato, ni no sé cuántas cosas más?

SHEILA ¿Es posible? Entonces sí que necesitan[3] ustedes un movimiento de liberación.

MANUEL Bueno, pero si aquí las mujeres tienen todos esos derechos, ¿de qué quieren liberarse?

CRAIG Me parece que hay que distinguir entre las limitaciones legales y los prejuicios culturales.

SHEILA Y las desigualdades económicas también. ¿Por qué a una mujer le pagan un sueldo[4] o un salario[5] inferior al de un hombre cuando hace el mismo trabajo?

PILAR Los aspectos culturales de que habla Craig son más insoportables[6] todavía. Muchos hombres dan por descontado[7] que la función de una mujer en la vida es hacer los trabajos de la casa: cuidar[8] niños, cocinar,[9] lavar los platos, limpiar la casa, ir de compras y todo eso. ¡Cómo si no tuviéramos nada en la cabeza!

CRAIG No siempre, Pilar. Ya ves que aquí, Sheila y yo compartimos[10] los tabajos de la casa.

PILAR Craig, querido, no estamos hablando de casos concretos, sino en general. Hay matrimonios[11] que comparten los trabajos de la casa, como tú dices, pero hay muchos que los reparten:[12] Esto lo hace el hombre, aquello lo hace la mujer.

MANUEL Es una simple cuestión de distribución del trabajo, ¿no crees? Yo enseño en la Universidad y. . .

1 se ocupa de, su contenido es

2 ¿no ves claramente? ¿no comprendes?

3 ciertamente necesitan

4 remuneración mensual

5 remuneración semanal

6 inaguantables, intolerables

7 aceptan sin discusión

8 ocuparse de los niños

9 preparar las comidas

10 los dos hacemos

11 parejas casadas

12 dividen

PILAR Y yo soy químico y trabajo en el laboratorio, y cuido la casa, y cocino, y. . . ¿tú crees que eso es justo?
MANUEL Pero es natural, para eso eres ama de casa.[13]
PILAR ¿Ves, Sheila? No tiene arreglo.[14] Tengo un marido «sexista». ¡Ay! ¿Qué hice yo para merecerlo?
MANUEL Casarte conmigo, amor mío, casarte conmigo.

13 señora de la casa
14 no tiene solución

COMENTARIOS

1 ¿Qué punto de vista tiene Manuel? ¿Estás de acuerdo con él? ¿Por qué lo estás? O, ¿por qué no lo estás?
2 Machismo es una palabra española derivada de macho. ¿Crees que se puede decir que existe el machismo en la sociedad norteamericana? Si crees que sí existe, ¿de qué maneras se expresa?
3 ¿Crees que la mujer norteamericana es una mujer liberada? ¿Liberada de qué?
4 Si las leyes norteamericanas prohiben discriminar por razón del sexo, ¿qué razón de ser tiene el movimiento femenino de liberación?
5 ¿Encuentras que en la sociedad norteamericana hay actitudes culturales que colocan a la mujer en una posición secundaria? ¿Puedes dar algún ejemplo?
6 Muchos extranjeros dicen que la mujer norteamericana es muy dominante. ¿Estás de acuerdo? ¿Crees que es posible hacer una generalización de este tipo?
7 ¿Crees que un matrimonio entre personas de culturas diferentes tiene menos probabilidades de éxito que el de dos personas del mismo grupo cultural? ¿Qué ventajas e inconvenientes ves en el primer caso?
8 ¿Crees que la naturaleza impone que los hombres y las mujeres tengan distintas funciones en la vida?
9 ¿Te parece que en la vida de una familia hay unas funciones claramente masculinas y otras claramente femeninas?
10 ¿Crees que la educación que reciben los niños en nuestra cultura occidental es «sexista»? Por ejemplo, se dice a los niños: «Los hombres no lloran». ¿Es que el llorar es una característica femenina?
11 Pilar y Sheila, ¿te parecen dos mujeres inteligentes e independientes? Hacen muchas preguntas: ¿Dan la impresión de ser ignorantes, o de tener más curiosidad intelectual que sus maridos?

Ampliación de vocabulario

A El **movimiento femenino de liberación** (o **el movimiento de liberación femenina**) dice que muchos hombres consideran a la mujer como una **mujer objeto**, y como ejemplo presentan la explotación de la belleza femenina en la publicidad, en las revistas musicales, en los cabarets y en algunas revistas destinadas a un público masculino.

¿No podría considerarse este hecho como un homenaje a la belleza femenina, y no como una explotación? ¿Crees que ha habido cambios en las actitudes del público en los últimos años? ¿Conoces alguna revista que, en tu opinión, merezca la crítica hecha por el movimiento femenino de liberación?

B Se dice que en los años sesenta ha habido una **revolución sexual** que ha cambiado las relaciones entre los dos sexos. Para algunos, estos cambios significan una mayor igualdad y sinceridad en las relaciones humanas. Para otros, representan una decadencia de la moral.

¿Crees que esa revolución sexual ha tenido lugar? Por qué crees que sí, o que no? Si crees que ha habido cambios en las actitudes generales hacia las relaciones sexuales, ¿te parece que esos cambios han mejorado o empeorado la sociedad?

C **El divorcio** existe en casi todos los países. Hay algunos, sin embargo, como España, Irlanda o la Argentina, donde la ley no reconoce la existencia del divorcio. En esos países sólo hay la posibilidad de obtener una **separación legal** o una **anulación del matrimonio**. Los dos **cónyuges** (el marido y la mujer) separados no pueden volver a casarse, mientras que en los países donde existe el divorcio, el (hombre, marido, esposo) **divorciado** y la (mujer, esposa) **divorciada** pueden **contraer matrimonio** (casarse) otra vez. Observación: En español puede decirse **divorciarse de** o, simplemente, **divorciarse** como verbo recíproco.

Mi madre se divorció de mi padre
Mi madre y mi padre se divorciaron } cuando yo tenía quince años.
Mis padres se divorciaron

¿Por qué crees que algunas sociedades se oponen a la existencia del divorcio? ¿Crees que la existencia del divorcio pone en peligro la estabilidad de la familia? ¿Te gustaría vivir en un sociedad donde no existiera el divorcio?

D Hay actitudes culturales que muestran más tolerancia hacia ciertas conductas masculinas que hacia las mismas formas de conducta por parte de una mujer. Cuando un hombre tiene muchas aventuras amorosas, la sociedad dice que él es un **donjuán**, un **faldero**, un **conquistador**, y sonríe comprensiva. Si una mujer hace lo mismo, dicen de ella que es una **perdida**.

¿Crees que esta actitud existe de verdad? Y si te parece que de verdad existe, ¿cómo explicas su existencia? ¿Refleja un punto de vista masculino de la moral personal? ¿O es un punto de vista justificado porque la naturaleza impone a las mujeres restricciones que el hombre no tiene?
¿Crees que esa actitud es más frecuente en los países latinos que en los países de Norte de Europa y de América? Si esto fuera cierto, ¿cómo explicarías esa diferencia de actitud?

E En el mundo del trabajo, la mujer ha encontrado muchas restricciones. Durante muchos años se consideró que la única función de una mujer en la vida es ser una buena esposa, una buena madre y una buena **ama de casa**. La entrada de la mujer en el mundo profesional es relativamente reciente, y su novedad se refleja en el vocabulario: Se dice **la secretaria**, **la profesora, la maestra, la vendedora,** pero la lengua vacila entre decir **la abogado** y **la abogada, la médico** y **la médica, la arquitecto** y **la arquitecta.** En algunas profesiones será difícil que aparezca una forma femenina, porque crearía confusiones lingüísticas: la química (= la ciencia química) y la químico (= la mujer que estudió química), la mecánica y la mecánico (= una mujer experta en máquinas y motores).

¿Crees que verdaderamente existen actitudes sexistas en el mundo profesional? ¿Por qué mucha gente considera inconcebible que haya mujeres capitanes de barco, o pilotos de aviones comerciales o chóferes de camión?

Dificultades y ejercicios

1. Uso De: **aguantar, soportar, mantener**

aguantar ⟩ *to bear, to stand*
soportar ⟩
mantener —— *to support*

«Dicen que es necesario **aguantar** las adversidades de la vida, pero mi vida es **inaguantable**», me confió mi amigo. Al pobre hombre no le gusta su trabajo, y me dijo que no puede **soportar** a su jefe, que su jefe es **insoportable**. Y además, gana tan poco dinero que no puede **mantener** a su familia.

PRÁCTICA

Nadie puede aguantar a su jefe.	Su jefe es **inaguantable**.
Nadie puede soportar su conducta.	Su conducta es **insoportable**.
Tiene bajo su responsabilidad a su mujer y cinco hijos.	Tiene que **mantener** a su mujer y cinco hijos.
Los niños de mi vecino hacen un ruido que yo no puedo soportar.	Los niños de mi vecino hacen un ruido __________.
La vida está tan cara que no sé qué haré para vestir y dar de comer a mi familia.	La vida está tan cara que no sé qué haré para __________ a mi familia.
¡Qué trabajo tan aburrido!	¡Qué trabajo tan __________.
¡No lo aguanto!	¡Es __________!

PRACTICANDO AL CONTESTAR

¿Es frecuente que sea la mujer casada quien mantiene a su marido?

¿Cuál es tu idea de una persona insoportable? ¿Qué cosas en la vida te parecen inaguantables?

¿Qué es más dificil de soportar, un dolor físico o un dolor moral?

2. Uso De: **tratar; tratar de; tratarse de; tratarse con**

tratar	*to treat* / *to handle*
tratar de = intentar	*to try*
tratar de = tener como tema	*to deal with*
tratarse de	*to be a question of*
tratarse con	*to be on good terms with* / *to be friends with*

Tu salud me preocupa. **Tratas** tu cuerpo como si fuera de hierro, y el cuerpo es una máquina muy delicada que hay que **tratar** cuidadosamente. Debes **tratar de** fumar menos. He leído un libro que **trata de** los efectos del tabaco y, francamente, creo que deberías dejar de fumar. Mira, **se trata de** tener un poco de fuerza de voluntad. ¿Quieres que te recomiende un buen médico? Conozco uno muy bueno; mi familia y la suya **se tratan** (o, mi familia **se trata con** la suya) desde hace mucho tiempo.

PRÁCTICA

Este médico sólo se ocupa de enfermedades tropicales.	Este médico sólo **trata** enfermedades tropicales.
Es un perro muy bueno. Sé bueno con él, y te será siempre fiel.	Es un perro muy bueno. **Trátalo** bien, y te será siempre fiel.
Frágil. Manejar con cuidado.	Frágil. **Tratar** con cuidado.
¿Por qué no intentas dejar de fumar?	¿Por qué no **tratas de** dejar de fumar?
Este artículo habla de los efectos del tabaco.	Este artículo **trata de** los efectos del tabaco.
La cuestión es esta: ¿Quieres o no quieres curarte?	**Se trata de** esto: ¿Quieres o no quieres curarte?
Hace mucho tiempo que no tengo relaciones con esa familia.	Hace mucho tiempo que no **me trato con** esa familia.
Yo no puedo ayudarte si tú no intentas ayudarte a ti mismo.	Yo no puedo ayudarte si tú no __________ ayudarte a ti mismo.
La cuestión es decidir si voy al médico o no.	__________ decidir si voy al médico o no.
En su conversación nunca habla de nada interesante.	En su conversación nunca __________ nada interesante.
No tengo amistad con esa familia.	No __________ con esa familia.

PRACTICANDO AL CONTESTAR

¿Crees que la vida te trata bien?

¿Te gusta la gente que trata de imponer siempre su voluntad sobre los demás?

¿De qué trataba el último libro que leíste, o la última película que viste?

Se dice que la vida moderna es despersonalizadora. ¿Tú conoces a los que te rodean? ¿Te tratas con tus vecinos?

3. Uso De: **parecer, parecerle** (algo a alguien), **parecerse, parecerse a**

parecer	*to seem*
	to look
parecerle (algo a alguien) = creer que	*to seem* (= *to think that*)
parecerse	*to look alike*
parecerse a	*to look like*

Parece increíble, este niño **parece** débil pero es fuerte como un castillo. **Me parece** que él y su hermano **se parecen** mucho: pequeños y fuertes. ¿No te parece? No, a mí no me parece que él **se parece a** su hermano. Creo que se parece a su abuelo.

PRÁCTICA

El niño tiene aspecto de ser débil, pero es fuerte.	El niño **parece** (ser) débil, pero es fuerte.
Creemos que él y su hermano son iguales.	**Nos parece** que él y su hermano son iguales.
Mi hermano y yo somos casi iguales.	Mi hermano y yo **nos parecemos**.
Mi hermana es casi igual a nuestra madre.	Mi hermana **se parece a** nuestra madre.
Soy casi igual a mi padre.	________ mi padre.
Mi padre y yo somos casi iguales.	Mi padre y yo ________.
¿Crees que es posible aprender todo esto?	¿________ que es posible aprender todo esto?
Este niño tenía aspecto de ser tan bueno, y ¡mira lo que ha hecho!	Este niño ________ (ser) tan bueno, y ¡mira lo que ha hecho!
¿Tú crees que estos dos hermanos son casi iguales?	¿Tú crees que estos dos hermanos ________?
¿Creen ustedes que está bien lo que han hecho?	¿________ que está bien lo que han hecho?

PRACTICANDO AL CONTESTAR

¿A quién te pareces, a tu padre o a tu madre, o a ninguno de los dos?

¿Te parece bien que los jóvenes beban bebidas alcohólicas?

¿Qué tipo de persona te parece más inaguantable?

En tu opinión ¿parece increíble que en un país rico haya gente probre?

¿Conoces a alguien que parezca buena persona, pero que en realidad no lo es?

Pequeño teatro

1 La clase puede dividirse en dos grupos que tienen opiniones contrarias en cuanto al papel de los hombres y de las mujeres en la sociedad. Algunos miembros de la clase, o el instructor, harán alguna afirmación rotunda, como «las mujeres, a la cocina, que es donde deben de estar», o «la naturaleza no establece distinciones entre hombres y mujeres como seres humanos», o «la naturaleza impone inevitables diferencias de funciones entre los dos sexos». Cualquier tópico (*cliché*) es bueno para comenzar la conversación y en nuestra cultura hay, desgraciadamente, muchos.

2 Si los estudiantes saben algo de otras culturas, pueden explicar las funciones que las diferentes sociedades asignan a hombres y mujeres, sea en la vida familiar, profesional o política. Pueden hablar de la idea, muy generalizada, de que la mujer latina es más sumisa que la mujer norteamericana, o de los trabajos que en algunas culturas se consideran como típicos de uno de los dos sexos, y que en otras culturas son desempeñados indistintamente por hombres o mujeres. Por ejemplo, en la Unión Soviética hay mujeres capitanes (¡no capitanas!) de barco mercante; en Israel las mujeres tienen una participación muy activa en el ejército y, ciertamente, en la política, donde la señora Golda Meir fue primer ministro (¡no ministra!).

3 Se puede hablar también de las diferencias indicadas en el diálogo entre las desigualdades legales y las culturales. En los Estados Unidos, por ejemplo, muchas mujeres casadas luchan por conservar su apellido, no adoptando el apellido del marido. En el mundo hispánico este problema no existe, pues por costumbre y por ley la mujer casada conserva su apellido y lo pasa a los hijos. Al mismo tiempo, aunque la mujer casada conserva su primer apellido de soltera, pierde el segundo y adopta el del marido, unido por la preposición de la cual, destacan algunas mujeres hispánicas, da idea de propiedad. En Portugal los hijos usan como primer apellido el de su madre, y el de su padre viene en segundo lugar.

Sea usted mi intérprete por favor

1 Is this the article that deals with the women's liberation movement?
2 What a surprise! Is it true that you are a male chauvinist?
3 Don't you realize that I cannot get a passport without your permission?
4 Do you think that wages and salaries will go up?
5 What do you find most unbearable in life?
6 You don't share in the housework. Do you think it is fair?
7 Does your wife work or is she a housewife?
8 Don't you think your question is sexist?
9 Is it true that you are getting a divorce?
10 Do you look like your father or your mother?

Cuestiones gramaticales

La expresión de lo que es **contrario a la realidad**, o de lo que es una **sospecha.**

A USO DE: **como si** < + **imperfecto de subjuntivo** / + **pluscuamperfecto de subjuntivo**

Según Pilar, muchos hombres piensan que las mujeres sólo deben ocuparse de los trabajos domésticos, y protesta exclamando: «¡Cómo si no tuviéramos nada en la cabeza!»

Esta exclamación indica que lo dicho es **contrario a la realidad**. La estructura gramatical utilizada tiene dos formas, y las dos utilizan tiempos del subjuntivo:

	como si <	+ **imperfecto de subjuntivo** / + **pluscuamperfecto de subjuntivo**
intemporal:	¡Cómo si	fuéramos tontas! (Pero no lo somos.)
pasado:	¡Cómo si	yo no hubiera oído eso antes! (Pero lo he oído antes.)

Esta estructura también se utiliza para indicar **sospecha**:

Me miró como si me odiara. (¿Me odia?)
Me miró como si no me hubiera reconocido. (¿Me reconoció?)

PRÁCTICA

Vamos a completar las frases siguientes, utilizando la idea expresada entre paréntesis.

Modelo
Viven separados, como si (no estar casados)
Viven separados, como si no estuvieran casados.

1 Los dos se quieren como si (haberse casado ayer)
2 Viven a todo lujo, como si (ser millionarios)
3 Es un faldero, como si (no querer a su mujer)
4 Se siente joven, como si (tener veinte años)
5 Me habló de la cuestión como si (tratarse de algo de vida o muerte)
6 Nunca está en su casa, como si (no poder aguantar a su familia)

B USO DE: **si** <			
	+ **indicativo**	+ **indicativo**	= **suposición**
	+ **imperfecto de subjuntivo**	+ **condicional**	= **contrario a la realidad**

Vamos a comparar estas dos frases:

Si quiere divorciarse, hablará con su abogado.
Si quisiera divorciarse, hablaría con su abogado.

En el primer caso estoy diciendo que no sé si quiere o no divorciarse. En el segundo caso indico que la realidad, tal como yo la veo, es que no quiere divorciarse.

PRÁCTICA

Vamos a cambiar de una forma a otra, indicando **suposición** (**indicativo** + **indicativo**) o algo **contrario a la realidad** (**imperfecto de subjuntivo** + **condicional**).

Modelo
Si es casada, no puede firmar contratos.
Si fuera casada, no podría firmar contratos.

1 Si tiene dinero, debe pagar una pensión a su ex-mujer.
2 Si los dos se divorcian, pueden casarse otra vez.
3 Si anulan el matrimonio, los dos quedan libres.
4 Si hago el mismo trabajo, tendrán que pagarme lo mismo que a él.
5 Si ella trabaja en el laboratorio, él tiene que cuidar a los niños.
6 Si la mujer queda en casa, no puede tener una carrera.
7 Si ella limpia la casa, él lava los platos.

EL ARTE DE LA COMPOSICIÓN

Para usar en la composición

1. Los seres humanos
el matrimonio
los cónyuges
el, la cónyuge
el movimiento femenino de liberación
el movimiento de liberación femenina
ser un {donjuán, faldero, conquistador}
ser una perdida
el ama de casa
la mujer objeto
contraer matrimonio
divorciarse (de)
el divorcio
el divorciado, la divorciada
anular el matrimonio
la anulación
el sueldo
el salario

2. *Expresiones verbales*
   darse cuenta (de) que
   sí que + *verbo*
   cuidar
   cocinar
   compartir
   repartir
   no tener arreglo
   aguantar, soportar
     inaguantable, insoportable

mantener
tratar(se) de
tratarse con
parecer (le algo a alguien)
parecerse (a)
si < + *indicativo* + *indicativo* / + *imperfecto subj.* + *condicional*
como si < + *imperfecto subjuntivo* / + *plusc. subjuntivo*

Posibles temas para un composición

1 El machismo en la sociedad.
2 La mujer, ¿necesita ser liberada?
3 La discriminación sexual y la ley.
4 La mujer norteamericana, ¿mujer dominante?
5 Problemas de los matrimonios interculturales.
6 La naturaleza y la igualdad entre los sexos.
7 Papeles masculinos y papeles femeninos en la vida familiar.
8 Los niños y la educación sexista.
9 Los concursos de belleza, ¿un insulto a la mujer?
10 La revolución sexual, ¿verdad o mito?
11 El divorcio.
12 El donjuán, ¿un hombre inseguro de su masculinidad?
13 La mujer y el mundo profesional.
14 La mujer y la política.

4.

La política

El pueblo en marcha: una manifestación de peronistas de izquierdas en las calles de Buenos Aires.

PILAR Oye, Sheila, ¿dónde se ha metido[1] Manuel? Creí que estaría leyendo el periódico en el patio, pero no doy con él.[2]
SHEILA Está con Craig, viendo la televisión. Al parecer[3] hay un programa sobre las próximas elecciones, y como les interesa tanto la política, no quieren perderlo.
PILAR Voy a reunirme con ellos, entonces. Me gusta estar al corriente de[4] lo que sucede, y así aprenderé algo de la política de este país. Francamente, no la entiendo bien del todo.[5]
SHEILA Craig te explicará todo de pe a pa.[6] Está muy enterado[7] de todo eso.
(PILAR *entra en el cuarto de estar, donde* CRAIG *y* MANUEL *están sentados en silencio delante del aparato de televisión.*)
MANUEL ¿Ya terminaste tus cartas? Ven, siéntate. El programa acaba de empezar y promete ser[8] muy interesante.
PILAR No sabía que lo estaban transmitiendo ahora. De haberlo sabido[9] hubiera bajado antes para no perder el principio.
CRAIG Perdona que no te lo haya dicho antes. No sabía que te interesara tanto la política.
PILAR ¿Por quién me tomas,[10] Craig? Me interesa todo, y la política interior de este país más todavía, porque no la entiendo.
MANUEL Como ves, Craig, es una razón de peso.[11]
PILAR No me tomes el pelo,[12] marido. Sabes muy bien que siempre me interesé por la política.
MANUEL Ya lo sé, mujer, ya lo sé. Estaba de broma.[13]
(*Al terminar el programa, entra* SHEILA *con unas tazas de café.*)
SHEILA ¿Fue interesante? Perdonen que no los haya acompañado, pero es que tenía que preparar la habitación de Howard, mi hijo.
PILAR Llega mañana, ¿no?
SHEILA Sí. Veremos qué nos cuenta de su viaje a México.
MANUEL Anda, siéntate con nosotros y ayúdanos a entender algo de lo que hemos visto.
CRAIG Bueno, ya estamos frente a frente[14] los dos nativos, dispuestos a contestar las preguntas de los dos extranjeros.
PILAR Yo tengo tantas que no sé por dónde empezar. Aquí cuando hablan de la *administration* quieren decir el gobierno, ¿no es así?
CRAIG Claro.

1 dónde está
2 no lo encuentro
3 parece que
4 estar informado de
5 no la entiendo completamente
6 del principio al fin
7 sabe mucho
8 parece que va a ser
9 si lo hubiera sabido
10 ¿quién crees que soy?
11 una razón importante
12 no te burles de mí
13 no hablaba en serio
14 cara a cara

MANUEL Es que en español la administración es el conjunto de funcionarios que trabajan para el gobierno. Lo que aquí llamáis el *civil service.*

PILAR También me parece que hay términos que necesitan aclaración. ¿Qué entienden ustedes por un político liberal o por uno radical?

CRAIG Los dos están más o menos hacia la izquierda.

MANUEL Tiene gracia, porque en Europa y en los países hispánicos donde hay vida política, los liberales y los radicales son considerados conservadores, o, a lo más, del centro. Claro que en algunos países hispánicos, desgraciadamente, sólo hay dictaduras.

SHEILA ¿Quiénes son los izquierdistas, entonces?

MANUEL Pues los miembros del partido socialista, los comunistas y sus amigos los filocomunistas o comunistoides, como les llaman algunos. Bueno, hay diferencias muy sutiles, naturalmente. Lo más gracioso es que si a un radical de un país hispánico le dices que es marxista, o se muere de risa o se pone furioso.[15]

SHEILA Entonces, en el mundo español, un liberal es un señor que cree en los procesos democráticos.

PILAR Exactamente. Y los radicales, en general, son muy parecidos, aunque suelen ser más anticlericales. Claro que ahora, por influencia de la terminología norteamericana, empieza a usarse «liberal» y «radical» como aquí.

SHEILA Eso del anticlericalismo no lo entiendo yo bien.

MANUEL Es natural. Se explica por razones históricas. En muchos países hispánicos la Iglesia tiene, o tuvo, gran poder político, y en general era considerada aliada de los conservadores más reaccionarios. Ahora cambió y, en general, la Iglesia Católica es progresiva; ciertamente, más a la izquierda que los partidos conservadores.

PILAR Es difícil hablar en términos generales. La situación cambia de un país a otro.

SHEILA ¿Sabes que la vida política de sus países hispánicos es más complicada que la nuestra?

MANUEL Es diferente. Algunos tienen una larga tradición de elecciones amañadas, quiero decir fraudulentas, de pronunciamientos, cuartelazos,[16] revoluciones, dictaduras y dictablandas, que es el término humorístico que le damos a una dictadura soportable.

PILAR Las dictaduras nunca son soportables, Manuel.

MANUEL Te doy la razón,[17] mujer, pero de alguna manera hay que explicarlo. . .

PILAR En algunos países las elecciones son una farsa.

15 *se irrita, se enfada*

16 *rebeliones militares*

17 *te concedo lo que dices*

Cuando hacen el escrutinio de los votos[18] dan el pucherazo.[19] Los ciudadanos van a los colegios electorales, depositan sus papeletas en las urnas, y luego ¡quién sabe lo que pasa!

MANUEL Y si la gente organiza una manifestación[20] de protesta, viene la policía y la disuelve con gases lacrimógenos,[21] o a palos o, a veces, a tiros.

CRAIG ¿Crees, entonces, que los países hispánicos no están preparados para la democracia?

PILAR ¡Al contrario! Lo que sucede es que los que no creen en la libertad tienen la fuerza bruta.

MANUEL Bueno, Pilar, el problema es más complicado que todo eso. Y no hay que olvidar que estamos hablando de casi veinte países diferentes.

PILAR Tienes razón.[22] Está visto[23] que cuando hablo de esto siempre me exalto.[24]

18 cuando cuentan los votos
19 hacen trampas, falsifican el resultado
20 reunión pública al aire libre en la que la gente manifiesta sus sentimientos
21 gases que hacen llorar
22 estás en lo cierto
23 se ve
24 me excito, pierdo la moderación

COMENTARIOS

1 ¿Te interesan los programas políticos de la televisión? ¿Has visto alguno recientemente? ¿De qué trataba?

2 ¿Estás al corriente de la política interior de tu país? Si no te interesa, ¿qué razones tienes para justificar tu actitud?

3 ¿Crees que la política es siempre algo sucio? ¿Sientes admiración, indiferencia o desprecio por los que dedican su vida a la política?

4 ¿No crees que la política, sucia o limpia, es necesaria en toda sociedad? ¿No crees que la ausencia de vida política significa que el país está bajo una dictadura?

5 ¿Qué concepto tienes de la democracia, la dictadura, el fascismo, el socialismo, el comunismo? ¿Qué otras ideologías se te ocurren?

6 ¿Has votado en las últimas elecciones? ¿Crees que las elecciones reflejan claramente la voluntad de la población?

7 ¿Has estado alguna vez en una manifestación? Si la respuesta es afirmativa, ¿por qué fuiste a esa manifestación? Si contestaste que no, ¿crees que una manifestación no es la mejor manera de expresar la voluntad de la población?

8 ¿Crees que la juventud se interesa por la política?

9 ¿En qué época histórica te hubiera gustado vivir?

10 ¿Cómo crees que va a ser el futuro de tu país?

Ampliación de vocabulario

A En los países donde hay **elecciones** libres, los candidatos hacen **propaganda electoral** durante **la campaña electoral** que precede al día de **las elecciones**. En ese día, **los electores** (los ciudadanos con derecho al voto y que están inscritos en el **censo electoral**) van a **los colegios electorales** (lugares donde votan) y depositan su **papeleta** (su voto) en **la urna**, o votan utilizando máquinas modernas.

Si has votado alguna vez, ¿podrías describirle a un amigo extranjero cómo se vota en tu país? ¿Cómo hacen los políticos su campaña electoral? ¿Qué importancia tiene la televisión en las campañas electorales?

B Cada país tiene un sistema electoral diferente. En los países democráticos hay ciertos aspectos que son comunes a todos ellos: Hay libertad para organizar partidos políticos, hay **libertad de palabra** y **libertad de prensa** para expresar cualquier idea política, y hay un parlamento donde se reunen los candidatos que han resultado elegidos. El parlamento puede tener una o dos **cámaras**. En los países hispánicos estas cámaras suelen llamarse **Congreso de los Diputados** y **Senado**, pero los nombres pueden cambiar de un país a otro.

¿Cómo funciona el poder legislativo en tu país? ¿Cuántas cámaras hay? En los Estados Unidos, ¿a quién representa la Cámara de Representantes? ¿Y a quién representa el Senado? ¿Podrías explicar todo esto? Y, si no puedes, ¿qué preguntas harías para que te lo explicaran a ti?

C El **poder ejecutivo** puede estar organizado de muchas maneras. En una monarquía parlamentaria, como las de Holanda, Bélgica, los países escandinavos (Noruega, Suecia y Dinamarca) o el Reino Unido de la Gran Bretaña, el rey (o la reina) «reina, pero no gobierna». Quien gobierna es el Primer Ministro, junto con su Gabinete, que está formado por sus Ministros. En un **régimen** republicano, el Presidente tampoco gobierna pero, lo mismo que en las monarquías, tiene una gran influencia política basada en el prestigio de su puesto y de su persona. En un sistema presidencialista el Presidente y sus Secretarios gobiernan, y no hay la distinción entre Presidente y Primer Ministro.

¿A qué grupo, de los citados, pertenece el sistema de gobierno de tu país? ¿Qué ventajas e inconvenientes ves en cada uno de los sistemas?

D El **poder judicial** se ocupa de interpretar y aplicar las leyes. El tribunal más importante del país se llama **el Tribunal Supremo** o **la Corte Suprema.** En este tribunal se sientan varios **jueces** de gran autoridad y prestigio, y deciden los casos legales que han llegado hasta ellos en **apelación** (*infinitivo*: apelar) contra **las sentencias** de otros **tribunales inferiores.** Los jueces (magistrados) del Tribunal Supremo tienen sus puestos con carácter **vitalicio** (hasta que **se jubilan** o se retiran).

¿Tiene mucha importancia el Tribunal Supremo de tu país? ¿Conoces algún caso importante que ese tribunal haya resuelto recientemente? ¿Quién nombra a los magistrados del Tribunal Supremo?

E En los tribunales inferiores hay uno o varios jueces, un **fiscal** (abogado que acusa) y un **abogado defensor** que defiende al **acusado.** En algunos países también hay un **jurado** formado por varios ciudadanos. Antes del juicio puede ser que el acusado esté en **libertad bajo fianza** en lugar de estar **detenido** en **la cárcel.** El tribunal oye a **los testigos de cargo**, llamados por el fiscal, y a los **testigos de descargo**, traídos por el defensor. Los testigos juran o prometen decir la verdad, y si no lo hacen cometen el delito de **falso testimonio** o perjurio.

¿Has presenciado alguna vez un juicio en un tribunal? Muy posiblemente has visto un juicio en el cine o en la televisión. ¿Cómo es un juicio en tu país?

F En la vida política hay, a veces, casos de corrupción, que pueden presentarse bajo muchas formas. La más frecuente es **el soborno** (**el cohecho**), lo que en algunos países llaman **la mordida** (pago de una cantidad de dinero a un funcionario o a un político, para que haga algo ilegal). Otras veces puede ser cualquier forma de presión sobre los electores para que voten por un cierto candidato o partido, o la alteración de los resultados electorales, modificando **las actas** del **escrutinio**, o cualquier otra forma que la picaresca política pueda imaginar.

¿Conoces algún caso de corrupción política en tu país? ¿En otros países? ¿Crees que la corrupción es un fenómeno frecuente? ¿Crees que la corrupción es una parte inevitable de la vida política? ¿Cómo crees que se puede terminar con la corrupción?

Dificultades y ejercicios

1. Uso De

$$\textbf{de haber} + \textit{participio} + \cdots + \left\{\begin{matrix}\textbf{habría}\\ \textbf{hubiera}\end{matrix}\right\} + \textit{participio}$$

$$\textbf{si hubiera} + \textit{participio} + \cdots + \textbf{habría} + \textit{participio}$$

Las dos construcciones significan lo mismo, y se pueden usar indistintamente. Con la forma **de haber** + *participio* pueden usarse las formas **habría** o **hubiera.** Con la variante **si hubiera** es preferible utilizar la forma **habría** para evitar la repetición de la misma forma verbal. Si en la frase hay pronombres, éstos siguen al infinitivo **haber**, y preceden al pluscuamperfecto de subjuntivo **hubiera.**

De haber sabido Pilar que el programa era a las cinco, {**habría** / **hubiera**} **bajado** antes.

De haberlo sabido, {**habría** / **hubiera**} **bajado** antes.

Si hubiera bajado a las cinco, **habría visto** el programa desde el principio.

Si lo hubiera visto desde el principio, lo **habría comprendido** mejor.

De haberlo visto desde el principio, lo **habría comprendido** antes.

PRÁCTICA

De haber sabido que te interesaba el programa, te hubiera avisado.	**Si hubiera sabido** que te interesaba el programa, te **habría** avisado.
De haberlo sabido, te hubiera llamado.	**Si lo hubiera sabido**, te **habría** llamado.
Si me hubieras avisado, habría venido.	De __________ avisado, __________ venido.
De haberlo visto, te habría interesado.	Si __________ visto, __________ interesado.
Si me lo hubieras explicado bien, lo habría comprendido.	De __________ explicado bien, lo __________ comprendido.
De habernos dicho que venías, te hubiéramos esperado.	Si __________ dicho que venías, te __________ esperado.

PRACTICANDO AL CONTESTAR

De haber visto a alguien que estuviera siendo atacado en la calle, ¿lo hubieras ayudado?

De haber estado seguro de que nadie lo sabría nunca, ¿habrías cometido un mala acción que tu conciencia te reprochara?

De haberte encontrado en un país extranjero, sin amigos y sin dinero, ¿qué hubieras hecho?

2. Uso De: **ponerse** + *adjetivo*; **volverse** + *adjetivo*; **hacerse** + *adjetivo*; **llegar a ser** + *adjetivo*

Todas estas formas corresponden a la idea expresada en inglés por el verbo *to become*, con ligeras variantes de significado:

a **Ponerse** + *adjetivo* supone un cambio momentáneo de carácter o actitud:

Cuando le hablo, se sonroja.	Cuando le hablo, **se pone** rojo (colorado).
Si lo contradicen, se enfurece.	Si lo contradicen, **se pone** furioso.

b **Volverse** + *adjetivo* indica un cambio permanente de carácter o actitud:

El pobre hombre enloqueció.	El pobre hombre **se volvió** loco.
Antes era muy amable, pero desde que hizo mucho dinero es muy orgulloso.	Antes era muy amable, pero desde que hizo mucho dinero **se volvió** orgulloso.

Cuando el cambio tiene lugar en las cosas, no en las personas, las dos formas pueden usarse indistintamente, e indican un cambio permanente o temporal:

En el otoño las hojas de los árboles se ponen amarillas.	En el otoño las hojas de los árboles **se vuelven** amarillas.
La pared era azul, pero con el sol se puso blanca.	La pared era azul, pero con el sol **se volvió** blanca.

c **Hacerse** + *adjetivo* indica un cambio en el estado de una persona debido, en gran parte, a su propio esfuerzo:

Estudió mucho y recibió el Título de Licenciado en Medicina.	Estudió mucho y **se hizo** médico.
Emigraron a los Estados Unidos y ahora son ciudadanos norteamericanos.	Emigraron a los Estados Unidos y **se hicieron** ciudadanos norteamericanos.

d **Llegar a ser** + *adjetivo* es de uso muy semejante al anterior, pero indica un esfuerzo continuado, o la influencia de factores ajenos a la voluntad del agente, como la suerte, la práctica, la ley y otros:

Trabajamos mucho, y ahora somos ricos.	Trabajamos mucho, y **llegamos a ser** ricos.
Leyó mucho, y ahora es muy culto.	Leyó mucho, y **llegó a ser** muy culto.

La diferencia entre **hacerse** y **llegar a ser** se ve claramente en estos ejemplos:

El general dio un golpe de estado y se proclamó a sí mismo presidente.	El general **se hizo** presidente.

El general recibió el título de presidente después de haber sido elegido legalmente.	El general **llegó a ser** presidente.
El muchacho entró en el seminario y fue ordenado de sacerdote.	El muchacho **se hizo** sacerdote.
Luego el Papa lo nombró obispo.	Luego **llegó a ser** obispo.

PRÁCTICA

El presidente se proclamó dictador.	El presidente __________ dictador.
Era socialista, pero desde que heredó dos millones de pesos es muy conservador.	Era socialista, pero desde que heredó dos millones de pesos __________ muy conservador.
Se inscribió en el partido conservador y, después de algún tiempo, fue elegido jefe provincial del partido.	Se inscribió en el partido conservador y, después de algún tiempo, __________ jefe provincial del partido.
Cuando le hablan de su pasado socialista se enfurece.	Cuando le hablan de su pasado socialista __________ furioso.

PRACTICANDO AL CONTESTAR

¿Crees que la vida sería mejor si, en lugar de ir haciéndonos viejos, nos fuéramos haciendo más jóvenes cada día?

Cuando alguien te contradice, ¿te pones furioso?

¿Qué te gustaría llegar a ser en la vida?

Cuando la persona de quien estás enamorado o enamorada habla con gran entusiasmo de otro o de otra, ¿te pones celoso, o celosa?

¿Crees que si tuvieras un puesto muy importante te volverías orgulloso?

¿Qué piensas de la gente que se pone colorada fácilmente?

Pequeño teatro

1 Esta lección proporciona un vocabulario suficiente para que todos puedan explicar, en términos generales, un sistema político cualquiera. Muchas palabras, como **diputado**, **parlamento**, **ministro**, son muy semejantes en inglés y en español. Otras, como **quorum** y **referendum**, son de uso internacional.

2 La clase puede convertirse en un parlamento, o en una reunión de un gabinete, para hablar de una nueva ley que hay que aprobar o rechazar.

3 Puede convertirse también en una reunión de las Naciones Unidas (ONU), para tratar de un problema de política internacional.
4 Si el interés por la política es limitado, o inexistente, los estudiantes tendrán que explicar las razones de esa falta de interés.

Sea usted mi intérprete, por favor

1 Will you please explain that to me from A to Z?
2 If you had known that I was joking, would you have answered my question?
3 Why are you always trying to pull my leg?
4 Are you a politician or a civil servant?
5 Do you think the last elections were rigged?
6 How did the police disperse the demonstration? With sticks or with tear gas?
7 Do you think that freedom of speech and of the press are very important in a democracy?
8 Are you going to appeal the verdict to the Supreme Court?
9 Did the defendant tell the truth or did he commit perjury?
10 Why didn't the judge let him out on bail?

Cuestiones gramaticales

Puntos Básicos en el Uso de los Tiempos del Subjuntivo (I)

A Cuando Sheila dice: «Perdonen que no los haya acompañado», está diciendo:

Perdonen (ahora) que no los haya acompañado (antes).

Si Sheila estuviera pidiendo perdón por haber llegado tarde a la pequeña reunión, habría dicho:

Perdonen (ahora) que llegue tarde (ahora).

Vemos que el tiempo del subjuntivo ha cambiado. En la primera frase Sheila habla de una acción anterior al presente. En la segunda frase habla de una acción que ocurre en el mismo momento. Es decir, el uso de los tiempos del subjuntivo depende de que la acción expresada por el verbo en subjuntivo suceda **antes**, **en el mismo momento**, o **después** de la acción indicada por el verbo principal. Veamos una combinación de las tres posibilidades en una sola frase:

Perdonen (ahora) que no los haya acompañado (antes), que no pueda quedarme con ustedes (ahora), y que no vuelva (después).

Posibles combinaciones

presente indicativo / **futuro indicativo** / **imperativo**	+ **que** +	**presente subjuntivo**	= **accion**	**simultánea** / **futura**
		presente perfecto subjuntivo	= **acción pasada**	

Temo / Temeré / No temas } que { venga. / haya venido.

B Vamos a estudiar la estructura que tiene el **verbo principal en presente de indicativo**:

Ahora		*Antes*		*Ahora*		*Después*
presente indicativo	+	**presente perfecto de subjuntivo**	+	**presente subjuntivo**	+	**presente subjuntivo**
Espero hoy		que hayan trabajado ayer,		que trabajen hoy y		que trabajen mañana.

Supongamos esta situación: Un muchacho (Wayne) está con una amiga (Bárbara). Los dos están solos. Es una situación perfectamente inocente, pero Bárbara sabe que su novio (Alan) es muy celoso, y que si la encuentra a solas con Wayne hará una escena.

Bárbara expresa este temor diciendo:

Temo (ahora) que Alan llegue (ahora).

Temo (ahora) que Alan llegue (dentro de un momento).

Temo (ahora) que Alan haya pasado (hace un momento) por delante de la casa y haya visto tu coche.

PRÁCTICA

El **verbo principal** siempre estará en **presente de indicativo**. El **segundo verbo** tendrá que estar en **presente** o en **presente perfecto de subjuntivo**.

Atención a las palabras que, en la segunda parte de la frase, nos indicarán si la acción está ocurriendo en el mismo momento que la acción principal, si ocurrirá en el futuro, o si ya ocurrió.

Modelo
Esperamos... la próxima campaña electoral será breve
Esperamos que la próxima campaña electoral sea breve.

Me alegra... mi partido ganó las elecciones
Me alegra que mi partido haya ganado las elecciones.

1 Siento... mi candidato perdió las últimas elecciones
2 Dudamos... el Congreso aprobará ese proyecto de ley
3 No creen... el abogado apeló al Tribunal Supremo
4 No te parece bien... el acusado está en libertad bajo fianza
5 Es increíble... siempre hay policías corrompidos
6 Es necesario... tú declararás como testigo mañana
7 No creo... el juez se jubiló la semana pasada
8 Es difícil creer... él acepta mordidas
9 Ojalá... tú saldrás elegido en las elecciones

C Cuando el **verbo principal** está en **imperativo**, la estructura es semejante. Así, al oír los temores de Bárbara, Wayne puede decir:

No temas (ahora) que él venga (ahora).
No temas (ahora) que él venga (dentro de un momento).
No temas (ahora) que él haya visto el coche (hace un momento).

PRÁCTICA

Usando el **imperativo** del **verbo principal** vamos a cambiar el **segundo verbo** al **presente** o al **presente perfecto de subjuntivo**, según sea necesario para indicar el paso del tiempo.

Modelo
Esperemos... él no vendrá
Esperemos que él no venga.

1 Esperemos... él no verá el coche
2 Obliguemos a que... todos obedecen las leyes
3 Pidamos... siempre hay leyes justas
4 Permitamos... él habla con su abogado defensor
5 Prohiban... los abogados hablarán con la prensa
6 Reelijamos... sólo a los que han sido buenos representantes

7 Solicitemos... las autoridades permiten la manifestación

D Cuando el **primer verbo** está en el **futuro de indicativo**, los cambios de los tiempos siguen el mismo sistema. En el triángulo Wayne-Bárbara-Alan, ella puede decir a Wayne que no quiere que la visite en su casa porque Alan es muy celoso. Ella temerá la inevitable escena:

Temeré (cuando estés allí) que él venga (en el mismo momento).
Temeré (cuando estés allí) que él venga (poco después).
Temeré (cuando estés allí) que él haya visto tu coche (poco antes).

PRÁCTICA

Vamos a cambiar al **presente** o al **presente perfecto de subjuntivo** el segundo verbo, de manera que la frase refleje el paso del tiempo.

Modelo
Tendré miedo... él vendrá
Tendré miedo que venga.

1 Hasta que hable con él no creeré... él se ha divorciado
2 Hasta que tenga pruebas dudaré... es corrompido
3 No creeré nunca... el juez hará algo ilegal
4 Me negaré a admitir... él mentirá
5 Será increíble... usarán gases lacrimógenos
6 No toleraremos... establecerán la censura

E Variaciones sobre el mismo tema
En los casos B, C y D hemos visto que hay que usar el presente perfecto de subjuntivo cuando el segundo verbo indica una acción anterior a la expresada por el verbo en indicativo. En el español actual, sin embargo, hay otras dos posibilidades que coexisten con las formas estudiadas:

Temo Temeré No temas	que	haya visto mi coche. viera (viese) mi coche.

Es decir, **el presente perfecto de subjuntivo** coexiste con las dos formas del **imperfecto de subjuntivo**, sin que cambie el sentido de la frase.

Lo más aconsejable para el estudiante extranjero es que aprenda bien la forma más frecuente (la que usa el **presente perfecto de subjuntivo**), sabiendo al mismo tiempo que muchos hispanos usarán, quizá, la otra de las dos formas posibles.

EL ARTE DE LA COMPOSICIÓN

Para usar en la composición

1. Los tres poderes

el poder { ejecutivo / legislativo / judicial }
el gobierno
la cámara legislativa
el congreso de los diputados
el senado
el tribunal supremo
la corte suprema
el tribunal inferior
el juez
el jurado
el acusado
estar { en la cárcel / detenido }
el abogado defensor
el fiscal
la sentencia
la apelación
el testigo { de cargo / de descargo }
el falso testimonio
el perjurio
el carácter vitalicio

2. La vida política

la libertad { de palabra / de prensa }
las elecciones
el censo electoral
los electores
hacer propaganda electoral
la campaña electoral
el colegio electoral
la urna
el voto, la papeleta
el acta electoral
hacer el escrutinio de los votos
dar el pucherazo
la manifestación
los gases lacrimógenos
el cuartelazo
el soborno, el cohecho, la mordida

3. Expresiones verbales

meterse en
(no) dar con (alguien, algo)
estar { al corriente de / muy enterado de / de broma / visto que }
ser una razón de peso
exaltarse
tomarle el pelo a alguien
tomar a alguien por
prometer + *infinitivo*
darle la razón (a alguien)
tener razón
no + *verbo* + bien del todo
ponerse
volverse
hacerse
llegar a ser

$$\text{de haber} + \textit{pronombre} + \textit{participio} + \cdots + \left\{\begin{matrix}\text{habría}\\ \text{hubiera}\end{matrix}\right\} + \textit{participio}$$

$$\text{si} + \textit{pronombre} + \text{hubiera} + \textit{participio} + \cdots + \text{habría} + \textit{participio}$$

$$\left.\begin{matrix}\textit{presente indicativo}\\ \textit{futuro indicativo}\\ \textit{imperativo}\end{matrix}\right\} + \text{que} + \left\{\begin{matrix}\textit{presente subjuntivo}\\ \textit{presente perfecto subjuntivo}\end{matrix}\right.$$

4. Otras expresiones

al parecer
de pe a pa
frente a frente

Posibles temas para una composición

1 La televisión y la política.
2 La apatía política.
3 La honradez en la política.
4 El concepto de la libertad individual.
5 Las manifestaciones como expresión de voluntad popular.
6 La juventud y la política.
7 «El pasado siempre fue mejor».
8 Una excursión al futuro de nuestro país.
9 La división de poderes, base de la libertad.
10 La justicia igual para todos, ¿verdad o mito?
11 La libertad individual en la sociedad de masas.
12 El dinero y la vida política.
13 Los grupos de presión.
14 Conservadurismo e innovación.

5.

La vida urbana y sus problemas

Las calles ¿son para los coches o para la gente? La calle de Alcalá, en Madrid, convertida en un río de automóviles.

SHEILA Pilar, acaba de venir el cartero y hay una carta para ti.

PILAR Gracias. ¡Ah! Es de María Luisa, mi hija mayor. Reconozco la letra, y además el matasellos[1] es de Benidorm, donde está pasando una temporada con su madrina.[2] Voy a enseñársela a Manuel.

SHEILA No está. El y Craig fueron al centro a comprar no sé qué.

PILAR ¿Fueron a pie? El tiempo está precioso para dar un paseo.[3]

SHEILA No, mujer. ¿Cómo se te ocurre?[4] Fueron en coche. Estamos muy lejos del centro.

PILAR Tienes razón. A veces me olvido de que su casa queda a[5] cuatro kilómetros de la ciudad.

SHEILA Estamos en la ciudad, Pilar. Lo que pasa es que vivimos en una zona residencial.

PILAR Perdona, Sheila, pero para mí esto es el campo. Está visto que me cuesta trabajo[6] acostumbrarme del todo a la vida americana. Para mí vivir en una ciudad es vivir en un piso,[7] bien situado, con la parada del autobús[8] y el metro[9] cerca. Todo lo demás es vivir en las provincias.

SHEILA ¡Pero bien que te gusta[10] sentarte en el patio!

PILAR Es cierto. En Madrid, como vivimos en un piso, cuando queremos sentarnos un ratito al aire libre nos vamos a la terraza de un café.[11] Te aseguro que es muy agradable también.

(*Se oye un automóvil que se detiene en la entrada de coches.*[12])

SHEILA Ahí están nuestros maridos.

MANUEL ¡Uf! ¡Estoy molido![13] Hace tiempo que no he visto[14] un tráfico tan terrible. Hubo un accidente en una calle de dirección única[15] y tuvimos que dar un rodeo[16] para poder llegar aquí.

CRAIG Un chico en una motocicleta no hizo caso de[17] una señal de alto[18] y chocó con[19] un coche.

PILAR ¿Ves, Sheila? Si tuvieran una buena red de transportes urbanos[20] no habría tanto carros[21] por la ciudad.

SHEILA Pilar me estaba hablando de las ventajas de vivir cerca del autobús y del metro, y ahora vienen ustedes con esa historia del tráfico. Voy a tener que darle la razón.

MANUEL Bueno, a medias.[22] El tráfico en Madrid también es un quebradero de cabeza.[23] En el centro, donde

1 sello de goma que inutiliza el sello de correo
2 la mujer que la llevó a la iglesia cuando la bautizaron
3 salir a pasear
4 ¿cómo tienes esa idea?
5 está a
6 me es difícil
7 apartamento grande
8 lugar donde se detiene el autobús
9 el transporte subterráneo
10 te gusta mucho
11 un café con mesas y sillas en la acera
12 espacio entre la acera y el garage
13 muy cansado
14 pasó mucho tiempo desde que vi
15 donde sólo se puede conducir en una dirección
16 tomar un camino más largo
17 no prestó atención a
18 que ordena pararse
19 tropezó violentamente
20 sistema de transporte público en la ciudad
21 automóvil = coche = carro (en algunas partes de Hispanoamérica)
22 no completamente
23 es un problema serio

hay muchas calles estrechas, ni siquiera permiten[24] aparcar.

24 *hasta no permiten*

PILAR «Aparcar» es un barbarismo, Manuel. Hay que decir estacionar.

MANUEL ¿Y qué? Diga lo que diga la Academia,[25] en Madrid lo decimos todos los días.

25 *a pesar de lo que dice la Academia*

PILAR Lo decimos, pero es difícil hacerlo, porque nunca hay lugar.

SHEILA Vamos a sentarnos afuera. Esta, por lo menos, es una ventaja de la vida en los suburbios.

MANUEL ¿Le llamas suburbio a este barrio?[26]

PILAR ¡Pues claro![27] ¿Qué es, entonces?

26 *esta zona de la ciudad*
27 *naturalmente*

MANUEL Yo le llamaría una ciudad jardín. Me parece que ya chocamos con un problema de vocabulario.

PILAR Me temo que sí. En español un suburbio es una zona al borde de la ciudad donde vive la gente pobre. Allí, ciertamente, no hay jardines.

MANUEL Hay que tener en cuenta[28] que los españoles, como casi todos los pueblos mediterráneos, somos muy urbanos. Fijaos* en la historia de Hispanoamérica. Fuimos los grandes constructores de ciudades. La fundación de una ciudad nueva era toda una ceremonia.[29] Aquí, en cambio, los colonos[30] solían vivir en granjas, y las ciudades se desarrollaron de manera diferente. Esto se nota[31] al ver el plano[32] de las ciudades. La Plaza Mayor en el mundo hispánico, la *Main Street* en el mundo anglosajón, como dijo Julián Marías.** Ahí está la gran diferencia.

28 *hay que considerar*
29 *era una ceremonia muy importante*
30 *los primeros pobladores blancos*
31 *se ve, se observa*
32 *el mapa*

SHEILA Gracias, profesor, por esta lección. Resulta que[33] a veces[34] la historia explica más que el diccionario.

MANUEL Perdona, Sheila, no quería ponerme a dar[35] una conferencia. Pero tienes razón, la historia explica muchas cosas. Cuando estábamos en el centro me fijé[36] que Craig medía las distancias por manzanas,[37] o por cuadras, como dicen en Hispanoamérica. Esto, en España, lo mismo que en otros países europeos, no tendría sentido.[38] Muchas de nuestras ciudades se desarrollaron[39] en la Edad Media, cuando estaban limitadas por las murallas, y crecieron formando un laberinto de calles estrechas, con manzanas de forma muy irregular: Vuestra idea del *block* no se puede aplicar allí. Por esto contamos

33 *la consecuencia es que*
34 *algunas veces*
35 *empezar a dar*
36 *noté, ví*
37 *grupos de casas limitados por calles*
38 *sería absurdo*
39 *crecieron*

* Imperativo de **fijarse** en la forma vosotros
** Escritor español, discípulo del filósofo Don José Ortega y Gasset (1883-1955)

las distancias por esquinas[40] o por calles. Cuando alguien pregunta una dirección le decimos, por ejemplo: «Vaya usted todo derecho, y luego tuerza a la izquierda[41] al llegar a la segunda esquina. Entonces, tres calles más allá, está el sitio que busca».

PILAR Pero los barrios nuevos son como aquí, con calles tiradas a cordel[42] y manzanas cuadradas. Piensa en el barrio de Salamanca, en Madrid, o en Buenos Aires o en cualquier otra ciudad americana.

CRAIG Y en México, que es otro país de cultura española.

MANUEL Claro, porque en el siglo XVI las murallas ya no eran tan importantes, y entonces los españoles volvieron al viejo modelo romano de calles rectas.

SHEILA Como en el barrio donde viven ustedes en Madrid.

PILAR Sí, allí las calles son rectas y muy anchas, con dos filas de árboles en las aceras. Justamente lo contrario de las ciudades medievales de que hablaba Manuel hace un momento. Es un barrio moderno, del siglo XIX. La abuela de Manuel recordaba el barrio con muchos solares.[43] En sus tiempos, aquello estaba en las afueras.[44]

MANUEL ¡Ahí está la palabra para *suburb*! Vosotros vivís en las afueras, no en los suburbios.

CRAIG ¡Ahora ya sabemos dónde vivimos! Vamos a celebrarlo tomando una copa.

40 donde se encuentran dos o más calles
41 doble a la izquierda
42 calles rectas
43 terrenos vacíos dentro de la ciudad
44 fuera de la ciudad

COMENTARIOS

1 ¿Cómo es la ciudad donde vives? Descríbela y da tu opinión sobre la vida en ella.
2 Muchas ciudades norteamericanas tienen una gran extensión, porque muchas familias viven en casas con jardín. En otros países, sobre todo en los países europeos, las ciudades son más concentradas, porque sus habitantes viven «unos encima de otros» en pisos o apartamentos. ¿Qué ventajas e inconvenientes ves en cada uno de los dos sistemas? Por ejemplo, las ciudades norteamericanas, con sus kilómetros y kilómetros de calles desiertas, dan la impresión de ser muy aburridas.
3 ¿Cómo crees que el automóvil ha afectado la vida del hombre moderno? Si crees que el exceso de tráfico es uno de los problemas de la vida urbana de hoy, ¿cómo lo solucionarías?

4 ¿Crees que la vida en una gran ciudad es más agradable e interesante que en un pueblo? Si pudieras escoger, ¿en qué ciudad vivirías?
5 Si no te gusta la vida en las ciudades, ¿por qué prefieres vivir en el campo? ¿Qué ventajas encuentras en la vida rural?
6 Si tuvieras que construir una ciudad completamente nueva, ¿cómo la harías? ¿cuál es tu concepto de «la ciudad ideal»?
7 Si conoces alguna ciudad extranjera, ¿puedes describirla de manera que los que no la vieron tengan una idea clara de cómo es? ¿Puedes compararla con una ciudad de tu país?
8 Si pudieras gobernar tu ciudad por algún tiempo, ¿qué reformas introducirías en ella?
9 ¿Crees que una ciudad refleja el carácter de sus habitantes? Si es así, ¿cómo es el carácter de los habitantes de tu ciudad? ¿O crees que una pregunta tan general no puede ser contestada?
10 ¿Te gustaría cambiar varias veces de ciudad en tu vida, o preferirías vivir siempre en el lugar donde has nacido?

Ampliación de vocabulario

A El **crecimiento demográfico** (crecimiento de la población) en el siglo **actual** (este siglo, el siglo presente) ha creado serios problemas, sobre todo en las grandes ciudades: problemas de **alojamiento** (vivienda), de transporte, de **contaminación** atmosférica (**polución**), de falta de **espacios abiertos** (zonas verdes), de **embotellamientos de tráfico** (circulación) (exceso de tráfico que provoca su paralización) en las **horas punta** (horas de más tráfico) y muchos otros.

La ciudad donde vives, ¿cambió mucho en los últimos años? ¿En qué sentido cambió? ¿Crees que la vida en ella era antes más fácil y agradable que ahora? ¿Es el exceso de tráfico uno de sus peores problemas?

B En **el centro** de las ciudades están **los grandes almacenes** (lugares donde se venden muchas cosas diferentes, desde ropa—trajes, vestidos, camisas, etc.—hasta muebles—mesas, sillas, camas, etc.), **las tiendas** (más especializadas que los grandes almacenes), las oficinas, los bancos (que tienen

sucursales en otras partes de la ciudad), los hoteles y también los pisos donde viven muchas familias. En Europa y en el mundo hispánico no hay una clara distinción entre el centro (destinado exclusivamente a **los negocios**, la vida comercial y financiera) y los barrios residenciales. Hay muchas familias ricas que viven en el centro, en pisos muy elegantes. El éxodo de **las clases acomodadas** (las clases sociales con dinero) hacia **las afueras** es un fenómeno raro y relativamente reciente. Los centros de las ciudades están muy **animados** (llenos de vida) de día y de noche.

¿Sucede lo mismo en tu ciudad? ¿Cómo es el centro de tu ciudad? Las casas del centro ¿son grandes, con tiendas u oficinas en **la planta baja** (al nivel de la calle) y **viviendas** en los pisos? ¿Hay mucha gente por la calle después de las seis de la tarde? ¿Cómo explicarías a un amigo extrajero la vida en tu ciudad?

C La lengua refleja las formas de vida de la sociedad que la habla. Como las afueras de las ciudades no se extienden por kilómetros y kilómetros como en Norteamérica, la gente que trabaja no tiene que recorrer enormes distancias entre su casa y el lugar donde trabaja. No existe, por tanto, un equivalente al verbo *to commute*. Cuando alguien vive lejos de la ciudad donde trabaja, dice que **va y viene** a su trabajo en coche (carro) o en tren o en autobús (México: camión; Cuba y Puerto Rico: guagua; Argentina: colectivo). En las ciudades hispánicas hay barrios nuevos y barrios viejos, barrios ricos y barrios pobres, pero no hay una palabra que corresponda exactamente a la palabra *ghetto*. **Barrio**, por tanto, es una palabra genérica que necesita un adjetivo para adquirir una significación especial: barrio elegante, barrio obrero, barrio negro... etc. Es decir, en español **barrio** es una palabra neutral.

¿Sucede lo mismo en el inglés norteamericano? ¿Conoces alguna ciudad en la que haya barrios claramente definidos según la gente que los habita? ¿Cómo explicarías a un amigo extranjero el significado de *Chinatown*, *Little Italy*, *Spanish Harlem*, *Harlem*?

D **La circulación** (el tráfico) es uno de los problemas más serios de las ciudades modernas. Para regularlo hay **semáforos** (**luces de tráfico**), **señales de tráfico** y **guardias de tráfico** que están en **los cruces** de calles más importantes. **Los peatones** (las personas que van a pie) circulan por **las aceras** (México: las banquetas), y los carros van por **la calzada**. Los peatones atraviesan la calle por **los pasos de peatones**. Si la atraviesan por otro lugar el guardia de tráfico puede ponerles una **multa**. En una gran ciudad el sistema de transporte público más rápido es **el metro** (ferrocarril subterráneo). Los autobuses y trolebuses tienen que competir con los coches y taxis en la gran batalla diaria de circulación.

Tu ciudad ¿tiene un buen sistema de transportes públicos? ¿Crees que el transporte público puede solucionar los problemas del tráfico y de la polución atmosférica de las grandes ciudades modernas? En tu ciudad, ¿utilizas el transporte público o prefieres usar tu propio automóvil? ¿Crees que en tu país se usa demasiado el automóvil como medio de transporte? ¿Crees que tus compatriotas «están enamorados» de sus automóviles?

E La institución que gobierna una ciudad se llama **el ayuntamiento**, que está formado por **el alcalde** y **los concejales.** En algunos países los alcaldes y concejales son elegidos por los electores del **municipio** (la ciudad y su territorio) en elecciones municipales. En otros países son nombrados por el gobierno.

¿Cómo son elegidos los miembros del ayuntamiento de tu ciudad?
¿Te gustaría ser candidato en unas elecciones municipales? Si fueras alcalde o alcaldesa de tu ciudad, ¿cuáles serían las primeras medidas que tomarías?

Dificultades y ejercicios

1. Uso De

hace + *tiempo* + **que** + *verbo en presente*
verbo en presente + **desde** + **hace** + *tiempo*

En frases en tiempo presente la acción comenzó en el pasado, y todavía continúa. Las dos formas tienen el mismo significado:

	Hace	dos años **que** estudio español.
Estudio español **desde**	**hace**	dos años.

PRÁCTICA

Hace dos meses que no voy de compras a los grandes almacenes del centro.	No voy de compras a los grandes almacenes del centro **desde hace** dos meses.
Hace un año que vivo en Cuernavaca.	Vivo en Cuernavaca **desde hace** un año.
Desde hace cinco años voy a México todos los veranos.	**Hace** cinco años **que** voy a México todos los veranos.

Vivo en las afueras desde hace tres años.	________ vivo en las afueras.
Hace una hora que te espero.	Te espero ________ una hora.
Hace quince minutos que el tráfico está embotellado.	El tráfico está embotellado ________ quince minutos.

En frases negativas también se puede usar el presente perfecto. En ellas también puede hacerse el cambio a la forma **desde**:

No he visto tanto tráfico **desde hace** mucho tiempo.
Hace mucho tiempo que no he visto tanto tráfico.

Hace años que no he tenido un accidente de automóvil.	No he tenido un accidente de automóvil **desde hace** años.
Desde hace cinco años no me han puesto una multa.	**Hace** cinco años **que** no me han puesto una multa.
Hace una semana que no he ido al café.	No he ido al café ________.
Desde hace un año no ha habido choques en este cruce.	No ha habido choques en este cruce ________.

Cuando la acción ha tenido lugar en un pasado desconectado del presente, se usan las formas:

Hace + *tiempo* + **que** + *pretérito*
pretérito + **hace** + *tiempo*

Estas dos formas corresponden al inglés *ago*.

Hace dos semanas **que** llegué.
Llegué **hace** dos semanas.

PRÁCTICA

Hace un año que hubo un choque en este cruce.	Hubo un choque en este cruce **hace** un año.
Instalaron las luces de tráfico hace seis meses.	**Hace** seis meses **que** instalaron las luces de tráfico.
Hace una semana que instalaron una señal de alto en la esquina.	Instalaron una señal de alto en la esquina ________.
Esta sucursal de banco abrió hace un mes.	________ abrió esta sucursal de banco.

La forma **hace** + *tiempo* + **que** aparece a veces simplificada en **hace** + *tiempo*:

Hace un año **que** hubo un choque aquí.
Hace un año hubo un choque aquí.

Cuando esto sucede, la única diferencia entre las dos formas estudiadas está en el orden de las palabras dentro de la frase:

Hace un año tuve un accidente.
Tuve un accidente **hace** un año.

PRACTICANDO AL CONTESTAR

¿Cuánto tiempo hace que estudias español?
¿Cuántos días hace que empezó el curso?
¿Hace mucho tiempo que no has tenido unas vacaciones?
Si alguna vez conociste a alguien que te haya parecido muy interesante, ¿cuánto tiempo hace que conociste a esa persona?
¿Cuánto tiempo hace que viste una buena película?

2. Uso De

subjuntivo + **lo que** + *subjuntivo*

Por {**mucho** / **más**} **que** + *subjuntivo*

Las tres formas expresan la misma idea:

Diga lo que diga la Academia, en Madrid decimos aparcar.
Por mucho que diga la Academia, en Madrid decimos aparcar.
Por más que diga la Academia, en Madrid decimos aparcar.

PRÁCTICA

Digas lo que digas, te aseguro que los trolebuses polucionan menos que los autobuses.	**Por mucho que digas**, te aseguro que los trolebuses polucionan menos que los autobuses.
Por mucho que digas, el metro es el medio más rápido de transporte urbano.	**Digas lo que digas**, el metro es el medio más rápido de transporte urbano.
Hagamos lo que hagamos, no llegaremos a tiempo.	**Por mucho que hagamos**, no llegaremos a tiempo.
Por más que te esfuerces, no conseguirás todo lo que quieres.	________ no conseguirás todo lo que quieres.
Digan lo que digan, no me convencerán.	________ no me convencerán.

Por mucho que insistas, no cambiaré de opinión.	________ no cambiaré de opinión.
Diga lo que diga el periódico, en esta ciudad no hay espacios abiertos.	________ el periódico, en esta ciudad no hay espacios abiertos.
Por más que protestemos, no traerán una línea de autobuses a este barrio.	________ no traerán una línea de autobuses a este barrio.

Una variante de la forma **por mucho que** + *subjuntivo* es la forma **por muy** + *adjetivo* + **que** + *subjuntivo*. Las dos frases siguientes expresan la misma idea:

Por mucho dinero **que** tengas, nunca te aceptarán en ese club.
Por rico que seas, nunca te aceptarán en ese club.

PRÁCTICA

Por muchas ganas que tenga (estar deseoso) de comprar esa casa, no tiene bastante dinero.	Por ________ que esté de comprar esa casa, no tiene bastante dinero.
Por muchas horas que estudie (ser estudioso), no aprenderá nada.	Por ________ que sea, no aprenderá nada.
Por mucho que insistas (ser insistente), no me convencerás.	Por ________ que seas, no me convencerás.

PRACTICANDO AL CONTESTAR

Si tu quieres hacer algo, y tus amigos te aconsejan que no lo hagas, ¿lo haces, digan lo que digan?

Cuando deseas algo, ¿lo consigues, cueste lo que cueste?

Cuando quieres hacer algo, ¿lo haces, por muchas dificultades que encuentres?

Cuando tomas una decisión, ¿no cambias de opinión por más que te lo pidan?

Pequeño teatro

La clase se convierte en una sesión del ayuntamiento de una ciudad. Hay alcalde, o alcaldesa, y concejales y vecinos (cuidadanos). En la agenda hay un problema municipal cualquiera sobre el cual todos expresan su opinión.

El ayuntamiento se reune con un grupo de arquitectos para estudiar reformas urbanas en la ciudad: derribo de todo un barrio, por ejemplo, para abrir nuevas avenidas y plazas. Una obra de este tipo trae consigo muchos problemas: expropiar las casas que se van a derribar, proporcionar nuevas viviendas a las familias desplazadas por las obras, conceder la contrata (el contrato) a una de las varias empresas constructoras que participe en la subasta de obras, y otros muchos.

Otras sugerencias:

1 Hablar de su ciudad, del barrio donde vive, de su casa.
2 Describir a un amigo extranjero cómo son las grandes ciudades norteamericanas.
3 Describir a un amigo norteamericano cómo es una ciudad extranjera que tú hayas visitado.
4 Explicar los problemas de tráfico a las cinco de la tarde, cuando los que trabajan en las ciudades regresan a sus casas en las afueras.
5 Explicar algunos de los problemas de las ciudades norteamericanas:
   a La gente con dinero se va a vivir a las afueras, y deja de pagar impuestos municipales en la ciudad donde trabaja.
   b La necesidad de las grandes autopistas, que destruyen la belleza de las grandes ciudades.
   c La existencia de barrios pobres, con casas viejas y mal cuidadas.
   d La aparición de centros comerciales en las afueras, que produce la decadencia de las tiendas de los centros de las ciudades.

Sea usted mi intérprete, por favor

1 When you go downtown, do you walk or do you drive?
2 How far is your house from downtown?
3 For how long have you been living there?
4 Do you pay attention to stop signs?
5 How many citations have you been given in the last year?
6 How many blocks from here to the railway station?
7 Is it true that life in the suburbs can be very boring?
8 Where do the well-to-do people live in your town?
9 Do you commute to your office every day?
10 Did you vote in the last election for mayor and supervisors?

Cuestiones gramaticales

PUNTOS BÁSICOS EN EL USO DE LOS TIEMPOS DEL SUBJUNTIVO (II)

A Cuando el verbo principal indica **pasado** o **condicional**:

Posibles combinaciones

<table>
<tr><td rowspan="2">Imperfecto indicativo
Pretérito indicativo
Presente perfecto de indicativo
Condicional</td><td rowspan="2">+ que +</td><td>imperfecto subjuntivo</td><td>= acción < simultánea / futura</td></tr>
<tr><td>pluscuamperfecto subjuntivo</td><td>= acción pasada</td></tr>
</table>

<table>
<tr><td>Temía
Temí
He temido
Temería</td><td>que</td><td>viniera (viniese).
hubiera (hubiese) venido.</td></tr>
</table>

Volviendo a la situación entre los tres amigos, podemos suponer que Wayne y Bárbara se encuentran de nuevo un día después de su reunión. Esta vez están en un lugar público, y Bárbara comenta sus temores del día anterior y dice a Wayne que cuando estaban los dos ayer en su casa:

Temía (ayer) que Alan {viniera / viniese} en aquel momento.

Temía (ayer) que Alan {viniera / viniese} a los pocos minutos.

Temía (ayer) que Alan {hubiera / hubiese} visto tu coche (poco antes).

Si combinamos las tres posibilidades en una sola frase, vemos su estructura:

Pasado	*Pasado simultáneo*
imperfecto indicativo	**imperfecto subjuntivo**
Ayer (a las dos) yo temía	que él viniera a las dos,
Futuro del pasado	*Pasado del pasado*
imperfecto subjuntivo	**pluscuamperfecto subjuntivo**
que viniera a las 2:15	o que hubiera (hubiese) visto tu coche antes.

La misma estructura existe cuando el verbo principal está en cualquier otro tiempo del indicativo que indique pasado, o cuando está en condicional:

Temí / He temido / Temería } que { viniera (viniese). / hubiera (hubiese) venido.

PRÁCTICA

Con las ideas expresadas entre paréntesis, vamos a completar las frases iniciadas a la izquierda.

Modelo
Yo no creía (él ha dicho una mentira)
Yo no creía que él hubiera dicho una mentira.

1 ¿Te parecería bien (no podremos votar)
2 Ella no podía creer (ellos fueron a la ciudad a pie)
3 Me costaba trabajo creer (tú quieres vivir en el campo)
4 A ellos no les gustaba (su hija sale sola)
5 La policía ordenó (los coches dan un rodeo)
6 No me permitieron (yo aparco el coche en la plaza)
7 Sería increíble (encontramos estacionamiento)
8 Ella dudaba (él ha vendido el solar)
9 Me dijeron (yo tuerzo a la izquierda)
10 Nos pidió (lo esperamos en la esquina)

CONCLUSIÓN

Sabiendo bien las combinaciones básicas se pueden expresar todas las posibles relaciones temporales entre las dos acciones. Debemos recordar, al mismo tiempo, que hay otras alternativas que los hispanos usan, y no debemos sorprendernos cuando las oímos o leemos.

B Combinaciones menos frecuentes
El verbo principal puede estar en:

1 **futuro perfecto de indicativo**:

Mañana habré lamentado que él venga ahora.
Mañana habré lamentado que él venga dentro de un momento.
Mañana habré lamentado que él { haya venido / viniera / viniese } hoy.

En las dos primeras frases Bárbara habla desde el punto de vista de hoy: Ahora quiere decir el presente, y dentro de un momento quiere decir el futuro del presente.

En la tercera frase ella habla desde el punto de vista de mañana: Desde este punto de vista hoy es el pasado, y por eso usa el presente perfecto o el imperfecto de subjuntivo.

2 **condicional perfecto**:
Hablando de la pasada reunión, Bárbara dice:

Habría temido (a las dos) que él viniera (a las dos).
Habría temido (a las dos) que él viniera (a las 2:10).
Habría temido (a las dos) que él hubiera visto tu coche antes.

C Otras posibilidades
Las combinaciones de tiempos incluidas en los recuadros de estas lecciones permiten expresar todas las posibles relaciones temporales entre los dos verbos. Hay, sin embargo, otras posibilidades que los hispanos usan para expresar más sutiles relaciones temporales, o para expresar el mayor o menor grado de certeza del suceso indicado por el subjuntivo.

Estas posibles alternativas son más frecuentes cuando en lugar de un verbo principal tenemos una expresión que exige subjuntivo, pero que es ambigüa en cuanto a la indicación del tiempo:

Ojalá que
- venga { ahora. / mañana.
- viniera (viniese) { ahora. / mañana.
- haya venido / hubiera (hubiese) venido } ayer.

EL ARTE DE LA COMPOSICIÓN

Para usar en la composición

1. La ciudad
el crecimiento demográfico
el plano de la ciudad
el mapa del país
la contaminación, la polución
el centro
los grandes almacenes
la tienda
la sucursal
el negocio
la terraza del café
el barrio
las afueras
el suburbio
el solar
el espacio abierto
la zona verde
el ayuntamiento
el alcalde, la alcaldesa
el municipio
los concejales

2. El tráfico
la manzana, la cuadra
la esquina
el cruce de la calle
el embotellamiento
la hora punta

la dirección única, el sentido obligatorio
el semáforo, la luz de tráfico
la señal {de tráfico / de alto}
el guardia de tráfico
la acera, la banqueta
la calzada
el paso de peatones
la multa
el transporte urbano
el autobús
el camión (México)
el colectivo (Argentina)
la guagua (Puerto Rico, Cuba, Islas Canarias)
el metro

3. La vivienda
el alojamiento
la planta baja
el piso
el apartamento
la entrada de coches

4. Expresiones verbales
resultar que
ponerse a + *infinitivo*
fijarse
tener sentido
desarrollarse
torcer a la derecha, izquierda
tirar a cordel
estar animado
ir y venir
dar un paseo
ocurrírsele (algo a alguien)
quedar a + *distancia*
costarle trabajo (algo a alguien)
estar molido
hacer tiempo que
chocar con
(no) hacer caso de
ser un quebradero de cabeza
aparcar, estacionar
tener en cuenta que
ser {todo un / toda una} + *nombre*
notar(se)
subjuntivo + lo que + *subjuntivo*

5. Otras expresiones
a veces
¡bien que te (me, le...) gusta...!
a medias
ni siquiera
¡pues claro!

Posibles temas para una composición

1 Mi ciudad como problema.
2 La ciudad como comunidad.
3 El automóvil, cáncer de las ciudades.
4 La megalópolis.
5 Vida urbana – vida en el campo.
6 El urbanismo como arte.
7 La mejora de la vida urbana.
8 La ciudad, expresión del alma de sus habitantes.
9 La movilidad familiar, destructora de raíces.
10 Las ciudades ayer, hoy y mañana.
11 La ciudad como centro cultural.
12 Pluralidad étnica en las ciudades.
13 Una típica ciudad norteamericana.
14 La ciudad ideal.

6.

Los problemas demográficos del mundo actual

¿Cuál es el problema: el aumento de la población o la desigual distribución de los recursos del mundo?

Personaje nuevo: HOWARD, *hijo del matrimonio norteamericano*

PILAR Bueno, Howard, ¿qué te ha parecido[1] mi tierra? ¡Hace tanto tiempo que no voy por allá! Espero que antes de volver a España Manuel y yo podamos ir a México, a ver a mi familia.

SHEILA Entonces ustedes irán. Ya sabemos que tú siempre te sales con la tuya.[2]

PILAR No exageres, Sheila. A Manuel también le gusta ir a México. Pero, dime, Howard, ¿te gustó lo que viste?

HOWARD Pues mira, de todo lo que vi lo que más me gustó fue la gente. En las ciudades de México se tiene la sensación de que todo el mundo está en la calle. Por cierto, en los periódicos se hablaba mucho del control de la natalidad,[3] y había argumentos para todos los gustos.[4]

PILAR Sí, las familias numerosas[5] son muy frecuentes en México, y hay chamaquitos[6] por todos lados. Por una parte, algunos dicen que es un problema, pero por otra[7] hace que México sea un país lleno de juventud.

SHEILA Pero eso no es fenómeno exclusivo de México, Pilar. El exceso de población es un problema mundial. Lo tenemos aquí, lo hay en China, en la India... en todas partes.

HOWARD Bueno, pero en algunos países es más grave que en otros, ¿no crees?

SHEILA De acuerdo[8], pero es necesario que se popularicen los métodos anticonceptivos en todas partes. Si no, pronto vamos a estar en el mundo como sardinas en lata.

PILAR No tanto, Sheila, no tanto. A mí me parece que eso de limitar la natalidad es una barbaridad, y perdona la rima. Lo que hace falta[9] es que los recursos del mundo estén mejor distribuidos.

HOWARD Es interesante ver como coinciden el punto vista católico y el de la extrema izquierda. Y tú ¿qué eres, Pilar? ¿católica, izquierdista o las dos cosas a la vez?[10]

PILAR Déjate de bromas[11], Howard, y no hables por hablar.[12] Lo que yo estoy diciendo es que cada uno debe decidir por su cuenta,[13] sin presiones de ninguna clase, cuántos hijos va a tener.

HOWARD No, si no estoy de broma,[14] Pilar. En mis viajes por México, y también por España, encontré a

1 qué piensas de
2 haces lo que quieres
3 control de los nacimientos
4 había razones para todas las opiniones
5 familias con muchos hijos, niños
6 niños
7 de un lado... de otro
8 (estoy) de acuerdo, soy de la misma opinión
9 lo que es necesario
10 al mismo tiempo
11 bromas aparte
12 no hables simplemente por decir algo
13 personalmente, independientemente
14 no estoy bromeando

muchos que eran contrarios a la limitación de los nacimientos por razones religiosas, o por razones políticas, o por una combinación de las dos.

SHEILA Una cosa, Pilar. En España ¿se usa la píldora?

PILAR Sí; por cierto,[15] le llaman la píldora *anti-baby*, así, en inglés.

15 a propósito

SHEILA Pero, ¿no es España un país católico?

PILAR Perdona, pero esa es una generalización como otra cualquiera. Sabes muy bien que dentro del mundo católico hay opiniones para todos los gustos, y los países llamados católicos, a veces, no son tan católicos como parecen.

HOWARD Vamos a terminar hablando de teología.

PILAR Mejor es que no. Cada uno tiene su conciencia, y lo mejor es respetarlas todas. ¿No crees?

HOWARD Creo lo que tu quieras, Pilar.

PILAR ¡Escéptico!

HOWARD No, Pilar. Amable, nada más.

COMENTARIOS

1 ¿Te molestan las multitudes? ¿Por qué? ¿No crees que en el mundo moderno hay que saber vivir rodeado de gente?
2 ¿Crees que el exceso de población es un serio problema mundial? ¿No crees que en el mundo todavía hay muchos espacios abiertos que pueden ser ocupados por futuras poblaciones?
3 ¿Crees que la cuestión no es un problema de espacio, sino de recursos? ¿Te parece que la madre Tierra ya no puede ofrecer más de lo que ofrece?
4 Los recursos naturales del mundo están distribuidos, geográficamente, de una manera desigual. ¿Crees que una mejor distribución de esos recursos puede solucionar los problemas de la población mundial del futuro?
5 ¿Cuál es tu idea de la familia ideal en cuanto al número de hijos? ¿Crees que una familia numerosa es más feliz que un matrimonio con un hijo único?
6 «El control de la natalidad es una conspiración de *los que tienen contra los que no tienen.*» ¿Estás de acuerdo con esto? ¿O crees que es una afirmación propagandística que nunca ha sido probada?

7 Si cada matrimonio sólo tuviera dos hijos, el crecimiento de la población sería igual a cero. ¿Crees que ésta es una solución al problema demográfico mundial?
8 La actitud de Howard en esta conversación, ¿te parece condescendiente?

Ampliación de vocabulario

A En el mundo occidental los últimos grandes movimientos migratorios tuvieron lugar después de la Segunda Guerra Mundial. Muchos **emigrantes** europeos **emigraron** a América, sobre todo a América del Sur (Sudamérica). Estos **inmigrantes** se instalaron, principalmente, en las grandes capitales, donde la población creció a un **ritmo** (a una velocidad) vertiginoso, creando agudos problemas de **alojamiento** (vivienda) y de transporte. Estas aglomeraciones urbanas aumentaron todavía más con las grandes masas **campesinas** (del campo) que se presentaron en **el mercado del trabajo** como **mano de obra** (obreros, trabajadores) **no especializada** (no cualificada).

En la ciudad o en el estado donde tú vives, ¿ha habido una gran inmigración en época reciente? ¿De dónde venían estos nuevos habitantes? ¿Qué tipo de trabajo hicieron? ¿Todavía continúa esta inmigración?

B **El promedio de vida** (los años de vida) aumentó, al mismo tiempo que disminuyó **la mortalidad infantil** (muertes de niños recién nacidos o de poca edad) y, en muchos casos, aumentó **el índice de natalidad** (porcentaje de nacimientos). Los problemas demográficos se fueron haciendo más y más difíciles. Gran número de adolescentes entra en el mercado del trabajo sin **entrenamiento** (aprendizaje) de ninguna clase. La industria no ofrece bastantes **puestos** (posiciones) **de trabajo**, y **el paro obrero** (el **desempleo**, la falta de trabajo) se convierte en un problema crónico. Las actividades industriales y mercantiles no consiguen absorber a toda esta mano de obra mal instruida, sin aprendizaje alguno, e incapacitada por su falta de entrenamiento para entrar a formar parte de una economía altamente especializada.

¿Crees que un recién nacido tiene ahora más probabilidades de vivir más años que si hubiera nacido hace un siglo? ¿Qué ha sucedido en los últimos cien años para aumentar el promedio de vida?
En tu sociedad, ¿se da el caso de que haya jóvenes sin entrenamiento alguno, con muy pocas probabilidades de encontrar un buen trabajo? Si esto es cierto, ¿cuáles son las causas? Y, ¿cuáles serían las posibles soluciones?

C Algunos sociólogos creen que una posible solución para los problemas demográficos del mundo es la práctica del **control de la natalidad.** Los gobiernos, dicen, debieran ofrecer incentivos para que las familias tuvieran menos hijos. En algunos lugares se han derogado las leyes que prohibían o limitaban **el aborto voluntario**, y algunos gobiernos (el de la India, por ejemplo) fomentan la esterilización voluntaria y el uso de métodos anticonceptivos (anticoncepcionales).

Hay muchas controversias sobre este tema, en las cuales entran elementos legales, morales y religiosos. ¿Cuál es tu opinión sobre el tema? ¿Desde qué punto de vista lo enfocas tú? ¿Crees que es un problema puramente legal? ¿Qué grupos se oponen a la derogación de las leyes contra el aborto? ¿Por qué razones lo hacen? ¿Qué grupos favorecen la derogación de esas leyes, y por qué lo hacen?

Dificultades y ejercicios

1. Uso De: **salirse con la suya**

Sheila dice que su amiga Pilar es muy obstinada y siempre consigue lo que quiere, es decir, siempre **se sale con la suya.**

PRÁCTICA

Nuestro plan es muy bueno, pero, ¿crees que conseguiremos lo que pretendemos conseguir?	Nuestro plan es muy bueno, pero, ¿crees que **nos saldremos con la nuestra**?
Te aseguro que en este caso no conseguirás lo que quieres.	Te aseguro que en este caso **no te saldrás con la tuya.**
Si el gobierno intenta imponernos un programa de control de la natalidad, no lo conseguirá.	Si el gobierno intenta imponernos un programa de control de la natalidad, **no se saldrá on la suya.**
Ustedes quieren legalizar el aborto, pero no lo conseguirán.	Ustedes quieren legalizar el aborto, pero ______________.
Nuestra iglesia se opone a esas nuevas leyes, y conseguiremos lo que queremos.	Nuestra iglesia se opone a esas nuevas leyes, y ______________.
Siempre consigues lo que quieres, pero esta vez no será así.	Siempre ______________ pero esta vez no será así.

PRACTICANDO AL CONTESTAR

Cuando deseas hacer algo, ¿siempre te sales con la tuya?

Al educar a un niño, ¿crees que es buena idea dejar que siempre se salga con la suya?

En la controversia sobre el aborto, ¿qué grupo crees que se saldrá con la suya?

Si nos oponemos al control de la natalidad, ¿crees que nos saldremos con la nuestra?

2. Uso De: **hacer falta** = ser necesario, necesitar

Al hablar de este tema	a todos nos **hace falta** a todos nos **es necesario** todos **necesitamos**	hablar con objetividad.

PRÁCTICA

A todos nos es necesario meditar bien sobre este problema.	**A todos nos hace falta** meditar bien sobre este problema.
Todos necesitamos examinar nuestra conciencia.	**A todos nos hace falta** examinar nuestra conciencia.
Para ser felices ellos necesitan tener más hijos.	Para ser felices **a ellos les hace falta** tener más hijos.
Para ser felices ellos necesitan más hijos.	Para ser felices **a ellos les hacen falta** más hijos.

En los tres primeros ejemplos los sujetos de **hace falta** son: **meditar, examinar, tener**. En el cuarto ejemplo el sujeto es **más hijos**, en plural, y el verbo está en plural también: **hacen falta**.

A ustedes les es necesario educar al público.	____________ educar al público.
Ustedes necesitan más publicidad.	____________ más publicidad.
Ustedes necesitan más programas de televisión.	____________ más programas de televisión.
Este país necesita limitar la natalidad.	____________ limitar la natalidad.
Es necesario disminuir el índice de natalidad.	____________ disminuir el índice de natalidad.
Yo no necesito explicar más mi posición sobre este tema.	____________ explicar más mi posición sobre este tema.
Este país necesita más bebés.	____________ más bebés.

PRACTICANDO AL CONTESTAR

¿Tienes una opinión sobre este tema, o todavía te hace falta pensar más sobre él?

¿Crees que al mundo le hacen falta más bebés?
¿Te hace falta explicar mejor tu posición?
¿Nos hace falta reexaminar el asunto?

3. Uso De

faltar
- estar ausente
- no haber llegado todavía
- haber desaparecido; no estar aquí, allí...
- ser impertinente con; faltar al respeto a
- relacionado con tiempo o distancia

PRÁCTICA

El presidente del comité está ausente.	**Falta** el presidente del comité.
No podemos empezar la reunión porque el presidente no ha llegado todavía.	No podemos empezar la reunión porque **falta** el presidente.
Aquí había cinco ejemplares de la agenda para la reunión. Han desaparecido tres. ¿Dónde están?	Aquí había cinco ejemplares de la agenda para la reunión. **Faltan** tres. ¿Dónde están?
Lo expulsaron de la reunión porque insultó al presidente.	Lo expulsaron de la reunión porque **faltó al respeto** al presidente.
¡Qué reunión tan aburrida! ¿Cuánto tiempo hay hasta la hora de terminar?	¡Qué reunión tan aburrida! ¿Cuánto tiempo **falta** para terminar?
Hay todavía quince minutos.	**Faltan** todavía quince minutos.
Me parece que no están todos los de este grupo; dos están ausentes.	Me parece que no están todos los de este grupo; ______ dos.
¿Llegaron todos? No, todavía no han llegado cinco.	¿Llegaron todos? No, todavía ______ cinco.
Dejé sobre la mesa cinco libros de demografía, y ahora han desaparecido dos. ¿Quién los tiene?	Dejé sobre la mesa cinco libros de demografía, y ahora ______ dos. ¿Quién los tiene?
Son las tres menos cuarto. ¿Cuántos minutos hay hasta las tres?	Son las tres menos cuarto. ¿Cuántos minutos ______ para las tres?

¡Qué viaje tan largo! ¿Cuántos kilómetros hay hasta llegar a México?	¡Qué viaje tan largo! ¿Cuántos kilómetros ———— para llegar a México?

En el caso de distancias, la expresión **faltar** indica que ya se está en movimiento hacia el punto de destino.

PRACTICANDO AL CONTESTAR

¿Por qué faltas tanto a clase?
¿Podemos empezar? ¿Falta alguien?
Si dejé aquí tres libros, y ahora sólo hay uno, ¿cuántos faltan?
¿Cuántos minutos faltan para terminar la clase?
¿Cuánto tiempo falta para acabar?

4. Uso De

faltarle algo a alguien = no tener, no tener bastante
sobrarle algo a alguien = tener demasiado, en exceso, quedar (dinero) después de hacer un gasto

En mis últimas vacaciones **me sobró** el tiempo y **me faltó** el dinero.

Es decir, se me terminó el dinero antes del final de las vacaciones.

PRÁCTICA

Este libro cuesta cien pesos. No puedo comprarlo porque sólo tengo noventa.	**Me faltan** diez pesos.
Si costara ochenta lo compraría y aún tendría diez pesos.	**Me sobrarían** diez pesos.
Cuesta diez bolívares* y tienes siete.	**Te faltan** tres bolívares.
Cuesta quince soles** y tenemos veinte.	**Nos sobran** cinco soles.
Cuesta treinta balboas*** y tienen veinticinco.	Les ———— cinco balboas.
Cuesta siete quetzales† y tengo diez.	———— tres quetzales.
No necesita nada. Tiene muchísimo, demasiado dinero.	———— dinero.
Tiene muchas ideas, pero no tiene capital para ponerlas en práctica.	Tiene muchas ideas, pero ———— ———— capital para ponerlas en práctica.

* bolívar = moneda de Venezuela
** sol = moneda del Perú
*** balboa = moneda de Panamá
† quetzal = moneda de Guatemala

Tengo mucho trabajo, pero no tengo bastante tiempo para hacerlo todo.	Tengo mucho trabajo, pero ____________ tiempo para hacerlo todo.
Tienen demasiada imaginación.	____________ imaginación.
Y no tienen bastante sentido de la realidad.	____________ sentido de la realidad.

Cuando **sobrar** tiene el sentido de tener todavía una cantidad de dinero, después de haber gastado alguno, se usa **quedar**(le) algo a alguien:

Tenía cinco pesos; gasté tres, y **me quedan** dos.

PRACTICANDO AL CONTESTAR

Para practicar los usos de **faltar, sobrar** y **quedar** los estudiantes pueden imaginarse que están enseñando aritmética elemental a unos niños. Las preguntas serán muy sencillas:

Si quiero comprar un carro que cuesta mil pesos, y sólo tengo ochocientos pesos, ¿por qué no puedo comprarlo?

Y si tengo mil doscientos pesos y compro el carro por mil pesos, ¿todavía tengo algún dinero después de pagar el carro?

Pequeño teatro

1 Los problemas demográficos del mundo nos afectan a todos, y rara es la persona que no tiene una opinión sobre la cuestión. Se puede enfocar el problema desde un punto de vista legal (las polémicas sobre las liberalizaciones de las leyes contra el aborto, por ejemplo), moral, religioso, incluso biológico (¿es un feto un ser humano independiente de su madre?), o económico. En realidad, todos estos aspectos están entrelazados, y los que practiquen el vocabulario aprendido en esta lección pueden dividirse en varios grupos que defiendan posiciones diferentes, y aun irreconciliables.

2 Se puede hablar también de las consecuencias de la aglomeración de la población en ciertas zonas geográficas, en las megalópolis actuales formadas por la unión de grandes ciudades.

Sea usted mi intérprete, por favor

1 Why do you always want to have your own way?

2 Did you have the feeling that everybody was in the streets?

3 Do you think the government should encourage large families?
4 On the one hand, I know that overpopulation is a problem. On the other, I like children. What shall I do?
5 Why do you say that I need more common sense?
6 What is the difference between an immigrant and an emigrant?
7 Is there a large unqualified labor force in your town?
8 Is unemployment a serious problem here?
9 How is the job market here?
10 Are your housing problems as bad as your unemployment problems?

Cuestiones gramaticales

USO DE: **por** y **para** (I)

Al hablar de México, Pilar dice: «¡Hace tanto tiempo que no voy por allá!» En la misma conversación encontramos otros usos de **por** y **para**: «...hay chamaquitos por todos lados», «...no hables por hablar», «...hay opiniones para todos los gustos».

Para comprender el uso de estas dos palabras, podemos considerar una serie de conceptos abstractos que están en contraste.

Contraste A Razón (por)—Propósito (para)
La razón de nuestros actos es algo que siempre está detrás de esos actos: Es algo que hay que encontrar explorando hacia atrás.

El propósito de una acción está siempre en el futuro: Es el objetivo de la acción.

Razón (por)	*Propósito (para)*
Habla así por razones religiosas.	Habla así para no entrar en conflicto con su iglesia.
Habla por hablar.	Habla para convencer.

La idea de **razón, motivo** o **explicación** de una acción (**por**) puede ser expresada también de otros modos:

La dieron el trabajo	por por ser porque es a causa de que es y la razón es que él es y la explicación está en que es y el motivo es que él es	inteligente.

Lo mismo sucede con la idea de **propósito** o **destino** de una acción (**para**):

Le dieron el trabajo	para con el objeto de con el propósito de con la intención de	ayudarle.

Si comprendemos bien la diferencia entre **razón**, que siempre mira hacia atrás, y **propósito**, que siempre está hacia adelante, una parte del problema del uso de **por** y **para** se soluciona fácilmente.

Razón (por)	*Propósito (para)*
Beben demasiado, y por eso no voy a sus fiestas.	Beben demasiado, y para eso no voy a sus fiestas.
Emigraron por escapar de la pobreza.	Emigraron para escapar de la pobreza.
Por ella haré cualquier cosa.	Para ella haré cualquier cosa.
Por ser buen conductor, nunca tiene accidentes.	Para ser buen conductor hay que tener buenos reflejos.
Fui a la fiesta por la música.	Fui a la fiesta para oír la música.
Voy a la tienda por cigarrillos.	Voy a la tienda para comprar cigarrillos.
¡Por Dios! ¡No bebas tanto!	Bebe para olvidar.
No gasta nada por avaricioso.	No gasta nada para acumular dinero.
Lo detuvieron por ladrón.	Lo detuvieron para interrogarlo.

PRÁCTICA

En lugar de las palabras subrayadas vamos a usar **por** o **para**, sin cambiar el sentido de la frase.

Modelo
Trabajo durante el verano con el objeto de tener dinero el curso próximo.
Trabajo durante el verano para tener dinero el curso próximo.

1 Crece la población, y una de las razones es la menor mortalidad infantil.
2 No hay puestos de trabajo a causa de la crisis económica.
3 Si tu propósito es encontrar trabajo, debes ir a una agencia.
4 El aborto, ¿es un buen sistema que puede limitar la población?

5 Abortó, y la causa es el accidente que tuvo.
6 Trae flores destinadas a los muertos.
7 Es contrario al aborto porque es católico.
8 Hay opiniones destinadas a todos los gustos.
9 Habla porque le gusta hablar, pero no dice nada.
10 Como es simpático, tiene muchos amigos.
11 Si quieres manejar el coche, necesitas una licencia.

Contraste B Razón (por) — Sorpresa (para)
En este contraste el uso de **por** es similar al estudiado en el Contraste A. Por el contrario, el uso de **para** en este contraste expresa **sorpresa ante un hecho inesperado**.

Razón (por)	*Sorpresa (para)*
Por (ser) italiano sabe mucho de música.	Para (ser) italiano, no sabe mucho de música.

En las dos columnas se acepta como cierta una generalización: que todos los italianos saben mucho de música.

En la frase de la izquierda hay una relación causa — efecto: El es italiano y, por lo tanto, sabe mucho de música.

En la frase de la derecha se muestra sorpresa ante un hecho inesperado: Es italiano y, sin embargo (¡qué raro!), no sabe mucho de música.

Veamos otros casos de contraste razón — sorpresa:

Razón (por)	*Sorpresa(para)*
Es alto por tener quince años (= los que tienen quince años son altos).	Es alto para (tener) quince años (= los que tienen esa edad no suelen ser tan altos).
Es culto por haber viajado mucho (= viajar da cultura: él viajó, luego es culto).	Es inculto, para haber viajado mucho (= a pesar de haber viajado mucho no adquirió cultura).
Es fuerte por ser hombre joven (= los hombres jóvenes son fuertes: él es joven, luego es fuerte).	Es débil, para ser hombre joven (= él es una excepción a la generalización expresada a la izquierda).

Como las frases de la izquierda indican razón podemos usar **porque**, en lugar de **por**, sin cambiar el sentido:

Es alto porque tiene quince años.
Es culto porque ha viajado mucho.
Es fuerte porque es hombre joven.

En las frases de la derecha podemos usar otras expresiones en lugar de **para**:

Es alto {a pesar de tener solamente / aunque sólo tiene} quince años.

Es inculto {a pesar de haber / aunque ha} viajado mucho.

Es débil {a pesar de ser / aunque es} hombre joven.

PRÁCTICA

Las frases siguientes indican razón o sorpresa, y expresan unas cuantas generalizaciones discutibles. Vamos a eliminar las palabras subrayadas y a usar **por** o **para** sin cambiar el sentido de la frase.

Modelo
A pesar de ser tan culto, es muy poco interesante.
Para ser tan culto, es muy poco interesante.

1 Lo invitaron a la fiesta porque es simpático.
2 A pesar de ser español, es muy rubio.
3 Considerando que tiene setenta años, está muy ágil.
4 Baila muy bien porque es hispanoamericano.
5 Como es mexicano, canta muy bien los corridos.
6 Aunque es diplomático, no tiene tacto ninguno.
7 Considerando que es brasileño, no baila bien la samba.

Contraste C Tránsito por el tiempo (**por**) — **Propósito** (**para**)

En este contraste, el concepto de propósito (**para**) es igual al estudiado en el Contraste A.

Tránsito por el tiempo (por)	*Propósito (para)*
Iré a México por un mes.	Iré a México para (estar allí) un mes.
Me quedaré en Acapulco por seis días.	Iré a Acapulco para (quedarme allí) seis días

Tránsito por el tiempo: Estaré en México durante un mes, y en Acapulco durante seis días.

Propósito: Mi intención es estar en México durante un mes, y en Acapulco durante seis días.

PRÁCTICA

Vamos a usar **por** o **para** en lugar de las palabras subrayadas, sin cambiar el sentido de la frase.

Modelo
Te esperé desde las cuatro hasta las cuatro y media.
Te esperé por media hora.

1 Fuimos a Punta del Este con la intención de estar allí una semana.

2 Si vas a la capital, quédate allí durante dos semanas.
3 Estaré allí el lunes, el martes y el miércoles (= tres días).
4 Estuvimos esperando el colectivo durante quince minutos.
5 Iremos solamente con el objeto de estar allí un fin de semana.

Contraste D **Tránsito por el espacio** (**por**) — **Destino** (**para**)

Tránsito por el espacio (*por*)	*Destino* (*para*)
Voy a México por El Paso.	Mañana salgo para México.
Hace tiempo que no voy por allá.	Hace tiempo que salió para allá.
Hay chamaquitos por todos lados.	Los chamacos marcharon para la escuela.

La idea de tránsito a través del espacio es muy amplia: Indica que voy a México atravesando El Paso; que hace tiempo que no recorro México (= que no viajo a través de México, de un lado para otro); y que hay niños en movimiento en todas partes.

La idea de destino nos dice que: Mañana salgo en dirección a (hacia) México; hace tiempo que alguien salió hacia allá; los chamacos se fueron en camino de la escuela.

PRÁCTICA

Vamos a eliminar las palabras subrayadas, poniendo en su lugar **por** o **para**, sin cambiar el sentido de la frase.

Modelo
Se marcharon con destino a Arizona.
Se marcharon para Arizona.

1 Pasaron a lo largo de la calle.
2 Los braceros salieron hacia California.
3 Llegaron a la plaza atravesando la catedral.
4 Hay mucha gente andando de un lado para otro en todas partes.
5 ¿Vamos tomando esta calle, o tomamos esta otra?
6 Vete en dirección a casa.

Contraste E **Tiempo impreciso** (**por**) — **Tiempo límite** (**para**)

Este contraste, también relacionado con el paso del tiempo, existe cuando se indica un momento determinado, pero sin gran precisión (por = alrededor de), y cuando se establece un plazo máximo, un tiempo límite (para = lo más tardar en).

Tiempo impreciso (por)	*Tiempo límite (para)*
La casa debe estar terminada por diciembre (= más o menos en diciembre).	La casa debe estar terminada para diciembre (= no más tarde que en diciembre).
Por junio iré a visitar a mis padres.	Para junio iré a visitar a mis padres.

PRÁCTICA

Vamos a eliminar las palabras subrayadas, y usar **por** o **para** de manera que no cambie el sentido de la frase.

Modelo

Creo que fueron a Francia más o menos en agosto del año pasado.

Creo que fueron a Francia por agosto del año pasado.

1 El editorial tiene que estar listo lo más tarde a las tres.
2 Vendrán alrededor de Navidad.
3 La fiesta habrá terminado lo más tardar a las diez.
4 Al fin de mes terminarán las lluvias.
5 La reunión tendrá que terminar como máximo a las cinco.

PRÁCTICA DE LOS CONTRASTES A, B, C, D, E

En lugar de las palabras subrayadas vamos a usar **por** o **para** sin cambiar el sentido de la frase, como se ha hecho en los ejercicios anteriores.

1 A pesar de ser extranjero, habla inglés muy bien.
2 No le dieron el puesto en la tele a causa de su acento extranjero.
3 Compró una bicicleta con la intención de hacer ejercicio.
4 ¿Cuándo sales hacia Nueva York?
5 La manifestación pasó a lo largo de la Avenida Central.
6 La policía entró a través de la ventana.
7 Se fueron a Puerto Rico con el propósito de estar allí un mes.
8 Lo invitan a todas las fiestas, y la razón es que es un buen conversador.
9 No recuerdo la fecha exacta, pero creo que llegaron más o menos en Navidad.

EL ARTE DE LA COMPOSICIÓN

Para usar en la composición

1. La población
el control de la natalidad
la familia numerosa
el exceso de población
el ritmo / el índice } de { crecimiento / mortalidad, etc.
la mortalidad infantil
el aborto
el promedio de vida
el inmigrante
el emigrante

2. El trabajo
el mercado de trabajo
la mano de obra
el puesto de trabajo
el entrenamiento
el aprendizaje
el paro obrero
el campesino

3. Expresiones verbales
parecerle (algo a alguien)
salirse con la suya
tener la sensación de que
haber + *nombre* + para todos los gustos
hacer falta
faltar (le algo a alguien)
sobrar (le algo a alguien)
quedar (le algo a alguien)
emigrar, inmigrar
estar de broma
infinitivo + por + *infinitivo*

4. Otras expresiones
por una parte... por otra
¡de acuerdo!
a la vez
por mi (su, tu, etc.) cuenta
por cierto
por
para

Posibles temas para una composición

1 El control de la natalidad y la política.
2 El control de la natalidad y la religión.
3 El crecimiento de la población y los países subdesarrollados.
4 El crecimiento de la población y los países desarrollados.
5 La población y los recursos mundiales.
6 La población y el espacio habitable.
7 Problemas de las grandes aglomeraciones urbanas.
8 La división de los recursos mundiales.
9 El crecimiento de la población igual a cero, ¿una solución?
10 La polémica sobre el aborto.

7.

Los prejuicios

Las Américas, tierra de gente de varias razas. ¿Cuándo se hablará, simplemente, de la raza humana?

HOWARD Pilar, ¿has visto la sección de viajes en el periódico del domingo? Hay un anuncio de unas vacaciones en Guatemala muy interesante: viaje de ida y vuelta,[1] hoteles y excursiones por...

PILAR No te calientes la cabeza,[2] Howard. Acabas de llegar y ya estás pensando en levantar el vuelo[3] otra vez. Además, ¿no piensas estar aquí cuando llegue María Luisa?

HOWARD ¡Es verdad! Ya me olvidaba que va a llegar la gachupinita.[4]

PILAR ¡No hables así, Howard! Ya sabes que ese vocabulario me saca de quicio.[5] Además, María Luisa es una mezcla de muchas cosas: hija de español y mexicana, nacida en Buenos Aires y educada en Perú y en España... ¿Cómo puedes llamarle gachu...? Bueno, ya iba a decirlo yo.

MANUEL (*entrando*) Hablando de gachupines, aquí estoy yo.

PILAR ¡Hombre! ¡Yo estaba diciéndole a Howard que no debe usar ese término,[6] y resulta que eres tú[7] quien lo usa!

MANUEL Esas palabras, teóricamente insultantes, no son más que una muestra[8] de la estupidez humana. Su significado depende de cómo y cuándo se digan, ¿no crees?

PILAR Sí y no, que es una respuesta muy sabia.

HOWARD ¿Hay muchas palabras de este tipo en español?

MANUEL Pues mira, ciertamente no tantas como en inglés americano. Creo que aquí ganáis todos los premios en esa cuestión de prejuicios contra grupos enteros de gente.

PILAR Estoy de acuerdo contigo, Manuel, pero también hay que decir que aquí la gente se da cuenta de la existencia del problema, y procura evitar esas palabras insultantes.

MANUEL Pero existen, ¿no? En cambio[9] ¿cuántas tenemos nosotros? En España todavía hay quien llama franchute a un francés, y se acabó la lista. En Hispanoamérica ya es otro cantar.[10]

PILAR Y ahí está la clave del problema, Manuel. Las palabras de ese tipo son más frecuentes cuando hay muchos grupos de inmigrantes, o cuando coexisten varias razas.

HOWARD Cuando yo estaba en España, siempre que

1 viaje completo, con el regreso incluido en el precio
2 no sueñes
3 marcharte
4 en México, gachupín quiere decir español (despectivo)
5 me irrita profundamente
6 esa palabra
7 al final eres tú
8 son simplemente un ejemplo
9 por el contrario
10 es otra historia

alguien quería criticar a los Estados Unidos, sacaba a relucir[11] nuestros problemas raciales.

MANUEL Es natural, Howard. Esa cuestión es uno de los puntos más débiles de la sociedad norteamericana, y el más fácil de atacar. Es igual que cuando se quiere criticar el pasado de España y se trae a cuento[12] la Inquisición.

PILAR O el trato dado a los indios americanos, o a los judíos.

MANUEL Sí, pero hay unas diferencias muy importantes. La Inquisición no persiguió a los judíos por ser judíos, sino por practicar su religión después de haber dicho que se habían convertido al catolicismo. Y en cuanto a[13] los indios americanos, es cierto que los españoles los explotaron, pero también se casaron con las indias. El español suele ser intransigente[14] en ideas, pero no suele tener prejuicios raciales.

PILAR Bueno, la cosa es más compleja, Manuel. Sabes muy bien que las persecuciones de la Inquisición contra los conversos judaizantes[15] se convirtieron pronto en una actitud social antisemita.

HOWARD Pero todo eso es cosa del pasado. Estamos hablando del presente. ¿Tienen ustedes un vocabulario racista, sí o no?

PILAR Mira, Howard, mi vocabulario sobre la cuestión se agota[16] si te digo que en estos momentos estoy entre un marido gachupín y un amigo gringo.[17]

HOWARD Debo confesar que en cuanto a prejuicios tengo un vocabulario mucho más rico. En inglés, claro.

11 traía a la conversación

12 se trae a la conversación, se menciona

13 con respecto a

14 intolerante

15 judíos convertidos al catolicismo, que practicaban en secreto su religión hebrea

16 se termina

17 en México: norteamericano

COMENTARIOS

1 ¿Cuál es tu concepto de prejuicio? ¿Cómo distinguirías «prejuicio» de «opinión»?

2 ¿Crees que la existencia del prejuicio, en cualquiera de sus formas, es inevitable?

3 ¿Crees que una persona puede tener ciertos prejuicios sin saberlo? ¿Conoces algún caso?

4 ¿En qué maneras se manifiesta el prejuicio?

5 ¿Estás de acuerdo con la idea de que los adjetivos despectivos aplicados a grupos enteros «son una muestra de la estupidez humana»? ¿O son, quizá, producto de circunstancias históricas?

6 ¿Crees que la sociedad norteamericana tiene más prejuicios, de todas clases, que otras sociedades?

7 ¿Estás de acuerdo con la afirmación de que los prejuicios raciales o culturales son más frecuentes en las sociedades donde hay grandes núcleos de inmigrantes, o donde coexisten varias razas?
8 ¿Crees que los prejuicios son producto de la ignorancia? En ese caso, ¿es posible hacerlos desaparecer educando al público?
9 ¿Crees que unas clases sociales son más propensas al prejuicio que otras?
10 ¿Cómo te explicas que haya gente muy culta y, al mismo tiempo, cargada de prejuicios?
11 En tu opinión, ¿este diálogo sugiere que en los países hispánicos hay menos prejuicios que en los Estados Unidos? ¿Encuentras que esta idea es falsa, u ofensiva?

Ampliación de vocabulario

A La historia de la humanidad ofrece frecuentes ejemplos de discriminación de unos hombres contra otros. Los antagonismos entre grupos impiden llegar a la deseada **meta** (objetivo final) de **la hermandad** (la fraternidad) universal. La discriminación y los prejuicios crean problemas y la sociedad tiene que **enfrentarse con** ellos (ponerse cara a cara con ellos) si quiere llegar a **conseguir** (obtener) un **grado** (nivel) aceptable de **convivencia.**

La hermandad universal, en tu opinión, ¿es una posibilidad futura. o una utopía?
¿Crees que el mundo actual va camino de una polarización entre dos grupos? ¿Entre qué grupos?

B Los prejuicios que separan a la humanidad se presentan **bajo** formas muy diferentes (en muchas formas diferentes). Veamos algunos casos:

1 La discriminación basada en la raza: **El racista**, o **la racista**, está firmemente convencido de que su raza es superior, y que todas las demás son inferiores. Esta superioridad, dice el racista, es **hereditaria** (se hereda de los padres, es una herencia biológica) y **no tiene nada que ver con** (no tiene relación ninguna con) **el medio ambiente** (el mundo que rodea a la persona). Es una cuestión **genética** transmitida de generación en generación, por lo cual el racista evita mezclarse con personas de otras razas, **tanto en** (lo mismo en) su vida familiar **como** en su vida social. Este tipo de racismo puede estar institucionalizado, creando leyes que prohiben los **matrimonios mixtos** (entre personas de razas diferentes).

¿Conoces algún país donde haya leyes claramente racistas? ¿Cómo explicas la existencia de esas leyes?
¿Crees que una sociedad racista es una sociedad viable?
¿Conoces alguna sociedad donde no haya leyes, pero sí prácticas racistas? ¿Cómo se expresa ese racismo no institucionalizado?
¿Qué argumentos conoces en contra y a favor de las diferencias genéticas entre las razas?

2 La discriminación basada en el origen nacional es, en realidad, una variante de la anterior, con la cual tiene muchos puntos en común. Todo grupo social tiende a repeler los elementos que considera extraños, sobre todo cuando llegan en gran número. El ejemplo más típico es el de la discriminación con la que tienen que enfrentarse grandes grupos de inmigrantes que llegan a una sociedad diferente, generalmente más rica y tecnológicamente más adelantada que la que han dejado. Muchos trabajadores del sur de Europa (portugueses, españoles, yugoeslavos, italianos, griegos y turcos) y del norte de Africa (marroquíes, argelinos) van a trabajar a los países del Mercado Común, donde se encuentran **en medio de** (dentro de) una sociedad que les ofrece empleos y salarios mejores que los de su país de origen, pero que no los acepta **del todo** (completamente).

¿Conoces algún caso semejante?
¿Cómo explicarías a un amigo extranjero la teoría del **crisol americano** (*melting pot*)?
¿Crees que esa teoría es una verdad o un mito?
Se habla mucho de un renacimiento de los grupos étnicos en los Estados Unidos. ¿En qué consiste ese fenómeno?

3 La discriminación basada en **el idioma** (la lengua) está relacionada con la existencia de grupos de inmigrantes, y con la presencia de grupos culturales minoritarios. El hablar la lengua del país con acento extranjero puede ser un detalle simpático en un turista, y un desastre en un inmigrante.

¿Cómo explicas este trato diferente? ¿Conoces algún caso de discriminación por razón del idioma? ¿Crees que una sociedad plurilingüe puede ser culturalmente más interesante que una monolingüe?
¿Qué países conoces dónde coexisten varias lenguas?
La coexistencia de varias lenguas dentro de una misma sociedad ¿puede crear problemas políticos y

sociales? Cuando alguien te habla con un fuerte acento extranjero ¿te agrada o te molesta? Es una sociedad plurilingüe, donde hay un idioma que predomina sobre los otros y que es la lengua oficial del país, ¿crees que todos deben de aprenderla? ¿Crees que es viable un país donde varios grupos hablan lenguas diferentes?

4 La discriminación basada en la clase social puede ocurrir, aun en sociedades teóricamente abiertas y con gran movilidad entre las diversas clases sociales. **El nuevo rico** (el que ganó su fortuna recientemente) descubre, a veces, que su dinero no le abre las puertas de «la sociedad». **La riqueza heredada** suele ir unida a ciertos niveles de **cultura** (instrucción, enseñanza) y de **educación** (modales, buenas maneras) que el nuevo rico quizá no posee. En una sociedad muy estratificada, estas barreras pueden ser **insalvables** (imposibles de atravesar).

¿Conoces algún caso de discriminación clasista? En la sociedad en la cual vives ¿hay núcleos cerrados donde es muy difícil entrar?
¿Crees que en tu sociedad el dinero abre todas las puertas de la sociedad? En tu ciudad ¿hay clubs en los que **los socios** (miembros) difícilmente aceptan a las personas que están fuera de su círculo social? ¿Crees que la aristocracia tiene razón de ser en el mundo actual? ¿Crees que los que han nacido en una posición privilegiada son más elegantes que el resto de la gente? ¿Qué es la elegancia?

C La lista de pretextos utilizados, consciente o inconscientemente, para justificar la discriminación es muy larga. ¿Se te ocurren otros casos que no han sido tratados aquí? Después de hablar de todo esto, ¿qué conclusión se puede **sacar** (deducir)? Hay quien se lamenta de que, cuando se quiere evitar la discriminación, se puede caer en el otro extremo: **la discriminación a la inversa** (**al revés**). ¿Estás de acuerdo con esto? ¿Conoces algún caso?

Dificultades y ejercicios

1. Uso De

no ser (**nada**) **más que** = ser solamente, simplemente

Esas palabras, teóricamente insultantes, **no son** (**nada**) **más que** una muestra (son solamente una muestra) de la estupidez humana.

PRÁCTICA

Es natural que piense así. Es solamente un joven sin experiencia.	Es natural que piense así. **No es más que** un joven sin experiencia.
Hay que ser tolerante con él. Es simplemente un viejo que ya no comprende el mundo.	Hay que ser tolerante con él. **No es** (**nada**) **más que** un viejo que ya no comprende el mundo.
Lo que te digo es simplemente un ejemplo.	Lo que te digo ________ un ejemplo.
Este es solamente un caso de discriminación. Conozco otras cosas peores.	Este ________ un caso de discriminación. Conozco otras cosas peores.
¡Este vino es horrible! ¡Este vino es simplemente vinagre!	¡Este vino es horrible! Este vino ________ vinagre!
¿Por qué dices que repetir esto es simplemente perder el tiempo?	¿Por qué dices que repetir esto ________ perder el tiempo?

Cuando esta construcción se usa con subjuntivo, puede ocurrir que la palabra **que** aparezca dos veces en la frase:

Lo que te pido es, simplemente, que digas la verdad.	Lo que te pido no es más **que que** digas la verdad.

PRACTICANDO AL CONTESTAR

¿Crees que aprender una lengua extranjera no es más que cuestión de aprender listas de palabras?

Los prejuicios no son más que ignorancia. ¿Estás de acuerdo?

El prejuicio contra los jóvenes de pelo largo no es más que envidia que tienen los calvos (no tienen pelo). ¿No te parece?

Si tus prejuicios no son más que producto de tu educación, ¿por qué no te reeducas?

2. USO DE: **varios significados del verbo** *to fix*

mirar — *to look*
fijarse — *to look*
fijar = determinar — *to fix*
sujetar = asegurar — *to fix*
afianzar = hacer más firme — *to fix*
preparar = hacer — *to fix*
reparar = restaurar — *to fix*
arreglar
castigar
ajustar } **las cuentas** a alguien — *to fix*
arreglar }

PRÁCTICA

¡Mira! ¡Qué vestidos tan raros usa esta gente!	¡**Fíjate**! ¡Qué vestidos tan raros usa esta gente.
Tenemos que determinar la fecha de la boda.	Tenemos que **fijar** la fecha de la boda.
En los barcos aseguran los muebles al piso para que no se muevan cuando hay tempestad.	En los barcos **sujetan** los muebles al piso para que no se muevan cuando hay tempestad.
Las patas de esta silla se mueven. Hay que hacerlas más firmes.	Las patas de esta silla se mueven. Hay que **afianzarlas.**
¡Hazme un cóctel, por favor!	¡**Prepárame** un cóctel, por favor!
¿Cuándo vas a reparar la televisión?	¿Cuándo vas a **arreglar** la televisión?
El perrito me rompió el zapato, pero ya lo castigaré.	El perrito me rompió el zapato, pero ya **le arreglaré las cuentas**.
¿Quieres que te haga una taza de café!	¿Quieres que te ________ una taza de café?
La radio no funciona. ¿Es que no la arreglaron todavía?	La radio no funciona. ¿Es que no la ________ todavía?
¿Determinaste ya la fecha de tu viaje?	¿________ la fecha de tu viaje?
Este cuadro no se mueve. Está bien asegurado a la pared.	Este cuadro no se mueve. Está bien ________ a la pared.
¡Miren! Esto no se ve todos las días.	¡________! Esto no se ve todos los días.

PRACTICANDO AL CONTESTAR

¿Cuesta mucho arreglar los automóviles?

Cuando parece que una lámpara se va a caer, ¿la sujetas bien al techo?

Cuando conoces a alguien, ¿te fijas bien en su cara? ¿la recuerdas luego fácilmente?

¿Sabes preparar cócteles? ¿Qué sabes preparar?

3. Uso De: **realizar; darse cuenta de**

realizar = llevar a cabo; hacer —— *to accomplish*
darse cuenta de = comprender; ver claramente —— *to realize*
dar cuenta de —— *to account for*
—— *to finish up*

La gente **se da cuenta de** la existencia del problema, pero ¿qué hace el gobierno para solucionarlo? En dos años en el poder no ha **realizado** nada.

PRÁCTICA

Siempre estás soñando despierto, pero nunca haces nada.	Siempre estás soñando despierto, pero nunca **realizas** nada.
¿No comprendes que ese es un caso de discriminación a la inversa?	¿No **te das cuenta de** que ese es un caso de discriminación a la inversa?
¿Hiciste todo el trabajo?	¿__________ todo el trabajo?
¿No ves claramente que eso de la hermandad universal quizá sea un mito?	¿No __________ que eso de la hermandad universal quizá sea un mito?
Me parece que ellos no comprendieron lo que estaban diciendo.	Me parece que ellos no __________ lo que estaban diciendo.
Ese nuevo rico no comprende que el dinero no lo consigue todo.	Ese nuevo rico no __________ que el dinero no lo consigue todo.
Cuando examiné la situación comprendí que había barreras insalvables.	Cuando examiné la situación __________ que había barreras insalvables.

PRACTICANDO AL CONTESTAR

¿Hay alguna gente que no se da cuenta de la importancia del problema de la discriminación?

¿Crees que hay gente que es racista sin darse cuenta de que lo es?

¿Te das cuenta de que la discriminación a la inversa es tan mala como la discriminación pura y simple?

¿Crees que no nos damos cuenta de que el problema es muy complejo?

Pequeño teatro

Los prejuicios, en sus infinitas variedades, existen en toda sociedad, y el tema puede ser comentado durante muchas horas sin agotarlo. La historia, y la prensa diaria nos ofrecen caso tras caso, y sobre ellos se puede hablar analizando sus posibles causas y explicaciones.

1 ¿Cómo se explica el prejuicio contra las bebidas alcohólicas, típico de la sociedad protestante puritana? ¿A qué extremos ridículos llegó ese prejuicio en los Estados Unidos?

2 ¿Y los prejuicios contra las minorías étnicas? ¿O contra otras razas? ¿Por qué alguna gente se pregunta si algún día habrá un presidente de raza judía en los Estados Unidos?

3 Si algún miembro de la clase viajó por el extranjero, ¿encontró algún prejuicio contra los norteameri-

canos? ¿Cómo lo explica? ¿En qué forma se expresó ese prejuicio?

4 ¿Por qué, en muchísimos casos, los hijos de los inmigrantes no quieren hablar la lengua de sus padres?

5 ¿Por qué mucha gente siente desconfianza hacia todo lo que es «diferente»?

6 A veces los prejuicios se expresan de una forma muy sutil. ¿Cuáles son esas formas sutiles? ¿Es posible tener prejuicios sin darse cuenta de que se tienen?

Las preguntas son muchas, y las respuestas también, y hay opiniones para todos los gustos.

Sea usted mi intérprete, por favor

1 We are talking about religious prejudice. Why do you bring racism into the conversation?
2 Why don't you face the situation?
3 Do you think that heredity has nothing to do with intelligence?
4 Why do you say he has the manners of a *nouveau riche*?
5 What is the American melting pot?
6 Which is more important, heredity or environment?
7 Do you use derogatory words?
8 Don't you think you should avoid those derogatory terms?
9 Do foreign accents bother you?
10 Do you know of any case of discrimination in reverse?

Cuestiones gramaticales

USO DE: **por** y **para** (II)

En la lección anterior hemos visto que **por** y **para** contrastan en estas situaciones:

	Por	*Para*
A	**Razón**	**Propósito**
B	**Razón**	**Sorpresa**
C	**Tránsito por el tiempo**	**Propósito**
D	**Tránsito por el espacio**	**Destino**
E	**Tiempo impreciso**	**Tiempo límite**

Veamos otros contrastes.

Contraste F Tránsito de {objetos / personas} (por) — Propósito (para)

Tránsito de objetos quiere decir que algo cambia de manos, como cuando se compra o cambia algo.

Tránsito de personas indica sustitución de una persona por otra.

Tránsito de objetos (por)	*Propósito (para)*
Pagué $150 por el billete de avión (= a cambio del billete).	Pagué $150 para adquirir el billete de avión (= con el propósito de adquirirlo).
Cambié el boleto de avión por un billete de tren.	Cambié el boleto de avión para adquirir en su lugar un billete de tren.

Tránsito de personas (por)	*Propósito (para)*
Trabajo por mi hermano (= en lugar de mi hermano).	Trabajo para mi hermano (= mi hermano es mi jefe).
El embajador habla por su gobierno (= en lugar de su gobierno).	El embajador habla para su gobierno (= con la intención de que su gobierno lo escuche).

Al usar **por** para expresar el tránsito (= la sustitución) de personas nos encontramos con una ambigüedad del español. «Trabajo por mi hermano» significa:

Trabajo en lugar de mi hermano. = tránsito
Trabajo porque mi hermano lo quiere. = razón
Trabajo porque mi hermano lo necesita. = razón
Trabajo gracias a mi hermano. = razón

Solamente el contexto puede indicar claramente cuál de las tres ideas estoy expresando.

PRÁCTICA

Vamos a eliminar las palabras subrayadas, y poner en su lugar **por** o **para**, sin cambiar el sentido de la frase.

Modelo
Trabaja en lugar de su hermano, que está enfermo.
Trabaja por su hermano, que está enfermo.

1 A cambio de mi trabajo me pagan bien.
2 Cambió el adjetivo gachupín y en su lugar escribió español.

3 Siempre dice franchute cuando quiere decir francés.
4 No tiene autorización para hablar en lugar de mi padre.
5 ¿Por qué no dejas tu puesto y vienes a trabajar en mi negocio?
6 Gracias a mis méritos me dieron el puesto.

Contraste G Opinión (por) — Opinión (para)

Tanto **por** como **para** sirven para expresar una opinión. El contraste está en las palabras que rodean a estas dos preposiciones.

tomar + por / *tener + por* } + *adjetivo*	*para* + { *nombre* / *pronombre* } + *verbo*
Te tengo por sexista (= en mi opinión eres sexista).	Para mí eres sexista.
Todos lo tienen por liberal.	Para todos es liberal.
Mi hermano tomó a mi amiga por inglesa (= creyó que era inglesa).	Para mi hermano, mi amiga era inglesa.

Cada par de frases tiene el mismo sentido, expresado de modo diferente.

PRÁCTICA

Vamos a cambiar las frases siguientes usando una cualquiera de las estructuras estudiadas en este contraste. Para cada frase hay tres posibilidades.

Modelo
Te considero una persona culta.
Te tengo por una persona culta.
Te tomo por una persona culta.
Para mi, eres una persona culta.

1 Como es rubio, todos creyeron que era alemán.
2 Mi primera impresión fue que él era inglés.
3 En mi opinión, eres radical.
4 Consideramos que es muy conservador.
5 Es argentino, pero habla con acento británico y todos creen que es inglés.
6 Tú creíste que soy argentino, pero soy uruguayo.

Contraste H estar por + *infinitivo*: intención vaga
estar para + *infinitivo*: prontitud

Intención vaga (por)	*Prontitud (para)*
Estoy por ir al café (= estoy pensando en ir al café).	Estoy para ir al café (= a punto de salir hacia el café).

Estamos por ir al cine (= estamos jugando con la idea de ir al cine).	Estamos para ir al cine (= listos para ir al cine).

PRÁCTICA

Vamos a eliminar las palabras subrayadas y usar en su lugar **estar por** o **estar para**, sin cambiar el sentido de las frases.

Modelo

No vengas porque en este momento voy a salir hacia tu casa.

No vengas porque estoy para salir hacia tu casa.

1 Tengo el vago proyecto de ir a Chile.
2 Es muy pedante, y estoy pensando en decirle lo que pienso de él.
3 La situación es muy tensa, y en cualquier momento puede explotar.
4 Iré a Italia el año próximo, y estoy pensando en estudiar italiano.
5 Cuando llegué estaban a punto de irse.
6 Los militares tienen todo preparado con el objeto de hacer una revolución.

I Usos sin contraste

Hay casos en los que el uso de **por** no está en contraste con el uso de **para**, y a la inversa. No hay, por tanto, paralelismos que puedan ofrecer dificultades.

1 **Acción sin terminar: por** + *infinitivo*

Tengo tres lecciones por estudiar (= sin estudiar).
Hay muchos problemas por resolver (= sin resolver).

2 **Voz pasiva:**

El nuevo rico fue rechazado por los miembros del club.
Los judíos fueron expulsados por los Reyes Católicos.
La ciudad fue destruída por la aviación.

3 **Repetición insistente:** *nombre* + **por** + *nombre*

El censor examinó el editorial palabra por palabra (= palabra tras palabra; una palabra detrás de otra).
Repitió lo que yo dije, frase por frase.

4 **Expresión de cantidades:**

El banco paga el 5% (cinco por ciento) de interés.
El nuevo rico quería una biblioteca, y compró los libros por kilos.
Los huevos se venden por docenas.

RESUMEN

Contrastes

Por	*Para*
A Razón: Habla por hablar.	**Propósito:** Habla para convencer.
B Razón: Por ser hombre tiene barba.	**Sorpresa:** Para ser hombre, tiene poca barba.
C Tránsito por el tiempo: Voy allá por tres meses.	**Propósito:** Voy allá para (estar) tres meses.
D Tránsito por el espacio: Voy a México por El Paso.	**Destino:** Voy para México.
E Tiempo impreciso: Llegaron por Navidad.	**Tiempo límite:** Llegarán para Navidad.
F Tránsito de objetos o personas: Cambié el coche viejo por uno nuevo.	**Propósito:** Vendí el coche viejo para comprar uno nuevo.
El habló por todos.	El habló para todos.
G Opinión: Te tengo por inteligente.	**Opinión:** Para mí, eres inteligente.
H Intención vaga: Estoy por salir.	**Prontitud:** Estoy para salir.

I Usos sin contraste:

1 **Acción sin terminar:** El trabajo está por hacer.
2 **Voz pasiva:** La novela fue adaptada al cine por un guionista.
3 **Repetición insistente:** Lo aprendí todo línea por línea.
4 **Expresión de cantidades:** Compra los cigarrillos por cartones.

PRÁCTICA DE TODOS LOS CASOS

Vamos a usar **por** o **para** en lugar de las palabras subrayadas, sin cambiar el sentido de las frases.

1 Recitó todo el poema verso tras verso.
2 Pienso estar en Paraguay durante un año.

3 Porque es rico tiene muchos amigos.
4 Estoy pensando que quizá debiera aprender árabe.
5 Todos se fueron hacia Venezuela.
6 Di siete dólares a cambio de este libro.
7 Son las tres, y la cama sin hacer.
8 Considerando que es vienés, baila muy mal el vals
9 Se divorció de él porque es un faldero.
10 Llegarán lo más tardar a fines de junio.
11 No voy a verte ahora porque sé que estás a punto de marchar.
12 Iré a Guatemala atravesando México.
13 Sus palabras eran destinadas a todos.
14 Llegaron más o menos el Día de Acción de Gracias.
15 Toda la familia salió con dirección a Puerto Rico.

EL ARTE DE LA COMPOSICIÓN

Para usar en la composición

1. Los prejuicios
la discriminación (a la inversa)
el, la racista
el medio ambiente
los caracteres {hereditarios / genéticos}
la convivencia
el matrimonio mixto
el nuevo rico
la riqueza heredada
el nivel de cultura
el obstáculo insalvable
el grado / el nivel } de {cultura / educación / riqueza / etc.}
la hermandad universal
la meta
el crisol americano
la intransigencia
el, la intransigente
el gachupín, la gachupina
el socio, la socia

2. Expresiones verbales
levantar el vuelo
sacar de quicio
ser otro cantar
traer a cuento
agotar (se)
enfrentarse con
conseguir
(no) tener (nada) que ver con
no ser (nada) más que
mirar
fijar(se)
sujetar
afianzar
preparar
reparar
arreglar
castigar

ajustarle } las cuentas a alguien
arreglarle }

dar(se) cuenta de

3. Otras expresiones

el viaje } (de ida y vuelta)
el billete }

el término, la palabra

la muestra
en cambio
resulta que
en cuanto a
el idioma
por
para

Posibles temas para una composición

1 La sociedad norteamericana, sociedad multicultural.
2 Relaciones entre el multiculturalismo y la existencia de prejuicios.
3 El prejuicio contra lo extranjero.
4 El prejuicio contra lo diferente.
5 Los prejuicios de clase.
6 Los prejuicios religiosos.
7 Los prejuicios y la historia.
8 Los prejuicios y la educación.
9 Los prejuicios y la inmigración.
10 El pluriculturalismo, elemento positivo en una sociedad.
11 El pluriculturalismo, un problema social.
12 La discriminación a la inversa, ¿nueva forma de prejuicio?
13 Discriminación dentro de la discriminación: los prejuicios de clase dentro de los grupos minoritarios.
14 El crisol americano, ¿leyenda o realidad?
15 El bilingüismo, riqueza cultural.
16 El español en los Estados Unidos.
17 El francés en los Estados Unidos.
18 Lenguas habladas en los Estados Unidos.
19 El acento extranjero: consecuencias sociales.

8.

El cine

Rodando una película en las calles de Sitges, cerca de Barcelona.

Personaje nuevo: María Luisa, *hija de matrimonio hispano*

HOWARD María Luisa, si no tienes plan para esta tarde, te invito a ir al cine. Podemos ir a una película policiaca.[1] La que hay en el cine Rex es buena. Puedo reservar los boletos[2] por teléfono, y vamos después de cenar.

MARÍA LUISA Estupendo. Me encantan[3] las películas de policías y ladrones, ésas donde hay los buenos y los malos, y muchos tiros[4] y todo eso.

HOWARD ¡Vaya! ¡Ayer te quejabas[5] de la violencia que hay por todas partes, y ahora resulta que te gustan las películas donde hay muchos tiros!

MARÍA LUISA Contradicciones de la naturaleza humana, supongo.[6]

HOWARD Si prefieres podemos ver la cartelera en el diario para encontrar otra película cualquiera. Una de vaqueros,[7] por ejemplo.

MARÍA LUISA ¡Ah, no! Ya que estoy[8] en América espero ver vaqueros de verdad,[9] en la realidad, no en la pantalla.[10]

HOWARD Será difícil, me parece. ¡Y pensar que tú en España te reías de mí porque yo esperaba encontrar toreros y gitanos[11] a la vuelta de cada esquina![12]

MARÍA LUISA Tienes razón,[13] Howard. A veces es difícil no repetir esos tópicos.

HOWARD Bueno, la cuestión es que encontremos una buena película.

MARÍA LUISA Oye, a propósito, ¿qué artista te gusta más?

HOWARD ¿Artista? Pues... Picasso.

MARÍA LUISA No, hombre, no. Me refiero a[14] los artistas de cine.

HOWARD ¡Ah! Es que en inglés cuando se dice *artist* se piensa en los pintores, los escultores y otra gente así.

MARÍA LUISA Bueno, esos también son artistas, pero en español, cuando se dice artista, se piensa en los actores y actrices de cine.

HOWARD De teatro, ¿también?

MARÍA LUISA Pues mira, ahora que lo mencionas... tiene gracia,[15] a esos les llamamos casi siempre actores y actrices.

HOWARD Bueno, ya aprendí algo nuevo hoy. ¡Oye! por cierto,[16] ¿cómo se llaman las películas que tienen dibujos en lugar de personas?

MARÍA LUISA Dibujos animados. Cuando era niña me

1 *película de detectives*
2 *papelitos que dan derecho a entrar en el cine. En España: las entradas.*
3 *me gustan mucho*
4 *disparos (de pistola, revólver y otras armas de fuego)*
5 *te lamentabas*
6 *infinitivo: suponer*
7 cowboys
8 *considerando que estoy en América*
9 *verdaderos*
10 *superficie blanca sobre la que se proyectan las películas*
11 *ziganos*
12 *en todas partes*
13 *estás en lo cierto*
14 *quiero decir*
15 *es gracioso*
16 *a propósito; ahora que hablamos de esto*

gustaban a más no poder,[17] y todavía me siguen gustando,[18] pero ahora prefiero las películas de miedo[19] cuando quiero distraerme,[20] y las películas serias cuando quiero pensar.

HOWARD Eso de las películas «serias» debe se lo que aquí llamamos *art movies*. En general son películas europeas.

MARÍA LUISA También hay alguna norteamericana que vale la pena.[21] Francamente, en español no les llamamos de ninguna manera especial. Dije «serias» por decir algo. Son películas buenas, y en paz.[22] Bueno, a veces se habla de películas de arte, y ensayo.

HOWARD Bueno, ¿sobre qué hora vamos a salir?[23]

MARÍA LUISA No sé. Tú dirás.[24] Yo no sé a qué hora son las funciones[25] aquí.

HOWARD Creo que si salimos a las siete y media tendremos tiempo de sobra. Claro que si hay mucha gente, tendremos que hacer cola[26] delante de la taquilla.[27]

MARÍA LUISA Hoy es día de semana, y por mucha gente que haya, nunca será demasiada.

HOWARD Quizá. Y si tenemos que ponernos a la cola,[28] paciencia.

MARÍA LUISA De acuerdo. Voy a buscar la sección de espectáculos del periódico de hoy. Si no encontramos nada mejor, vamos a esa película policiaca que dijiste antes.

17 muchísimo
18 y aún me gustan
19 de terror
20 divertirme, olvidar mis problemas
21 que vale la pena verla; que merece ser vista
22 y eso es todo
23 ¿a qué hora, aproximadamente, vamos a salir?
24 decide tú
25 las sesiones
26 ponerse en fila, una persona detrás de otra
27 ventanilla donde se compran las entradas; en Hispanoamérica: boletería
28 si tenemos que hacer cola

COMENTARIOS

1 ¿Crees que, como espectáculo, el cine es mejor que la televisión?
2 Cuando apareció el cine se dijo que el teatro moriría, pero no sucedió así. ¿Qué diferencias encuentras entre el teatro y el cine?
3 ¿Crees que es más difícil ser actor o actriz de teatro que artista de cine? Si pudieras escoger entre una carrera teatral y otra cinematográfica, ¿cual preferirías?
4 ¿Qué crees que es más importante en una película, el trabajo de los artistas o el del director?
5 Si fueras director de cine, ¿qué tipo de película te gustaría dirigir?
6 En tu opinión, ¿es el cine europeo mejor que el norteamericano?

7 ¿Crees que las películas norteamericanas reflejan bien la vida en los Estados Unidos?
8 ¿Te parece que hay demasiada violencia en el cine?
9 ¿Sería una buena idea prohibir la violencia en el cine y en la televisión?

Ampliación de vocabulario

A 1 Cuando apareció el cine, se le llamó «el séptimo arte». Las primeras películas eran **mudas** (sin sonido) y **en blanco y negro**, y **la música de fondo** era proporcionada por un pianista que tocaba el piano en la misma **sala** (habitación grande) donde se proyectaba la película.

Luego la pantalla empezó a hablar: Apareció **el cine sonoro** gracias al invento de **la banda de sonido** que permitió **grabar** la música y las palabras de los artistas. Muchas películas eran distribuidas por todo el mundo, y para que el público que no comprendía la lengua de los personajes pudiera seguir **el argumento** (la intriga, la historia) se añadieron **los subtítulos**. Más tarde se añadió una nueva banda de sonido y, como por arte de magia, los artistas hablaron otras lenguas: Había nacido **el doblaje. Doblar** bien una película es un arte muy difícil, que **exige** (requiere) gran habilidad y una técnica muy refinada.

El cine mudo ha tenido grandes artistas, y todavía se proyectan en festivales y en cine-clubs algunas películas mudas. ¿Has visto alguna? ¿Te pareció una obra de arte o una simple curiosidad? ¿Sabes los nombres de algunos de los grandes actores y actrices del cine mudo? Cuando ves una película extranjera sin doblar, ¿te molesta tener que leer los subtítulos? ¿Prefieres ver la misma película doblada?

¿No crees que la voz de un artista es una parte muy importante de su arte, y que no se le debe privar de él? Piensa en un artista que, en tu opinión, tenga una magnífica voz, y una dicción y entonación perfectas. ¿Puedes imaginarte el verlo o verla en la pantalla y oír una voz que no es la suya?
¿Qué problemas técnicos te parecen más difíciles en el doblaje de una película?

2 En **los años treinta** Hollywood fue «la Meca» del cine. **Los astros** y **las estrellas** (los artistas más populares) de la pantalla se convirtieron en seres legendarios, conocidos en todo el mundo. **Las casas**

productoras de Hollywood lanzaron grandes superproducciones en las que participaban miles de extras. En **los estudios cinematográficos** se construyeron grandes **decorados** que reproducían desde un circo romano hasta una selva tropical. Las películas de **tema** histórico y de tema bíblico se hicieron muy populares, y los astros y estrellas de aquella época ganaron sumas fabulosas.

Después de la Segunda Guerra Mundial **surgió** (apareció) un nuevo tipo de cine: películas **rodadas** (filmadas) en las calles, con artistas desconocidos... un cine realista iniciado por los directores italianos que, con sus estudios destruidos por la guerra, **se echaron a la calle** (salieron a la calle) con sus **cámaras** cinematográficas al hombro y filmaron la vida **tal como es** (sin artificios).

¿Sabes quién es Greta Garbo? ¿Has visto alguna de sus películas?
¿Por qué crees que terminó «la época dorada» de Hollywood? ¿Es que cambiaron los gustos del público? ¿O es que los europeos hicieron mejores películas? ¿Crees que las películas europeas son más «intelectuales» que las norteamericanas?
¿Con qué artista te gustaría trabajar en una película?
Qué consideras más difícil ¿ser artista o director?

3 En la actualidad casi todas las películas son filmadas **en color** (**a colores**), y las co-producciones (películas hechas por gente de varios países) son muy frecuentes: películas franco-italianas, italo-germanas, franco-españolas, anglo-francesas... Muchas películas **de vaqueros** (**del Oeste**) son hechas en España por grupos hispano-italianos, con algunos artistas norteamericanos. Los productores buscan el éxito internacional presentando sus películas en **los Festivales Cinematográficos Internacionales**, como el de Cannes, de San Sebastián, Berlín o San Francisco. Cuando reciben algún **premio** el éxito comercial de la película está casi garantizado. Si la película es mala, el público dice: Es **una lata** (muy aburrida) y la película **fracasa** (no tiene éxito).

¿Te parece extraño que muchas películas de vaqueros estén hechas por extranjeros? ¿Crees que sólo los norteamericanos pueden hacerlas bien?
¿Qué es el Premio Oscar? ¿Crees que siempre está bien dado?
¿Has visto últimamente alguna película que hubiera recibido muchos premios y que, sin embargo, a ti te pareció una lata?

B **Un teatro** es un local donde **se representan obras de teatro. Un cine** es un local donde **se proyectan** películas. Las obras de teatro están divididas en actos, y entre ellos hay **entreactos.** Cuando una película es muy larga se puede dividir en varias partes, y entre ellas hay **descansos** o **intermedios.**

Si un espectáculo tiene un gran éxito, **se agotan las entradas** (se terminan los boletos). A veces es posible comprárselos a **los revendedores** (personas que compran muchas entradas y luego las venden a un precio más alto). Algunos cines funcionan todo el día sin interrupción: Son cines **de sesión continua.** Al principio o al final de la película aparece **el reparto,** con los nombres de los artistas, el director, etc.

En general, **las localidades** (las entradas, los boletos) están **sin numerar** (cada espectador se sienta donde quiere), pero en las **funciones de estreno** (cuando la película es presentada por primera vez), y en las funciones **de gala,** las entradas están **numeradas.**

Cuando vas al cine, ¿te interesa leer el reparto para saber quién hizo qué, o crees que el reparto no tiene interés? ¿Crees que un buen director y unos buenos artistas pueden hacer una buena película con un mal guión? Al contrario, ¿crees que un mal director puede matar un buen guión?
¿Te gusta ver las versiones cinematográficas de las grandes obras de la literatura universal? ¿Crees que una novela siempre «pierde» al ser llevada al cine? Y una buena obra de teatro ¿puede dar una buena película? ¿Crees que Shakespeare daría su aprobación a la película «Romeo y Julieta», dirigida por Zeffirelli, o al «Hamlet» de Sir Laurence Olivier? Si tuvieras que dirigir o actuar en una película basada en alguna gran novela, ¿qué novela escogerías? Y si tuvieras que representar el papel de algún personaje histórico, ¿quién sería ese personaje?

Dificultades y ejercicios

1. Uso De: **doler, dolerle** (algo a alguien); **lastimar, lastimarse; herir, herirse**

doler =	causar dolor / sentir dolor	*to hurt* (*to ache*)
dolerle (algo a alguien) =	causarle dolor a alguien / sentir dolor en	*to hurt* (*to cause pain*)
lastimar =	hacer daño	*to hurt*
lastimarse =	hacerse daño	*to hurt onself*

herir — *to hurt (to wound)*
herirse — *to hurt oneself (to wound oneself)*

PRÁCTICA

¿Qué causa más dolor? ¿Ir al dentista o pagar la cuenta?	¿Qué **duele** más? ¿Ir al dentista o pagar la cuenta?
¿Dónde sientes dolor? ¿Te causa dolor la cabeza?	¿Dónde **te duele**? ¿**Te duele** la cabeza?
No, siento dolor en el cuello.	No, **me duele** el cuello.
Cuando jueges con el perrito, ten cuidado. Es muy pequeño y puedes hacerle daño.	Cuando juegues con el perrito ten cuidado. Es muy pequeño y puedes **lastimarlo**.
Caí por la escalera y me hice daño en una pierna.	Caí por la escalera y **me lastimé** una pierna.
La bala le causó una herida en el brazo.	La bala **le hirió** el brazo.
El soldado se causó una herida con su propia bayoneta.	El soldado **se hirió** con su propia bayoneta.
Durante el rodaje de la película el artista se cayó del caballo y se hizo daño en una pierna.	Durante el rodaje de la película el artista se cayó del caballo y ____________ una pierna.
Dice que la rodilla le causa mucho dolor.	Dice que la rodilla ____________ mucho.
Cuando causan dolor las muelas es imposible trabajar.	Cuando ____________ las muelas es imposible trabajar.
La bala causó una herida al policía.	La bala ____________ al policía.
Estas botas son demasiado pequeñas para mí, y me hacen daño.	Estas botas son demasiado pequeñas para mí, y me ____________.
Cuando los zapatos hacen daño es difícil andar.	Cuando los zapatos ____________ es difícil andar.
Al bandido se le disparó su propio revólver y se causó una herida en un hombro.	Al bandido se le disparó su propio revólver y ____________ en un hombro.

PRACTICANDO AL CONTESTAR

Cuando duele alguna parte del cuerpo, ¿crees que es mejor dejar que la naturaleza siga su curso, o se debe ir a ver al médico?

¿Te has lastimado alguna vez practicando algún deporte?

¿Qué piensas de la gente que, conscientemente, hiere los sentimientos de otras personas?

2. Uso De: **tener razón, no tener razón; estar equivocado; darle la razón** (a alguien)

tener razón = estar en lo cierto ———— *to be right*
no tener razón ———— *to be wrong*
estar equivocado / **equivocarse** = estar en un error ———— *to be mistaken*
darle la razón (a alguien) = conceder que la otra persona está en lo cierto ———— *to agree (that the other person is right)*

El crítico de teatro **tiene razón**: Esta obra es muy mala.
Otras veces yo **no he estado de acuerdo con** sus críticas, pero esta vez tengo que **darle la razón**, y creo que **no me equivoco** al hacerlo.

PRÁCTICA

Cuando el director de la película cree estar en lo cierto, es muy difícil hacerle cambiar de opinión.	Cuando el director de la película cree **tener razón** es muy difícil hacerle cambiar de opinión.
Lo peor es que a veces cree estar en lo cierto, pero no lo está.	Lo peor es que a veces cree **tener razón**, pero no la tiene.
Concedo que estás en lo cierto; es mejor que vayamos a una película policiaca.	**Te doy la razón**; es mejor que vayamos a una película policiaca.
Concedo que tu hermano está en lo cierto; esta película es una lata.	**Le doy la razón a** tu hermano (o, tu hermano **tiene razón**); esta película es una lata.
Estás en un error; en ese cine las entradas siempre están numeradas.	**Estás equivocado**; en ese cine las entradas siempre están numeradas.
Tus amigos estaban en lo cierto; se agotaran las entradas.	Tus amigos ____________; se agotaron las entradas.
Creí que esta película estaba doblada, pero estaba en un error; está en inglés.	Creí que esta película estaba doblada, pero ____________; está en inglés.
Concedo que estás en lo cierto; esta película es más interesante que la que vimos ayer.	____________; esta película es más interesante que la que vimos ayer.
Estás en un error. La música de fondo no está inspirada en una sinfonía de Mozart.	Estás ____________. La música de fondo no está inspirada en una sinfonía de Mozart.

Concedo que están ustedes en lo cierto; esta película debía haber sido filmada en color.	________; esta película debía haber sido filmada en color.

PRACTICANDO AL CONTESTAR

¿Crees que tienen razón los que dicen que es imposible ser, a la vez, buen actor de teatro y buen actor de cine? Cuando estás hablando con tus amigos, ¿te molesta que te digan que no tienes razón en lo que dices?

Cuando alguien dice algo y está equivocado, ¿se lo dices, o crees que es más discreto no decirle nada? ¿Estás de acuerdo con la frase «mi país ante todo, con razón o sin ella»?

3. Uso De: **equivocarse de** + *nombre*; **confundirse de** + *nombre*; **usar frases equívocas (ambiguas)**

equivocarse de + *nombre* / **confundirse de** + *nombre* — *verb + the wrong + noun*

usar frases {**equívocas** / **ambiguas**} — *to equivocate*

Queríamos ver una película de vaqueros, pero **nos equivocamos** (**nos confundimos**) **de** cine y terminamos viendo una película policiaca. Luego leímos la crítica en el periódico; el crítico usaba unas **frases ambiguas** (**equívocas**) que, en realidad, no decían nada.

PRÁCTICA

Quise llamar por teléfono a la taquilla del Cine Rex pero, sin querer (involuntariamente), marqué otro número: Era un restaurante. Me equivoqué de número.	Quise llamar por teléfono a la taquilla del Cine Rex pero, sin querer, marqué otro número: Era un restaurante. **Me confundí de** número.
Me dijeron: Lo siento, se confundió de número.	Me dijeron: Lo siento, **se equivocó** de número.
Ese senador quiere contentar a todos y nunca da contestaciones directas: Siempre usa frases ambiguas.	Ese senador quiere contentar a todos y nunca da contestaciones directas: Siempre **usa frases equívocas**.
Llegamos tarde al teatro porque nos confundimos de autobús.	Llegamos tarde al teatro porque ________ autobús.
Te pedí que sacaras entradas para el Cine Rex y las sacaste para el Regal. Te confundiste de cine.	Te pedí que sacaras entradas para el Cine Rex y las sacaste para el Regal. ________ de cine.

Vivo en el cuarto piso. Cuando vengas no te equivoques de piso, como la última vez.	Vivo en el cuarto piso. Cuando vengas no __________ de piso, como la última vez.
Contesta sí o no, y no uses frases ambiguas.	Contesta sí o no, y no uses frases __________.
Mi casa y la casa del vecino son muy parecidas, y muchas veces mis amigos se confunden de casa y llaman a su puerta.	Mi casa y la casa del vecino son muy parecidas, y muchas veces mis amigos __________ casa y llaman a su puerta.

PRACTICANDO AL CONTESTAR

¿Recuerdas con facilidad el nombre de las personas a las que conoces sólo superficialmente, o te equivocas de nombre cuando las ves después de una larga ausencia?

Cuando estás en una ciudad que conoces mal, ¿tienes buena memoria visual para reconocer las calles, o te equivocas de calle con facilidad?

¿Te molesta cuando alguien se equivoca de nombre y te llama por un nombre que no es el tuyo?

¿Qué piensas de la gente que nunca da una respuesta directa y siempre contesta con frases ambiguas?

4. Uso De: equivalentes españoles de la palabra inglesa *wrong*

En inglés la palabra *wrong* tiene varias funciones gramaticales, y a veces es difícil encontrar el equivalente adecuado en español. Estos son los problemas más frecuentes:

a *Wrong* (*adjetivo*), se usa para indicar que se ha cometido un error. La mejor solución es utilizar la forma **equivocarse de**, estudiada antes. Con esa forma coexisten otras dos posibilidades: el uso del adjetivo **equivocado, equivocada**, y el uso de la expresión **que no es** (**era**):

Me equivoqué de número.
Marqué un número **equivocado**. → *I dialed the wrong number.*
Marqué un número **que no era**.

La última forma es una abreviación de la idea: que no era (el número que quería marcar).

PRÁCTICA

Me equivoqué de autobús.	Cogí un autobús **equivocado.** Cogí un autobús **que no era.**
Me equivoqué de casa.	Llamé a una casa __________.
Nos equivocamos de dirección.	Fuimos a una dirección __________.

El libro que me trajiste no es el que te pedí. Te equivocaste de libro.	El libro que me trajiste no es el que te pedí. Me trajiste ________.

b *wrong* (*adjetivo*) = *not to be the appropriate + noun*:

Este no es el momento {adecuado / apropiado / indicado} para hablar de política. — *This is the wrong time to discuss politics.*

PRÁCTICA

No soy la persona adecuada para ese tipo de trabajo.	No soy la persona **apropiada** para ese tipo de trabajo.
Este no es el lugar apropiado para ponerse romántico.	Este no es el lugar ________ para ponerse romántico.
Tú no eres la persona indicada para juzgar mi conducta.	Tú no eres la persona ________ para juzgar mi conducta.
Esa no es la película adecuada para un niño de diez años.	Esa no es la película ________ para un niño de diez años.

Como se puede ver, el español usa la forma negativa. La forma afirmativa corresponde a la forma inglesa *to be the right + noun:*

Eres la persona adecuada para ese trabajo. — *You are the right person for that job.*

c *wrong* (*adjetivo*) cuando indica un juicio ético o moral:

Hizo {**algo malo** / **lo que no debía**} y lo pagó. — *He did something wrong and he paid for it.*

PRÁCTICA

¿Dije lo que no debía?	¿Dije **algo malo**?
Es incorregible. Siempre hace lo que no debe.	Es incorregible. Siempre hace ________.
Nos acusan de hacer siempre lo que no debemos.	Nos acusan de hacer siempre ________.
¡Qué mala opinión tienes de mí! Crees que siempre hago algo malo.	¡Qué mala opinión tienes de mí! Crees que siempre hago ________.

d *wrong* (*adjetivo*) = *unfair:*

No debías haberlo despedido. — *You should not have fired him.*

Has sido **injusto.** / No has sido **justo** — *You have been wrong* (*unfair*).

PRÁCTICA

La película no es tan mala como él dice. Su crítica no es justa.	La película no es tan mala como él dice. Su crítica es **injusta**.
El perrito no sabe lo que hace. No es justo castigarlo así.	El perrito no sabe lo que hace. Es ________ castigarlo así.
No es justo juzgar sin oír a las dos partes.	Es ________ juzgar sin oír a las dos partes.

PRÁCTICA

e *wrong* (*adjetivo*) = *mistaken; false:*

Las cifras { están **equivocadas.** / son **erróneas.** } > *The figures are wrong.*

Las cifras { son **falsas.** / están **falseadas.** } > *The figures are false.*

Se ve que **equivocado, erróneo** indican un error involuntario. **Falso, falseado** indican casi siempre que el error ha sido voluntario, fraudulento.

PRÁCTICA

El nombre está bien, pero la fecha de nacimiento es errónea.	El nombre está bien, pero la fecha de nacimiento ________.
Todos los datos que me diste están equivocados.	Todos los datos que me diste son ________.
Lo metieron en la cárcel porque en su declaración de impuestos dio cifras falseadas.	Lo metieron en la cárcel porque en su declaración de impuestos dio cifras ________.

f *wrong* (*adverbio*) = *in a wrong place, manner, etc.:*

Escribiste mal mi nombre. — *You spelled my name wrong.*

PRÁCTICA

No estás pronunciando bien.	Estás pronunciando **mal.**
No hiciste nada bien.	Lo hiciste todo ________.
El proyector no funciona porque no colocaste bien la película.	El proyector no funciona porque colocaste ________ la película.
La fotografía no salió porque no enfocaste bien.	La fotografía no salió porque enfocaste ________.

g *wrong* (*nombre*) = *the opposite of moral rectitude:*

Está loco y no es capaz de establecer la diferencia entre el bien y **el mal.**

h *otros casos especiales:*

El revés de una tela.	*The wrong side of a material.*
Algo le pasa {a la radio. / al radio (México).	*Something is wrong with the radio.*

PRACTICANDO AL CONTESTAR

En viajes por avión, ¿te ha sucedido alguna vez que la compañía enviase tu equipaje a la ciudad que no era?

¿Te han dicho alguna vez: Usted no es la persona adecuada para este trabajo? ¿Te molesta que te hablen tan francamente?

¿Te ha sucedido alguna vez de decir lo que no debías a quien no debías y cuando no debías?

¿Crees que es fácil definir el bien y el mal?

Cuando hablas una lengua extranjera, ¿te molesta que alguien te diga que pronuncias mal muchas palabras?

Pequeño teatro

El cine es un tema sobre el cual todos tienen algo que decir. Puede hablarse del cine en general, como espectáculo, o de alguna película en particular. Algunas sugerencias:

1 La clase puede convertirse en un estudio cinematográfico, y los miembros de la clase se repartirán diversas funciones: dirección, guión, representación, maquillaje, fotografía, etc. Se supone que están todos reunidos para hablar de la escena que van a filmar.

2 Se puede comentar alguna película reciente. Los que la hayan visto tendrán que contar la película a los demás, explicar cómo está hecha, qué piensan de ella, etc. Los que no han visto la película tendrán que hacer preguntas sobre ella, pidiendo aclaraciones a las explicaciones que los otros les den.

3 El cine, ¿es un espectáculo que sirve simplemente para entretener, o debe tener un mensaje importante que haga pensar al público? ¿Influye el cine en la manera de pensar de la gente? ¿Debe existir un sistema de censura de películas? ¿Qué criterios debe de tener esa censura?

Sea Usted mi intérprete, por favor

1 Do you think that real cowboys are like the cowboys we see in the movies?

2 Why is there so much violence in the movies?

3 Did you ever see a silent movie?
4 Which is more important in a movie: the plot or the actors and actresses?
5 When you go to see a foreign movie, do you prefer to see it dubbed or with subtitles?
6 Would you like to shoot a film?
7 If all the tickets have been sold out, shall we stay home and watch TV?
8 Did you read the credits? Who played the part of the detective?
9 Wasn't the movie a bore? Don't you agree?
10 Did you dial the wrong number? Dial again.

Cuestones gramaticales

LOS PRONOMBRES RELATIVOS (I): **que, quien, cual, cuyo, el que, el cual**

A Hablando de películas, Howard dice: «La que hay en el cine Rex es buena». En esta frase, Howard usa un pronombre relativo: **la que.**

Los pronombres relativos siempre aparecen en una proposición (lo que las gramáticas clásicas llaman una frase subordinada), y se refieren siempre a una o a varias personas, u objetos, mencionados en la frase principal. En las frases siguientes se da entre paréntesis la misma idea sin usar relativos. Dentro de la proposición el pronombre relativo puede ser:

1. sujeto:

Ayer hablé con unos artistas que te conocen. (**que** = sujeto de conocen).	Ayer hablé con unos artistas, y ellos te conocen.

2. objeto directo:

El actor que vimos ayer es muy malo. (**que** = objeto directo de vimos.)	El actor es muy malo, y lo vimos ayer.

3. objeto indirecto:

Esa actriz a quien hablé ayer es francesa. (**quien** = objeto indirecto de hablé.)	Esa actriz es francesa, y yo le hablé ayer.

B El problema para el estudiante de español está en que a veces las formas **que, quien** (**quienes**), **el que** (**la que, los que, las que, lo que**) y **el cual** (**la cual, los cuales, las cuales, lo cual**) son intercambiables, pero no siempre. Los principios generales son estos:

1 **Que** es invariable. No tiene sexo y es igual en singular y en plural. Se refiere a personas y a objetos. Cuando se refiere a personas sólo admite la preposición **a.** Si otra preposición es necesaria hay que usar una de las otras formas: **para quien, con el cual, de la que,** etc.
2 **Quien** se refiere únicamente a personas, admite todas las preposiciones y tiene un plural: **quienes.**
3 **El que, el cual** y sus variantes se refieren a personas y a objetos. Admiten preposiciones, pero no siempre son intercambiables entre sí.

C Pronombres relativos referidos a **personas**

1. Siempre intercambiables: **que** = **quien** = **el cual**, cuando el pronombre relativo es **sujeto** de la proposición. Los ejemplos siguientes significan lo mismo, pero solamente **que** admite la posibilidad de ser usado sin estar precedido de una coma, o de una pausa en la conversación. En los otros casos, la cláusula de relativo está siempre entre comas, separada de la frase principal que es: La mujer escribió el guión.

La mujer que dirigió la película,
La mujer, que dirigió la película,
La mujer, quien dirigió la película,
La mujer, la cual dirigió la película,
} escribió el guión.

La forma más frecuente en conversación es la primera.

2. Con la preposición **a**: **que** = **a quien** = **al que** = **al cual**, cuando el pronombre relativo es **objeto directo** de la proposición. En este caso **que** no toma **a**, y todas las formas admiten la opción de aparecer o no entre comas. Aquí vemos por primera vez el uso de **el que**. Para los casos en los que no es intercambiable con **el cual**, ver el apartado F.

El actor que vimos ayer es inglés.
El actor, que vimos ayer, es inglés.

El actor a quien vimos ayer es inglés.
El actor, a quien vimos ayer, es inglés.

El actor al cual vimos ayer es inglés.
El actor, al cual vimos ayer, es inglés.

El actor al que vimos ayer es inglés.
El actor, al que vimos ayer, es inglés.

Las formas más frecuentes son las que usan **que** y **a quien** sin comas.

3. Con otras preposiciones: **de, para, con**... **quien** = **del que, para el que, con el que**... = **del cual, para el cual, con el cual**...
En estos casos no se debe usar **que** referido a personas:

La actriz de quien te hablo es magnífica.
La actriz, de quien te hablo, es magnífica.

La actriz de la que te hablo es magnífica.
La actriz, de la que te hablo, es magnífica.

La actriz de la cual te hablo es magnífica.
La actriz, de la cual te hablo, es magnífica.

Como el lenguaje de la conversación es menos cuidado que el de la lengua escrita, es posible oír la forma *preposición* + **que** en estos casos, pero las formas *preposición* + {**quien** / **el que** / **el cual**} son preferibles.

4. Pronombre relativo objeto indirecto de la proposición: **a quien** = **al que** = **al cual**

En estos casos no se puede usar **que**, y hay la posibilidad de expresar la idea con comas o pausas, o sin ellas, en todas las formas:

El productor a quien escribí una carta no me contestó.
El productor, a quien escribí una carta, no me contestó.

El productor al que escribí una carta no me contestó.
El productor, al que escribí una carta, no me contestó.

El productor al cual escribí una carta no me contestó.
El productor, al cual escribí una carta, no me contestó.

PRÁCTICA

Vamos a eliminar las palabras subrayadas y hacer una sola frase con cláusula principal y cláusula de relativo.

Modelo

Es un actor famoso. Con ese actor hablé ayer.

Es un actor famoso con {*quien* / *el que* / *el cual*} *hablé ayer.*

1 Es un actor muy malo. Contra ese actor apareció una crítica en el periódico de hoy.
2 Es el revendedor. El me vendió las entradas.
3 Esa es la actriz. De ella te hablé.
4 Es el director de cine. El ganó un premio en el festival.
5 Te presento a mi hermano. Gracias a él trabajé en esa película.
6 Este es el productor. El financió la película.
7 Ahí está el fotógrafo inglés. A él lo conocí ayer.
8 Esos son los decoradores. Con ellos tuvo un problema el director.

9 Son unas grandes actrices. Sobre ellas habrá un programa en la televisión.
10 Hablé con un camaraman. Él te conoció en Cannes.
11 Esa es la actriz. A ella le envié el guión para que lo leyera.
12 Ahí están los directores. A ellos les hablé ayer.

D Pronombre relativo referido a objetos: **que = el que = el cual**
En estos casos nunca se usa la forma **quien**, y es posible usar todas las preposiciones. En la proposición el pronombre relativo puede ser:

1 sujeto:

La función que empieza a las cinco es para niños.
La función, que empieza a las cinco, es para niños.
La función, la que empieza a las cinco, es para niños.
La función, la cual empieza a las cinco, es para niños.

2 objeto directo:

La película que vimos ayer es muy mala.
La película, que vimos ayer, es muy mala.
La película, la que vimos ayer, es muy mala.
La película, la cual vimos ayer, es muy mala.

3 Preposición + **que, el cual, el que:**

El cine de que te hablo está cerca de la esquina.
El cine, de que te hablo, está cerca de la esquina.

El cine del que te hablo está cerca de la esquina.
El cine, del que te hablo, está cerca de la esquina.

El cine del cual te hablo está cerca de la esquina.
El cine, del cual te hablo, está cerca de la esquina.

E Varios antecedentes: **el cual** y sus variantes
Si el pronombre relativo se refiere sólo a uno de varios antecedentes, la forma **el cual** y sus variantes es muy útil para evitar confusiones:

El actor vive en una mansión con jardín, el cual (= el jardín) es muy grande.
El actor vive en una mansión con jardín, la cual (= la mansión) es muy grande.

F Diferencias entre **el cual** y **el que**
Hemos visto algunos casos en los que **el cual** y **el que** son intercambiables. Hay muchas situaciones, sin embargo, en las que no es lo mismo usar una u

otra forma, y es necesario establecer claramente la distinción entre las dos Comparemos estas dos frases:

Escribí a mi hermana, la cual vive en París.
Escribí a mi hermana, la que vive en París.

El que oye la primera frase sabe inmediatamente que yo tengo una hermana, pero no sabe si tengo más hermanas que la que vive en París.

Al oír la segunda frase está claro que tengo varias hermanas, y que una de ellas vive en París. Es decir, **el que** y sus variantes indican **uno entre varios**:

Llegó su hijo, el que vive en Los Angeles. (= Hay otros hijos.)
Hablé con tu hermano, el que es abogado. (= Tienes otros hermanos.)
Leí tu libro, el que publicaste en México. (= Publicaste otros libros en otros lugares.)

Hay ciertos casos, por consecuencia, que no permiten el uso de **el que** y sus variantes, pues el significado sería absurdo. No se puede decir, por ejemplo:

•Hablé con tu madre, la que vive en Nueva York. (¿Tienes varias madres?)
•Regresó su mujer, la que es venezolana. (¿Es polígamo?)
•Le operaron la nariz, la que tenía un tumor. (¿Tiene varias narices?)

G Formas neutras: **lo que** = **lo cual**
Se refieren siempre a acciones, y son intercambiables. Vamos a comparar estas frases:

Cometió varios errores, los cuales (= los errores) le costaron muy caros.
Cometió varios errores, {lo cual / lo que} (= el acto de cometer errores) le costó muy caro.
Vinieron al festival el director y los artistas, los cuales (= el director y los artistas) causaron sensación.
Vinieron al festival el director y los artistas, {lo cual / lo que} (= el acto de venir) causó sensación.

RESUMEN

C Pronombres relativos referidos a **personas**:

1. sujeto de la proposición: **que** = **quien** = **el cual**

2. objeto directo de la proposición: **que** = **a quien** = **al que** = **al cual** (Todas las formas toman **a**, excepto **que**.)

3. con otras preposiciones: **de quien = del que = del cual**
4. objeto indirecto de la proposición: **a quien = al cual = al que**

D Pronombres relativos referidos a **objetos**: **que = el cual = el que**. Nunca se usa **quien**.

E Varios antecedentes: **el cual** evita confusiones.

F Diferencias entre **el que** y **el cual**: **el que** siempre indica uno entre varios, y la lógica, no la gramática, dice cuando no se debe usar.

G Formas neutras: **lo que = lo cual**
Se refieren siempre a acciones.

PRÁCTICA DE LOS APARTADOS D, E, F, G

En lugar de las palabras subrayadas vamos a usar el pronombre relativo correspondiente, y hacer una sola frase con cláusula principal y cláusula de relativo.

Modelo
Hablamos del guión y de la fotografía. La fotografía es excelente.
Hablamos del guión y de la fotografía, la cual es excelente.

1 Me interesa el cine mudo. En el cine mudo la fotografía es muy importante.
2 Tengo un disco con la música de esa película. Esa película la vimos ayer.
3 Tiene varios hijos y me habló mucho de uno de ellos. Ese hijo es director de cine.
4 Hablamos de la música de fondo y del argumento. El argumento es muy poco interesante.
5 Ya regresó mi hermano. Mi hermano trabajó en una película italiana. (Tengo varios hermanos.)
6 La película tiene una magnífica fotografía. Por el hecho de tener una magnífica fotografía le dieron un premio en el festival.
7 Estamos hablando de la obra de teatro. La obra de teatro la vimos ayer.
8 En la fiesta conocí a una actriz y a un actor. El actor no habla español.
9 La fiesta fue en una casa con jardín. El jardín es enorme.
10 Tengo la novela de la película. La película la vimos ayer.

EL ARTE DE LA COMPOSICIÓN

Para usar en la composición

1. El rodaje
rodar una película
la casa productora
el estudio cinematográfico
el decorado
la cámara cinematográfica
en blanco y negro
en color, a colores
la música de fondo
la banda de sonido
el doblaje
el subtítulo
el cine {mudo / sonoro}
la película muda
la película {de vaqueros / del Oeste}
el astro, la estrella
el, la artista de cine
el tema, el argumento
el reparto
el peinado
el vestuario
el maquillaje
la luminotecnia
el sonido
el guión

2. La proyección
el cine (edificio)
la pantalla
la función
el descanso, el intermedio
la taquilla, la boletería
la entrada, el boleto
hacer cola, ponerse a la cola
el revendedor
la sesión continua
las localidades {numeradas / sin numerar}
el Festival Cinematográfico
el premio

3. El teatro
la representación
la obra de teatro
el entreacto
el actor, la actriz

4. Expresiones verbales
encantar
quejarse de
suponer
tener razón
referirse a
tener gracia
distraerse
valer la pena
grabar
exigir
surgir
ser un lata
fracasar
echarse a la calle
agotarse (las entradas)
doler (le algo a alguien)
lastimar(se)
herir(se)
(no) tener razón
darle la razón a alguien
estar equivocado
equivocarse de + *nombre*
confundirse de + *nombre*
usar frases equívocas, ambiguas
equivalentes españoles de *wrong*
seguir + -ando, -iendo

5. Otras expresiones
ya que
de verdad
a la vuelta de cada esquina

el gitano, la gitana
por cierto
a más no poder
de miedo
¡en paz!
¿sobre qué hora?
tú dirás
los años treinta (etc.)
tal como es
de todos modos
pronombres relativos

Posibles temas para una composición

1 El Oeste americano, fuente inagotable de temas cinematográficos.
2 El cine mudo, arte visual puro.
3 La juventud actual ¿admira a las grandes estrellas del cine de ayer? Greta Garbo, Charlie Chaplin, Pola Negri, Rodolfo Valentino... ¿quiénes son?
4 El cine y su influencia sobre el público.
5 El teatro y su expresión cinematográfica.
6 Los éxitos de taquilla, ¿arte o publicidad?
7 La belleza física, ¿condición indispensable para ser artista de cine?
8 Policías y ladrones: la violencia en el cine.
9 El cine y la censura.
10 El cine, fiel reflejo de la realidad.
11 Los Estados Unidos en el cine: visión cinematográfica de una sociedad.

9.

La madre tierra

La naturaleza no hizo esto. Sólo los seres humanos pueden hacerlo.

HOWARD ¡Hola, Pilar! ¿Qué hay?[1]

PILAR Ya ves, estoy echándole un vistazo[2] al periódico. Parece que la ecología es el tema de más actualidad. Todos los días hay algo sobre la niebla industrial,[3] o sobre algunos animalitos que están en trance de extinción.[4] Chico, de creer[5] lo que escriben ahora, parece que el mundo se va a terminar de un momento a otro.[6]

HOWARD Y en tus tiempos no se hablaba de eso, ¿no?

PILAR ¡No seas sarcástico, Howard! Los jóvenes de ahora tienen la tendencia a echarnos a nosotros la culpa de[7] que el mundo esté como está,[8] como si no hubiera gente de nuestra generación que se preocupa de todo eso de la ecología tanto o más que los jóvenes. Y si no, pregúntale a tu madre.

HOWARD Sí, ya me enteré[9] que está en no sé qué comité para salvar a los patos que viven en la laguna cerca del aeropuerto.

CRAIG ¡Causa muy noble, ciertamente! ¡Imagínate! ¡Qué tragedia, si unos cuantos patos se quedan sin casa para evitar que los aviones tengan accidentes!

PILAR ¡Otro sarcástico!

HOWARD Es cosa de familia, Pilar, pero no hace daño a nadie.

PILAR Bueno, hablando seriamente, ¿no creen ustedes que a veces estos ecologistas, o conservacionistas, o cómo diablos se diga, se pasan de la raya?[10]

CRAIG Francamente, a mí me parece que muchos de esos defensores de la naturaleza son gente que no quiere que nadie les estropee el campo, a donde van durante sus vacaciones.

PILAR ¡Hombre, Craig! ¡Eso me parece una simplificación muy grande!

CRAIG Pues mira, Pilar, en el fondo[11] no es ninguna simplificación. ¡Fíjate! ¿Quiénes son estos defensores a ultranza[12] de nuestra madre naturaleza? ¿Los obreros que se ganan la vida construyendo casas? ¡Ciertamente que no! ¿Los que trabajan en los pozos de petróleo? Tampoco... La cosa queda clara[13] cuando nos damos cuenta de que los ecologistas son siempre gente de la clase media alta que no tiene intereses económicos en la industria, y que quiere que el mundo se quede tal como está.

HOWARD Entonces tú crees que si mamá trabajara en el aeropuerto, no defendería a los patos.

1 *¿Qué hay de nuevo?*
2 *leyendo ligeramente*
3 smog
4 *a punto de desaparecer como especie*
5 *si creemos*
6 *muy pronto*
7 *a culparnos por*
8 *de que el mundo esté en la condición en que está ahora*
9 *ya sé; ya me han dicho*
10 *se exceden; van demasiado lejos*
11 *analizando con cuidado, básicamente*
12 *defensores apasionados*
13 *la situación se comprende fácilmente*

CRAIG No estás muy descaminado.[14] Si alguien le dijera «O su empleo, o los patos», ¿qué crees que haría?

HOWARD Eso se da por descontado:[15] defender a los patos. ¿O es que no conoces a tu mujer, padre?

CRAIG Tienes razón. Hay que reconocer que ella es sincera en sus opiniones. Pero, bueno, yo estaba hablando en términos generales.

PILAR No, no, querido Craig, no te desdigas.[16] Tú pusiste un ejemplo muy concreto, y tu hijo te lo hizo polvo.[17] Reconócelo.

CRAIG Está bien, está bien... me han ganado, pero lo que dije antes todavía sigue en pie.[18]

HOWARD Pilar, te voy a decir un secreto. ¿Sabes por qué a papá le cae tan mal[19] todo eso de la ecología? ¿No te imaginas por qué?

PILAR Ni idea.[20]

HOWARD Porque toda esa historia de defender a los animalitos le ha hecho sentir remordimientos de conciencia.[21]

PILAR Sigo sin comprender.[22]

HOWARD ¿No sabes cuál es el deporte favorito de mi padre? ¡La caza!

14 no estás lejos de la verdad

15 se da por supuesto; no es necesario decirlo

16 no retires lo dicho

17 te lo destruyó

18 aún tiene valor; aún sigue siendo verdad

19 le gusta tan poco

20 no tengo la más ligera idea; no sé

21 le ha hecho sentirse culpable

22 no comprendo todavía

COMENTARIOS

1 ¿Crees que el hombre ha actuado como si fuera un enemigo de la naturaleza?
2 ¿Por qué se dice «la madre tierra», y no se piensa de ella como si fuera «un padre»?
3 ¿Crees que el progreso y la naturaleza son enemigos irreconciliables?
4 Cuando una especie animal es particularmente peligrosa para los seres humanos, ¿cree que hay derecho a exterminar esa especie animal?
5 Se habla mucho de proteger a los leones, y a las ballenas y otros animales salvajes. ¿Por qué no habla nadie de proteger a los mosquitos?
6 Si una persona a quién tú querías mucho hubiera sido devorada por un tiburón, ¿pensarías que los tiburones deben ser exterminados?
7 ¿Te gustaría ir en un safari, para cazar leones, tigres o elefantes?

8 Para un animal salvaje, ¿es una suerte o una desgracia tener que vivir en un parque zoológico?
9 ¿Te gusta ver animales amaestrados en los circos?
10 ¿Alguna vez te has visto amenazado por un animal salvaje? ¿Crees que el ataque de un animal salvaje, un oso, por ejemplo, influiría en tus opiniones sobre la protección a los animales?

Ampliación de vocabulario

A **El aumento** de la población, y el más alto **nivel de vida**, han creado problemas que afectan no sólo a las regiones más pobladas y más industrializadas, sino a todo el mundo en general. **La polución atmosférica** (**contaminación del aire, niebla industrial**), causada por **los escapes de gases** de los automóviles y por **las chimeneas** de **las fábricas** es sólo una parte del problema. **Las aguas residuales** de las ciudades y de las industrias contaminan las aguas de los ríos, lagos y mares, provocando cambios en **la flora** y **la fauna** marina. Cada cambio produce otro cambio, y la cadena parece no tener fin.

¿Vives en una región muy urbanizada? ¿Hay en ella mucha contaminación atmosférica?
Si vives lejos de las grandes ciudades y de las zonas industriales, ¿te preocupan los problemas de la contaminación?
¿Crees que es posible solucionar el problema de la contaminación atmosférica? ¿Qué soluciones propondrías tú?

B En algunas ciudades se han instalado **estaciones depuradoras** de **las aguas residuales**. Todos **los desagües** y **las alcantarillas** van a un lugar donde, mediante un proceso de filtración y sedimentación, se consigue purificar **las aguas sucias** y hacerlas utilizables otra vez.

¿Crees que algún día la humanidad tendrá que beber aguas residuales depuradas?
La contaminación del medio ambiente, puede llegar a destruir a la humanidad?

C Los océanos no pueden absorber las fabulosas cantidades de **residuos** que llegan hasta ellos, y varios **oceanógrafos** han dado la señal de alarma. Los grandes **barcos petroleros** (**buques-tanque**) y los **pozos de petróleo** perforados en la plataforma continental han causado tragedias ecológicas. **La mancha de aceite** puede convertirse en una **marea negra** que destruye las playas, y la vida marina de las costas. **Los oleoductos** (tuberías que conducen el petróleo a grandes distancias) también pueden causar problemas.

¿Conoces algún caso de marea negra? Las playas de la región donde vives, ¿tienen petróleo? ¿Crees que debe prohibirse la explotación de los yacimientos petrolíferos submarinos?

D La madre tierra existe para todos, hombre y animales. La humanidad, sin embargo, se multiplica muy rápidamente e invade territorios hasta ahora sólo ocupados por **animales salvajes** y por la vegetación no controlada por el hombre. **El equilibrio natural** es algo muy frágil, y la intervención humana puede destruirlo fácilmente. Todos los seres tienen derecho a **la supervivencia** (derecho a sobrevivir, a vivir y a reproducirse), pero las necesidades de las diferentes especies pueden entrar en conflicto en la búsqueda de **recursos** (comida, agua y otros productos naturales necesarios para su vida).

Cuando hay competencia por los recursos naturales entre el hombre y los animales, ¿cómo solucionar ese conflicto? El aumento de población, ¿no hará inevitable la expansión hacia nuevos territorios ocupados ahora por animales salvajes, como ha ocurrido en el pasado? ¿Por qué debe el hombre proteger a los animales que están en peligro de extinción?
Si no hubiera tiburones, ¿no crees que el mar sería un lugar más seguro para el hombre? Si le explicas a un pescador de una región tropical que los tiburones también tienen derecho a la vida, ¿crees que te comprendería?

E Los gobiernos de los países **subdesarrollados** desean industrializar sus países para **elevar el nivel de vida** de sus habitantes. Muchos ciudadanos de esos países ven en la ecología una conspiración de los países industrializados para mantenerlos en una posición secundaria, y quieren explotar sus recursos naturales y sus **fuentes de energía** aún a costa de alteraciones en el equilibrio de la naturaleza.

¿Tienen razón en pensar así? ¿O es posible que la tecnología nos ayude a todos a explotar los recursos naturales del mundo sin destruir el mundo? ¿Crees que el progreso y la protección de la naturaleza son incompatibles? ¿O pueden la ciencia y la industria reparar el daño causado por la ciencia y la industria?

F En los últimos cien años los países industrializados han consumido enormes cantidades de **recursos naturales**, y puede llegar el momento en que la madre naturaleza ya no pueda suministrar todos los elementos básicos que las sociedades altamente industrializadas necesitan. Algunos productos, como el papel, pueden ser **recuperados** (utilizados varias veces), pero esto no es posible con otros.

Si se secan las fuentes de energía, ¿qué sucederá? ¿Crees que en los últimos años se han **derrochado** (usado en exceso e injustificadamente) los recursos naturales? ¿Serán nuestras ciudades más habitables el día en que circulen por ellas menos automóviles? ¿Crees que en las ciudades norteamericanas los transportes públicos pueden sustituir a los automóviles? Se dice que los norteamericanos están «enamorados de sus automóviles»: ¿Podrán aprender a vivir usándolos menos?

Dificultades y ejercicios

1. USO DE: **silvestre; salvaje; cultivado; doméstico; domesticado; amaestrado**

En el bosque hay muchos animales **salvajes** y muchas plantas **silvestres.** Con los seres humanos viven los animales **domésticos**, y en los jardines crecen las plantas **cultivadas.** Algunos animales han sido **domesticados** y viven con los seres humanos. En los circos actúan animales que han sido **amaestrados** por un **domador.**

PRÁCTICA

En la primavera los campos se cubren de flores que crecen sin que nadie las plante.	En la primavera los campos se cubren de flores __________.
En la selva viven muchos animales que nunca han tenido contacto con el hombre.	En la selva viven muchos animales __________.
Los gatos y los perros son animales que viven con los seres humanos, en sus casas.	Los gatos y los perros son animales __________.
Algunos animales que fueron salvajes, como el caballo, ahora son animales que viven con los hombres.	Algunos animales que fueron salvajes, como el caballo, ahora son animales __________.
Algunos animales salvajes, domésticos o domesticados son muy inteligentes y pueden aprender muchas cosas: andar sobre las patas traseras, saltar por un aro, etc.	Algunos animales salvajes, domésticos o domesticados son muy inteligentes y pueden ser __________.

PRACTICANDO AL CONTESTAR

¿Te gustaría ser domador de leones?

¿Te gusta ver animales amaestrados, o crees que es cruel forzarles a actuar de una manera contraria a su naturaleza?

¿Cómo hacen los vaqueros norteamericanos para domar a los caballos salvajes?

¿Qué animal te gustaría domar y amaestrar?

En el lenguaje familiar norteamericano el adjetivo *wild* se utiliza de muchas maneras, unas veces en sentido despectivo, otras en sentido laudatorio. En español habrá que encontrar un adjetivo diferente para cada caso, que nunca serán **salvaje** o **silvestre**. Habrá que determinar, en primer lugar, el sentido de la palabra en inglés. ¿Qué es un *wild party*? ¿Una fiesta muy divertida? ¿Caótica? ¿Extravagante? La palabra **salvaje** también corresponde a la palabra inglesa *savage*: Los exploradores encontraron una tribu de **salvajes**. (El uso de esta palabra representa un típico caso de prejuicio cultural.)

2. Uso De: **amaestrar; entrenar; preparar(se), instruir(se); domador; entrenador**

amaestrar
entrenar
preparar(se)
instruir(se) → *to train*
domador — *animal trainer*
entrenador — (*sports*) *coach*

La domadora y sus leones **amaestrados** tuvieron gran éxito. Luego hubo otro número en el que **el domador** metió la cabeza en la boca de un tigre **amaestrado.**

El entrenador les dijo a los futbolistas (jugadores de fútbol) que necesitaban más **entrenamiento** si querían estar bien **entrenados** al empezar la liga.

Estoy bien **preparado** para este trabajo: Asistí a un curso especial de **preparación** (de **instrucción**) y sé todo lo que hay que saber.

PRÁCTICA

Lo que este equipo de fútbol necesita es un nuevo hombre que dirija los entrenamientos.	Lo que este equipo de fútbol necesita es un nuevo ________.
En Marineland hay delfines que saben jugar al waterpolo y hacer otras muchas cosas.	En Marineland hay delfines ________.

No quisieron darme el empleo porque dicen que no estoy bien instruido para hacerlo.	No quisieron darme el empleo porque dicen que no estoy bien ________ para hacerlo.

PRACTICANDO AL CONTESTAR

En los deportes, ¿es importante tener un buen entrenador? ¿Qué es más importante en un deportista, su capacidad física o un buen entrenamiento?

¿Para qué tipo de trabajo estás bien preparado? ¿Para qué tipo de trabajo te gustaría preparate?

3. Uso De

echar la culpa (de algo a alguien)
culpar (poco frecuente)
→ *to blame (somebody for something)*

tener la culpa (**de**)
la culpa la + **tener**...
la culpa + **ser** + **de**
la culpa + **ser** + *adjetivo posesivo*
→ *to be somebody's fault*

ser culpable (**de**) → *to be guilty of* / *to be blamed for*

Verdaderamente, nuestro amigo Ernesto tiene mala suerte. Siempre que sucede algo malo, todos **le echan la culpa** (a él). **Le echan la culpa** (a él) de todo, en un coro que repite la misma idea en formas diferentes: Ernesto **tiene la culpa de** todo; **la culpa la tiene** Ernesto; **la culpa es de** Ernesto; **la culpa es suya**... ¡Pobre Ernesto! En la mayoría de los casos él no **es culpable de** nada.

PRÁCTICA

Pilar dice que los jóvenes culpan a la generación anterior de todo lo malo que hay en el mundo.	Pilar dice que los jóvenes **le echan la culpa** a la generación anterior de todo lo malo que hay en el mundo.
Culpan a la fábrica de papel de la contaminación del agua del río.	________ a la fábrica de papel de la contaminación del agua del río.
Tú no eres responsable de nada. No dejes que te culpen de lo sucedido.	Tú no eres responsable de nada. No dejes que ________ de lo sucedido.
Las aguas de la bahía están contaminadas. Los biólogos marinos culpan a las alcantarillas de la ciudad.	Las aguas de la bahía están contaminadas. Los biólogos marinos ________ a las alcantarillas de la ciudad.

Los escapes de gas de los automóviles tienen la culpa de la contaminación atmosférica.	**La culpa de** la contaminación atmosférica **la tienen** los escapes de gas de los automóviles.
El petrolero que se hundió cerca de la costa tiene la culpa de la marea negra.	________ de la marea negra ________ el petrolero que se hundió cerca de la costa.
La culpa de la marea negra la tienen los pozos de petróleo que hay cerca de la costa.	Los pozos de petróleo que hay cerca de la costa ________ de la marea negra.
La culpa de la desaparición de los pájaros la tiene el uso excesivo de insecticidas.	El uso excesivo de insecticidas ________ de la desaparición de los pájaros.
La culpa de la muerte de muchos animales salvajes la tiene la construcción del nuevo oleoducto.	La construcción del nuevo oleoducto ________ de la muerte de muchos animales salvajes.
Sus amigos dicen que Ernesto tiene la culpa de todo.	Sus amigos dicen que **la culpa de** todo **es de** Ernesto. **La culpa es suya.**
Ernesto dice que nosotros tenemos la culpa.	Ernesto dice que la culpa es de ________. La culpa es ________.
Tú tienes la culpa. Yo tengo la culpa. Ustedes tienen la culpa.	La culpa es ________. La culpa es ________. La culpa es ________.

Pequeño teatro

1 En el diálogo de esta lección se ha indicado un aspecto del problema de la protección de la naturaleza sobre el cual se discute mucho. La protección de los espacios abiertos, del campo, de los bosques, ¿favorece a toda la población? ¿Qué es más importante: la protección a la naturaleza, o la creación de nuevos puestos de trabajo?

2 El gobierno del Brasil ha sido muy criticado por haber construido la carretera transamazónica que, a juicio de muchos conservacionistas, pone en peligro la ecología de la gran selva del Amazonas. El gobierno dice que necesita incorporar esa región a la economía del país, lo mismo que los Estados Unidos convirtieron las grandes praderas del Medio Oeste en zonas agrícolas. ¿Quién tiene razón?

3 La industria y la naturaleza, ¿están en inevitable conflicto? ¿O es posible que la tecnología ayude a conservar la naturaleza, en lugar de destruirla? Las posibilidades de conversación sobre este tema, que afecta a la vida de todos, son infinitas.

Sea usted mi intérprete, por favor

1 Who is to blame for all the problems of the world?
2 Do you think that many people took it for granted that natural resources would last forever?
3 Are car exhaust fumes the main cause of air pollution?
4 Do the sewers go into the river in this city? Did sewage pollute the water?
5 Do you think the new pipe line will destroy the ecology of the forest?
6 Are off-shore oil wells a danger to the ocean?
7 What are the main sources of energy in our industrial world?
8 Do you know any woman who is a soccer coach?
9 If you love animals, do you like to see them trained in a circus?
10 When you have problems, do you blame others for them?

Cuestiones gramaticales

LOS PRONOMBRES RELATIVOS (II): **quien, cuyo, cuanto**

A Quien, quienes, sin antecedente

En la lección anterior hemos visto el uso de **quien, quienes**, cuando tiene un antecedente. Este pronombre relativo tiene también la particularidad de poder ser él mismo su propio antecedente, o sea, de llevar incluido su antecedente. Los siguientes grupos de frases tienen el mismo significado, y el orden de las palabras no lo cambia:

La persona que no ha visto Sevilla, no ha visto maravilla.
Quien no ha visto Sevilla, no ha visto maravilla.

No hay nadie que pueda controlar la marea negra.
No hay quien pueda controlar la marea negra.

No tengo ninguna persona con la cual pueda consultar el problema.
No tengo con quien pueda consultar el problema.

En la primera frase de cada grupo hay un antecedente y un relativo que lo acompaña: **la persona que, nadie que, ninguna persona... la cual.**

En las otras frases, **quien** es antecedente de sí mismo.

PRÁCTICA

En lugar de las palabras subrayadas, vamos a usar **quien** o **quienes**. Este ejercicio es muy fácil.

Modelo
En este grupo hay personas que se interesan por la ecología.
En este grupo hay quienes se interesan por la ecología.

1 ¿Hay alguien que sepa algo de la polución atmosférica?
2 No hay ninguna persona que quiera ocuparse de este asunto.
3 Las personas que te quieren bien te dirán siempre la verdad.
4 Todos los que estudiaron el caso dicen que no tiene solución.
5 ¿Hay alguno que quiera jugar al tenis?

B Cuyo, cuya, cuyos, cuyas

Este pronombre relativo, que indica de quién es algo, se usa más en lenguaje escrito que en la lengua hablada. Los hispanos, en general, prefieren no usarlo en la conversación, a pesar de que es muy útil, claro y conciso. Siempre indica una relación de poseedor–cosa poseída, pero tiene la particularidad de concordar con la cosa poseída. Es decir, funciona como un adjetivo. Las frases siguientes tienen, dentro de cada grupo, el mismo significado:

La fábrica, cuya chimenea contamina el aire, va a cerrar.
La fábrica, la chimenea de la cual contamina el aire, va a cerrar.

Mi vecino, cuya hija es oceanógrafa, es muy simpático.
Mi vecino, la hija del cual es oceanógrafa, es muy simpático.

El medio ambiente, cuya protección es necesaria, está en peligro.
El medio ambiente, que es necesario proteger, está en peligro.

En la conversación los hispanos, en general, prefieren las formas que evitan el uso de **cuyo**.

PRÁCTICA

En lugar de las palabras subrayadas vamos a usar **cuyo** y sus variantes.

Modelo
La alcantarilla, las aguas sucias de la cual van al río, es un problema.
La alcantarilla, cuyas aguas sucias van al río, es un problema.

1 Los automóviles, los tubos de escape de los cuales sueltan muchos gases, son los peores contaminadores.

2 La domadora, el león de la cual estaba sin amaestrar, murió devorada por la fiera.
3 Los recursos naturales, la existencia de los cuales es limitada, tienen que ser protegidos.
4 Los entrenadores, los equipos de los cuales no ganan nunca, pierden sus empleos.
5 El oleoducto, la construcción del cual va a empezar, puede poner en peligro la ecología de la región.

C Un pronombre relativo menos usado: **cuanto** (**cuanta, cuantos, cuantas**)

Este relativo se usa poco en conversación, se refiere siempre a cantidades, puede tener la palabra **todo** como antecedente, y tiene estas equivalencias:

todo cuanto	todo el que todo lo que (neutro)
toda cuanta	toda la que
todos cuantos	todos los que
todas cuantas	todas las que

Los siguientes pares de frases significan lo mismo. En conversación la forma más frecuente es la segunda:

Me pidió información y le di (toda) cuanta tenía.
Me pidió información y le di toda la que tenía.

Había animales salvajes, y exterminaron (todos) cuantos encontraron.
Había animales salvajes, y exterminaron (todos) los que encontraron.

No creí nada de (todo) cuanto me dijo.
No creí nada de (todo) lo que me dijo.

PRÁCTICA

En lugar de la forma (**todo**) **cuanto** y sus variantes, vamos a usar la forma (**todo**) **lo que** y sus variantes.

Modelo
El petróleo es muy caro, y vendieron (todo) cuanto tenían.
El petróleo es muy caro, y vendieron (todo) el que tenían.

1 Me echan la culpa de todo cuanto sucede.
2 Se desdijo de todo cuanto dijo antes.
3 Los desagües contaminaban el río, y cerraron todos cuantos encontraron.
4 Estudió las plantas silvestres de la región, y catalogó todas cuantas encontró.
5 Los recursos naturales son escasos, y hay que aprovechar todos cuantos tengamos.

EL ARTE DE LA COMPOSICIÓN

Para usar en la composición

1. La naturaleza
los recursos naturales
las fuentes de energía
la fauna
la flora
el medio ambiente
la plataforma continental
el equilibrio natural
la supervivencia
el animal { salvaje / doméstico / domesticado / amaestrado }
la planta { silvestre / cultivada }

2. La contaminación
la niebla industrial
la polución atmosférica
la contaminación { del aire / de las aguas }
el escape de gas
la chimenea
las aguas residuales
la estación depuradora de aguas
el desagüe
la alcantarilla
las aguas sucias
el producto químico
el residuo
el barco petrolero
el buque tanque
el pozo petrolífero, de petróleo
perforar un pozo
el petróleo crudo
el oleoducto
la mancha de aceite
la marea negra

3. Expresiones verbales
echar un vistazo a
recuperar
estar en trance de extinción
derrochar
de creer lo que + *verbo*
estar como estar
enterarse de
pasarse de la raya
quedar claro
(no) estar descaminado
dar(se) por descontado
desdecirse
hacer(le) polvo algo a alguien
seguir en pie
caerle mal (algo a alguien)
(no tener) ni idea
seguir sin + *infinitivo*
elevar el nivel de vida
amaestrar
entrenar
echar la culpa de algo a alguien
culpar
tener la culpa de
la culpa la + tener
la culpa + ser + de
la culpa + ser + *adjetivo posesivo*
ser culpable de

4. Otras expresiones
¿qué hay?
de un momento a otro
en el fondo
a ultranza
el nivel de vida
el país subdesarrollado
el domador
el entrenador
el oceanógrafo, la oceanógrafa

Posibles temas para una composición

1 Si es cierto que la naturaleza está en peligro, ¿quién tiene la culpa?
2 La juventud actual y el renovado interés por la naturaleza.
3 Ecología y progreso: ¿conflicto o cooperación?
4 Ecología y población: la lucha por el espacio vital.
5 El derecho a la vida de los animales salvajes.
6 La caza como deporte, ¿un atentado contra la naturaleza?
7 La energía nuclear, ¿fuente de energía o fuente de peligros para el futuro?
8 El crecimiento de las ciudades y la protección de la naturaleza.
9 La polémica sobre el uso de insecticidas en la agricultura.
10 Especies animales en peligro de extinción.
11 La ecología, ¿lujo de los países ricos?
12 Los conservadores de la naturaleza, ¿conservadores políticos?
13 Los grandes espacios abiertos, ¿abiertos para quién?
14 Los océanos, futuros Mares Muertos.
15 La explotación de la naturaleza y sus límites.

10.

La gente joven

Amigos o novios, se han citado para salir juntos.

HOWARD Bueno, María Luisa, ¿qué te parecen[1] mis amigos? Ya has conocido a unos cuantos[2] desde que llegaste.

MARÍA LUISA Pues mira, me parecen bien, excepto uno que me presentaste[3] ayer en el guateque[4] a donde fuimos. Era un fresco.

HOWARD ¿Cuál de ellos? No recuerdo. Creo que te presenté a varios.

MARÍA LUISA Sí, hombre, uno rubio, con barbas; no recuerdo su nombre.

HOWARD ¡Ah, ya sé! Pero, ¿por qué dices que es un fresco? ¿Es que tuviste que pararle los pies?[5]

MARÍA LUISA Hombre, los pies precisamente no: las manos. ¡Qué pulpo![6] Me parece que ése es de los que se cree que cuando una chica lo mira es porque quiere ligar[7] con él.

HOWARD Bueno, ser un poco agresivo no está mal. ¿No crees?

MARÍA LUISA Verás, ser un poco lanzado[8] no está mal, pero hay que saber hacerlo con gracia.[9] Y además, ese muchacho no me gustó.

HOWARD Entonces, si el de las barbas te hubiera gustado, ¿la cosa hubiera sido diferente?

MARÍA LUISA ¡Hombre, claro![10]

HOWARD ¿Sabes que empiezo a pensar que no eres tan ingenua como pareces?

MARÍA LUISA Anda,[11] Howard, ¡que no nací ayer por la tarde! Oye, a propósito,[12] ¿sabes si tu amigo Bill tiene novia?

HOWARD No sé. ¿Por qué me lo preguntas?

MARÍA LUISA No, por nada.[13] Es que me pareció muy tímido, pero me dio la impresión de que le gustaría ligar conmigo.

HOWARD Es posible. Después de todo, eres muy mona.[14]

MARÍA LUISA Gracias por el piropo.[15] Bueno, mañana sabré lo que hay, porque voy a salir con él.

HOWARD ¿Te invitó a salir?

MARÍA LUISA No, lo invité yo, y aceptó encantado. Vendrá a buscarme a las siete.

HOWARD ¡Qué fresca eres! Yo iré de chaperón.

MARÍA LUISA No seas cursi,[16] Howard. En primer lugar, eso del chaperón ya no se estila y, en segundo lugar, sé defenderme sola.

1 *qué piensas de*
2 *algunos*
3 *que conocí gracias a ti*
4 *la fiesta (España)*
5 *detenerlo; decirle que su conducta no era agradable*
6 octopus
7 *quiere iniciar una relación amorosa (España)*
8 *agresivo*
9 *de una manera agradable, simpática*
10 *naturalmente*
11 come on!
12 *ya que estamos hablando de esto; en relación con esto*
13 *por ninguna razón especial*
14 *muy bonita*
15 compliment
16 *ridículo*

HOWARD ¡No, si no lo decía por ti! Creo que debo ir de chaperón para defenderlo a él.

MARÍA LUISA No te preocupes, guapo. Ya te contaré lo que pase.

HOWARD Bueno, espero que por lo menos me cuentes si te dice que sí cuando te le declares.[17]

MARÍA LUISA Pero ¿en qué mundo vives, Howard? Me parece que estás muy atrasado en todas estas cosas. ¡Declararse! ¿A quién se le ocurre eso hoy en día? Eso se hacía en tiempo de nuestras abuelas.

HOWARD Pues cuando yo estuve en Madrid y salía con...

MARÍA LUISA Sí, ya sé, cuando salías con aquella cursi de Rosario, tan mona, tan seriecita y tan tonta,[18] la pobre. Esa es de las que esperan que los hombres se arrodillen delante de ellas y les hablen en verso, como en el teatro. Sabes muy bien que no todas las chicas españolas son como ella.

HOWARD ¡Vaya! ¡Tendré que volver a Madrid! Al parecer,[19] cambió mucho desde que yo estuve allí.

MARÍA LUISA No te hagas el inocente.[20] Cuando estuviste allí conociste a otras chicas que no eran como Rosarito. ¿O es que ya no te acuerdas?[21]

HOWARD Sí, mujer, sí. Estaba tomándote el pelo.[22] Oye, ahora que recuerdo: Bill tiene novia.

MARÍA LUISA Tienes un sentido del humor verdaderamente perverso.

17 *cuando le digas que estás enamorada de él; cuando te declares a él*

18 *estúpida*

19 *parece que*

20 *no intentes hacerme creer que eres inocente*

21 *¿o es que ya no recuerdas?*

22 *estaba burlándome de ti*

COMENTARIOS

1 ¿Es cierto que la sociedad actual está obsesionada con la juventud?
2 ¿Dónde está la frontera entre «ser joven» y «ser viejo»?
3 En las sociedades orientales hay un gran respeto por la edad. Considerando que el envejecer es inevitable, ¿crees que la actitud oriental es más inteligente que la que existe en la sociedad occidental?
4 Se habla mucho de la «revolución sexual» de los últimos años. ¿Ha tenido lugar, de verdad, o es más aparente que real?
5 ¿Cuál es la mejor edad para casarse? ¿Crees que los que se casan muy jóvenes tienen más probabili-

dades de éxito matrimonial que los que se casan más tarde?

6 ¿Crees que cada nueva generación tiene sus propios principios morales?

7 ¿Cuáles son, en tu opinión, los puntos de conflicto más importantes entre tu generación y la generación de tus padres?

8 Los conflictos entre generaciones, ¿son inevitables?

9 ¿Crees que cuando tus hijos tengan tu edad pensarán como piensas tú ahora?

10 El paso de los años, ¿hace a la gente más sabia?

Ampliación de vocabulario

A Las relaciones entre los jóvenes de **ambos** (los dos) sexos varían de una cultura a otra, y cambian también según las generaciones. Dentro de un mismo país, o de una misma cultura, cada generación tiene su propio vocabulario que, iniciado entre los jóvenes, es luego adoptado por todos. En español **ligar** es una palabra que significa atar, unir, enlazar (atar con un lazo), y que ahora se usa constantemente en España en el sentido de establecer una relación que no es de simple amistad. Su significado exacto depende de las circunstancias. **El ligue** (acto de ligar) es el comienzo de algo que puede tener muchos finales diferentes, según el grado de la permisividad de cada uno de los participantes.

En la sociedad en la que vives, ¿tienen los jóvenes un dialecto especial, diferente del lenguaje común? ¿Cambia mucho ese dialecto? Ese vocabulario nuevo, ¿es adoptado por todos?

B En la cultura hispánica las relaciones que llevan al matrimonio tienen unas etapas tradicionales. Unos jóvenes pueden ser amigos, quizá dentro de una misma **pandilla** (grupo de chicos y chicas que suelen salir juntos, o encontrarse en los mismos lugares de reunión),* o ser presentados en **un guateque** (en España: una pequeña fiesta) en **una casa particular** (casa de una familia) o, simplemente, pueden **conocerse** (encontrarse y hablar por la primera vez) en cualquier parte. Hay que advertir que en los países hispánicos no hay leyes que prohiban a los jóvenes entrar en bares, discotecas o cualquier otro lugar donde se consuman bebidas alcohólicas, por lo cual la vida social de la juventud transcurre en lugares públicos que, en otros países, les estarían cerrados. En España, por ejemplo, todas las universidades

* **Pandilla** puede tener un sentido peyorativo: grupo de gente violenta.

tienen bares donde se sirven bebidas alcohólicas, sin que nadie piense que por esto la moral juvenil esté en peligro.

En tu país, ¿dónde y comó se conocen los jóvenes? ¿Qué lugares frecuentan? ¿Hay leyes que prohiben a los jóvenes consumir bebidas alcohólicas? En el lugar donde estudias, ¿hay un bar donde se reunen los estudiantes? ¿Crees que la vida social de los jóvenes sería más fácil si pudieran ir a los lugares públicos donde se consumen bebidas alcohólicas?

C Cuando dos personas deciden **salir juntas**, tienen **una cita** (están citados: Marcaron una hora y un lugar para encontrarse). **Tener una cita, estar citados, citarse** es una acción. Una persona nunca es **una cita** (en inglés norteamericano una persona puede ser la *date* de otra persona). En español **una cita** no necesariamente tiene carácter sentimental: Se puede tener una cita de negocios. Cuando dos personas se enamoran pueden decidir **hacerse novios**: Hay ciertos lazos sentimentales entre ellos. Si el amor surgió de un modo repentino en el primer encuentro, hubo **flechazo** (Cupido disparó su flecha y los unió por lazos de amor). **El noviazgo** (el hecho de ser novios) no necesariamente conduce al matrimonio. Puede ser que termine. Si **la ruptura** del noviazgo es un acto unilateral que la otra parte no desea, el que rompe el noviazgo **deja plantado**, o **plantada**, a la otra parte: Juan y María fueron novios durante seis meses, pero luego ella lo dejó plantado y se hizo novia de otro. **Dejar plantado** (o **plantada**) también puede significar no ir a una cita: Teníamos una cita a las cinco, pero me dejó plantado (no vino a la cita).

Cuando tienes una cita, ¿eres puntual o siempre llegas con retraso (llegas tarde)? ¿Crees en el flechazo? ¿Crees que es posible dejar plantada a otra persona sin herir sus sentimientos? Ser sentimental, ¿es un defecto o una virtud? ¿Crees que el cerebro puede controlar los sentimientos?

D Si los novios deciden casarse, y quieren seguir las formas tradicionales de las sociedades hispánicas, celebran una pequeña ceremonia familiar: **la petición de mano**. Los padres del novio visitan a los padres de la novia y **les piden para su hijo la mano de su hija**. Los novios intercambian regalos y ahora son **prometidos**. El día de **la boda** (el acto de casarse) se llaman otra vez **novios**: **La novia** entra en la iglesia (en las sociedades hispánicas el matrimonio civil es raro) del brazo de su **padrino. El novio** la espera en el altar, con **la madrina** de la boda. Después de la ceremonia ya son **marido** y **mujer** (**esposo** y **esposa**): **Están casados** (ya no son **solteros**). **El matrimonio** (la pareja formada por el marido y la mujer) firma **el acta de matrimonio.** Los padrinos y **los testigos** firman también. En algunos países hispánicos no hay **divorcio**,* pero si los esposos (el marido y la mujer) quisieran **separarse** pueden conseguir **una separación legal** (ante las autoridades civiles): **Están separados**, pero siguen casados y no pueden **contraer** nuevo matrimonio (no pueden casarse otra vez). También pueden pedir a las autoridades de la Iglesia Católica que su matrimonio sea **anulado** (sea **declarado nulo**), y entonces pueden casarse otra vez. **Las anulaciones**, sin embargo, son raras y muy difíciles de conseguir. En los países donde hay divorcio, tanto **el divorciado** como **la divorciada** pueden casarse de nuevo, pero no **por la Iglesia** (ante las autoridades eclesiásticas). Pueden **contraer segundas nupcias por lo civil** (ante las autoridades civiles). Si uno de **los cónyuges** (esposos: mujer o marido) muere, el que le sobrevive es **viudo** o **viuda**, y sus hijos son **huérfanos** de padre o de madre. Si el viudo o la viuda se casan, su nuevo cónyuge es **el padrastro**, o **madrastra**, de los hijos del anterior matrimonio. Si nacen más hijos, son **hermanastros** o **medios hermanos** de los otros.

En tu sociedad, ¿hay alguna ceremonia especial cuando dos personas deciden casarse, parecida a la petición de mano de los países hispánicos? ¿Es frecuente el matrimonio civil en tu país? En las bodas, ¿hay un padrino y una madrina? ¿Cómo es una boda en tu sociedad? ¿Te gustaría vivir en una sociedad en la que no hubiera divorcio? ¿Conoces algún lugar donde es particularmente fácil conseguir un divorcio? En tu opinión, ¿las leyes deben hacer fácil o difícil el conseguir un divorcio?

Dificultades y ejercicios

1. Uso De: **recordar, recordarse de, acordarse de; acordar; recordarle** (algo a alguien); **memoria; recuerdo; recuerdos**

recordar **recordarse de** **acordarse de**	⟶	*to remember*
acordar	———	*to agree to, on, upon*
recordarle (algo a alguien)	———	*to remind*

* El verbo **divorciarse** puede usarse como verbo recíproco:

Mi hermano y su mujer van a **divorciarse.**

Se usa también con la preposición **de**:

Mi hermano va a **divorciarse de** su mujer.

Es frecuente que la mujer divorciada reciba de su ex-marido **una pensión.**

¿**Recuerdas**	
¿**Te recuerdas de**	la boda de Isabel?
¿**Te acuerdas de**	

Todo hacía pensar que iban a ser muy felices y ahora, cinco años más tarde, **acordaron** divorciarse. Su caso **me recuerda** el (caso) de mi hermano: Su mujer y él también se divorciaron a los cinco años de matrimonio.

PRÁCTICA

María Luisa no se recuerda del nombre del muchacho a quien conoció ayer.	María Luisa no __________ el nombre del muchacho a quien conoció ayer.
Howard recuerda a Rosario.	Howard se __________ Rosario.
No recordamos nada.	No nos __________ nada.
Todos recuerdan aquella fiesta.	Todos se __________ fiesta.
Pero, ¿no te acuerdas de aquella chica tan mona?	Pero, ¿no __________ aquella chica tan mona?
Esta discoteca me hace recordar otra que vi en París.	Esta discoteca **me recuerda** otra que vi en París.
Esta casa nos hace recordar la casa de nuestro abuelo.	Esta casa __________ la casa de nuestro abuelo.
Dice que mi hermano y yo tenemos la misma voz, y que mi voz le hace recordar a mi hermano.	Dice que mi hermano y yo tenemos la misma voz, y que mi voz __________ a mi hermano.
Hazme recordar que tengo que ir al guateque a las siete.	__________ que tengo que ir al guateque a las siete.
Le hice recordar que tenía que escribir a su madre.	Le __________ que tenía que escribir a su madre.
Decidieron divorciarse amistosamente.	**Acordaron** divorciarse amistosamente.
Decidimos no ir al guateque.	__________ no ir al guateque.
¿Cuándo decidieron separarse?	¿Cuándo __________ separarse?
Los diplomáticos se reunieron pero no consiguieron ponerse de acuerdo sobre nada.	Los diplomáticos se reunieron pero no consiguieron __________ nada.

PRACTICANDO AL CONTESTAR

¿Cuál es la primera experiencia infantil de la que te recuerdas? ¿Te acuerdas del primer día en que fuiste a la escuela?

¿Recuerdas fácilmente los nombres de la gente que te presentan en una fiesta?

¿Cuándo acordaste estudiar español?

memoria — *memory*
recuerdo — *remembrance*
souvenir
recuerdos — *regards*

Tengo muy bueno **memoria**: Cuando me presentan a alguien, nunca olvido su nombre. En mi memoria conservo muy buenos **recuerdos** de mi viaje. Todavía tengo, como **recuerdo**, las fotografías que hicimos cuando estuve con ustedes, y hoy les envío a todos muchos **recuerdos**.

PRÁCTICA

Nunca olvida nada: Recuerda todo como un elefante.	Nunca olvida nada: Tiene **una memoria de** elefante.
Para aprender lenguas extranjeras, ¿es necesario recordar muchas cosas?	Para aprender lenguas extranjeras, ¿es necesario tener buena ________________?
Edificaron una biblioteca en recuerdo del Presidente.	Edificaron una biblioteca en ____________ del Presidente.
Algunos turistas compran objetos horribles como «souvenirs» de su estancia en la ciudad.	Algunos turistas compran objetos horribles como ____________ de su estancia en la ciudad.
En mi memoria tengo muchas cosas agradables de mi visita a esa ciudad.	En mi memoria tengo muy buenos ____________ de mi visita a esa ciudad.
Aprovecho esta ocasión para enviarles a todos muchos saludos.	Aprovecho esta ocasión para enviarles a todos muchos ________________.

PRACTICANDO AL CONTESTAR

Cuando viajas, ¿te gusta comprar recuerdos de las ciudades que visitas?

¿Tienes buena memoria para recordar las caras y los nombres de la gente que te presentan?

Los recuerdos de tu infancia, ¿son buenos o malos?

2. Uso De: **saber, conocer; encontrar; saber (a); saber** + *infinitivo*

saber — *to know*
conocer — *to meet for the first time*

encontrar = hallar — *to meet* / *to find*

saber (**a**) = tener sabor a — *to taste* (*like*)

saber + *infinitivo* — *to know how to . . .*

No **sabía** que **conoces** a mi hermano. ¿Dónde lo **conociste**? Yo, hace tiempo que no lo veo. La semana pasada fui a su casa, pero no lo **encontré** allí. Luego lo **encontré** en la calle, por casualidad, y cenamos juntos en un restaurante donde nos dieron una sopa de tomate que **sabía a** cebolla. El cocinero de ese restaurante no **sabe cocinar**.

Saber indica:

tener noticia de algo: **Sé** que estuviste en México.

ser docto (*versado*) *en algo:* ¿**Sabes** inglés?

Conocer indica:

tener contacto social con alguien: **Conozco** a tu hermano.

estar familiarizado con: **Conozco** esa ciudad.

PRÁCTICA

Todos tienen la noticia de que tu hermano se va a casar con una divorciada.	Todos ______ que tu hermano se va a casar con una divorciada.
Este abogado está muy familiarizado con la Ley de Divorcio.	Esta abogado ______ muy bien la Ley de Divorcio.
Me presentaron a tu hermano en un guateque.	______ a tu hermano en un guateque.
No buscaba a mis amigos, pero los hallé por casualidad en el café.	No buscaba a mis amigos, pero los ______ por casualidad en el café.
Busqué a mis amigos por todas partes, y no los hallé.	Busqué a mis amigos por todas partes, y no los ______.
Este vino es muy malo. Tiene sabor a vinagre.	Este vino es muy malo. ______ ______ vinagre.
La sopa tiene muy buen sabor.	La sopa ______ muy bien.
Le gusta mucho ir a las fiestas, aunque no es capaz de bailar.	Le gusta mucho ir a las fiestas, aunque no ______ bailar.
Puede hablar inglés muy bien, sin acento extranjero ninguno.	______ hablar inglés muy bien, sin acento extranjero ninguno.

PRACTICANDO AL CONTESTAR

Cuando te presentan a alguien, ¿sabes inmediatamente si esa persona es inteligente o no?

Para saber si una persona es inteligente, ¿hay que conocerla bien?
En la vida social, ¿qué es más importante, saber hablar o saber escuchar?
Las comidas congeladas, ¿saben lo mismo que las comidas hechas con alimentos frescos?

Pequeño teatro

En la sociedad actual hay una innegable división entre las generaciones, cuyas causas son muy complejas. En algunas sociedades esta división es más notoria que en otras. En Estados Unidos, por ejemplo, la expresión *generation gap* forma parte del vocabulario de todos los días, y el culto a la juventud en la publicidad, el cine y otros medios de información, comunicación y entretenimiento, es muy marcado. Es interesante observar que en el mundo hispánico, donde el fenómeno existe también, la división no es tan clara, sin embargo, ni tiene un nombre determinado: Unos hablan de **la división entre las generaciones**, otros del **conflicto generacional**, otros de su **separación**, otros de la **barrera generacional**. Como las leyes no prohiben a los jóvenes entrar en los establecimientos públicos donde se consume alcohol, se produce inevitablemente una coexistencia entre las varias generaciones que en países como los Estados Unidos, por ejemplo, es imposible a causa de las leyes contra el consumo de bebidas alcohólicas. Adolescentes, jóvenes y personas mayores pueden frecuentar los mismos locales. Un grupo de padres puede encontrarse con un grupo de hijos en la misma terraza de café a la hora del vermut, o en la misma **tasca** (taberna popular) tomando unos vasos de vino. Esto no impide que haya lugares más o menos monopolizados por cada generación, pero es una división impuesta por las preferencias personales o de grupo, no por la ley. Todo esto lleva a una pregunta: El *generation gap* norteamericano, del cual muchas personas mayores se lamentan, ¿no ha sido, en cierto modo, provocado por esas mismas personas mayores que han creado leyes que los aislaron de sus hijos en la vida social? La explicación de este fenómeno de la vida social de la segunda mitad del siglo XX no puede ser simplista, pero vale la pena analizar y hablar de algunos de sus muchos aspectos, sin que, quizá, se llegue nunca a una explicación satisfactoria.

En la clase de conversación todos tendrán algo que decir sobre este tema, así como sobre las actitudes generacionales ante la moral individual y colectiva, la política, las formas de vida y, en general, el concepto de lo que la vida debe ser en esta nuestra sociedad tan compleja.

Sea usted mi intérprete, por favor

1 Do you like to meet new people?
2 By the way, do you have a steady girl friend (or boy friend)?
3 I am a foreigner and I don't know much about America. Do universities here have a bar where students can drink wine or beer?
4 I did not know you are engaged. When are you going to get married?
5 Do you date often?
6 Do you remember names and faces of people you met only once?
7 How would you explain to a foreigner what a best man and a maid of honor are in an American wedding?
8 Do you think that alimony laws reflect a sexist prejudice?
9 Why do stepmothers have such a terrible reputation in fairy tales and other children's stories?
10 Can you cook?

Cuestiones gramaticales

El Objeto Directo

En su conversación con Howard, al hablar de un muchacho que María Luisa conoció el día anterior, ella dice: «lo invité a salir», y: «vendrá a buscarme a las siete». Los pronombres **lo** y **me** indican los objetos directos de las dos acciones.

A El objeto directo de un verbo puede ser una persona o un objeto, y se identifica fácilmente, en caso de duda, poniendo la frase en voz pasiva. El objeto directo de la frase en voz activa se convierte en el sujeto del verbo en voz pasiva:

Yo invité a Wayne. = Wayne fue invitado por mí.
Tú viste a Paula. = Paula fue vista por ti.

B Formas. Los pronombres de objeto directo tienen una forma corta y una forma larga. En los ejemplos siguientes las formas largas aparecen entre paréntesis:

(A mí)	**me**	invitaron a la fiesta.
(A ti)	**te**	vieron en el cine.

(A él) →	**lo**	citaron para mañana a las dos.
(A usted)		
(A ella) →	**la**	invitaron al teatro.
(A nosotros)	**nos**	dejaron plantados.
(A ellos) →	**los**	invitaron a la boda.
(A ustedes)		
(A ellas) →	**las**	conocieron en la fiesta.
(A vosotros)	**os**	llevaron al cine.

C Problema. En España las formas **lo** y **los** coexisten con las formas **le** y **les**, creando así una confusión entre los pronombres de objeto directo y los de objeto indirecto (que se estudiarán en la lección siguiente). Esta alternativa no existe en Hispanoamérica. Es posible, por lo tanto, que un español exprese la misma idea con estas formas:

(A él) { lo vi en la fiesta. / le vi en la fiesta.

(A ellos) { los invité a la fiesta. / les invité a la fiesta.

Lo más fácil es usar siempre las formas **lo** y **los** para indicar el objeto directo, y reservar **le** y **les** para los objetos indirectos.

D Posición. En los ejemplos anteriores los pronombres de objeto directo preceden al verbo. Hay dos casos en los cuales los pronombres pueden estar unidos al final del verbo, o pueden precederlo, separados de él:

1 Cuando el verbo está en **infinitivo**:

¿Quieres llamar a tu madrina? { ¿Quieres llamarla? / ¿La quieres llamar?

2 Cuando el verbo está en **gerundio**:

Están anulando el matrimonio. { Están anulándolo. / Lc están anulando.

Hay un caso en que el pronombre siempre sigue al verbo: cuando el verbo está en la **forma afirmativa del imperativo**:

Firma estos documentos. = Fírmalos.

Pero no en su **forma negativa**:

No firmes estos documentos. = No los firmes.

Se puede ver que, al añadir una sílaba más al verbo, un acento puede ser necesario para mantener la acentuación adecuada en la forma verbal.

E Cuando una frase empieza por el objeto directo en forma no pronominal, la forma pronominal corta debe seguirlo:

A tu novio lo vi en la calle ayer.
A mis amigos ella los dejó plantados.
A la viuda de tu hermano la vi ayer en la iglesia.

PRÁCTICA

Vamos a suprimir las palabras subrayadas y usar en su lugar el pronombre de objeto directo que corresponda. Cuando el verbo esté en tercera persona, usar también la forma larga para evitar confusiones.

Modelo
María Luisa invitó a sus amigos a la fiesta.
María Luisa los invitó a ellos a la fiesta.
A ellos los invitó María Luisa a la fiesta.

1 Los invitados felicitaron a los novios.
2 Dejó plantadas a sus amigas.
3 Por favor, no leas esas cartas.
4 ¿Es verdad que estás estudiando el árabe?
5 No olvides la cita.
6 Voy a terminar esta novela hoy.
7 ¿Cuándo vas a comprar cigarrillos?
8 Llamaron a la testigo para que declarara.
9 ¿Conoces al padrino?
10 No repitas esos rumores.

EL ARTE DE LA COMPOSICIÓN

Para usar en la composición

1. El noviazgo
el ligue, ligar (España)
la presentación
presentarle alguien a alguien
el guateque (España)
la fiesta
salir juntos
tener una cita con alguien
estar citados
citarse
la cita
el flechazo
declararse a alguien
hacerse novios
la ruptura
dejar plantado, -a
la petición de mano
el prometido, la prometida

2. El matrimonio
casarse { por la Iglesia / por lo civil }

el día de la boda
el novio, la novia
el padrino, la madrina
el marido, la mujer
el esposo, la esposa
estar {casado / soltero}
el acta de matrimonio
el, la testigo
contraer matrimonio

3. La separación
divorciarse
el divorcio
el divorciado, la divorciada
la pensión
separarse
la separación
el separado, la separada
anular el matrimonio
la anulación
el matrimonio {nulo / anulado}
la declaración de nulidad
contraer segundas nupcias

4. La familia
el padrastro, la madrastra
el hijastro, la hijastra
el hermanastro, el medio hermano

5. Expresiones verbales
ser mona
parecerle algo a alguien
pararle los pies a alguien
ser (un poco) lanzado
hacer (algo) con gracia
hacerse el inocente
tomarle el pelo a alguien
recordar
recordarse de
acordar
acordarse de
recordarle algo a alguien
saber
saber a
saber + *infinitivo*

6. Otras expresiones
unos cuantos (cuantas)
¡claro!
¡anda!
a propósito
por nada
el piropo
cursi
tonto, -a
al parecer
la memoria
el recuerdo
recuerdos

Posibles temas para una composición

1 La revolución sexual, ¿mito o realidad?
2 Los valores morales, ¿cambian con las generaciones?
3 La barrera generacional: padres e hijos.
4 El arte de envejecer.
5 ¿Cuándo termina la juventud?
6 La gente joven y su visión del pasado.
7 La gente joven y su visión del presente.
8 La gente joven y su visión del futuro.
9 La glorificación de la juventud.
10 La sociedad actual y su obsesión con la juventud.
11 La vejez en la sociedad actual.
12 La juventud y la política.

13 ¿Cómo seré yo a los cuarenta y cinco años?
14 La familia en la sociedad.
15 ¿Es verdad que hay ideas nuevas sobre el matrimonio?
16 La estructura familiar norteamericana, ¿fuerte o débil?
17 El divorcio, ¿solución o tragedia?
18 El sexismo en la vida familiar.
19 El arte de educar a los hijos.
20 El arte de educar a los padres.

II.

Conflictos culturales

El arte, lenguaje universal.

MARÍA LUISA Oye, Howard, esos amigos de tus padres que han enviado una invitación son un poco mal educados.[1] ¿No crees?

HOWARD ¿Mal educados? ¿Por qué lo dices?

MARÍA LUISA Hombre, te diré: En la invitación dicen que vayamos todos a tomar cócteles de seis a ocho de la tarde. Eso es una grosería.[2]

HOWARD Chica,[3] no te entiendo. A mí me parece muy amable por su parte el invitarnos. Mis padres les hablaron de ustedes, y quieren conocerlos.

MARÍA LUISA Pero hombre, ¿no te das cuenta? Dicen que vayamos de seis a ocho, así, bien claro, poniendo un límite al tiempo que podemos pasar en su casa.

SHEILA No tiene nada de extraño, María Luisa. Es una costumbre de aquí.

MARÍA LUISA Pues yo me quedé fría[4] cuando leí eso de «vengan a nuestra casa por dos horas, pero no más». ¡Eso no se ha visto en ninguna parte!

SHEILA Mira, niña, cada país tiene sus costumbres, y tú que has vivido en tantos países diferentes debieras de comprender esto mejor que nadie.

MARÍA LUISA Tienes razón, Sheila. En español tenemos un refrán:[5] «A donde fueres, haz lo que vieres», y debo aplicármelo a mí misma.

HOWARD Aquí decimos que cuando estés en Roma debes de hacer lo que hacen los romanos. Pero, ¿qué es eso de «fueres» y «vieres»? Lo entiendo, pero nunca oí esas formas verbales.

PILAR Es el futuro de subjuntivo. Casi no se usa, pero todavía queda en refranes y en algunas fórmulas legales.

MARÍA LUISA Bueno, volviendo a nuestro tema: Debo confesar que hay algunas costumbres de aquí que me sorprenden. En las presentaciones[6] hay mucha gente que no da la mano. Se limitan a hacer una inclinación de cabeza, y a decir «*nice meeting you*», o algo por el estilo.[7] A mí eso me parece muy frío.

HOWARD Y en cambio yo quedé muy mal[8] cuando me presentaste a la señora de no sé cuántos,[9] en Madrid, y no le besé la mano. En confianza,[10] eso de besarles la mano a las señoras me parece ridículo.

PILAR Depende de la situación, Howard, y de las personas. Esa señora de quien hablas es muy apegada a[11] ciertos formulismos sociales que van desapareciendo.

1 no tienen buenas maneras
2 es un acto de mala educación, de malas maneras
3 muchacha
4 desagradablemente sorprendida
5 proverbio
6 primeros encuentros sociales
7 o algo así
8 causé mala impresión
9 de no sé qué nombre
10 entre amigos
11 tiene inclinación a, es aficionada a

MANUEL Este problema de las diferentes costumbres de cada país es un lío. A veces se mete la pata[12] sin querer.[13]

MARÍA LUISA Como hiciste tú en España, Howard, cuando fumabas sin ofrecer cigarrillos a los que estaban contigo.

HOWARD Sí, lo recuerdo. Y un día uno de tus amigos me preguntó si los cigarrillos ya salían encendidos del bolsillo.

MANUEL En general, me parece que la sociedad hispánica es más formalista que la norteamericana.

PILAR Mira, querido, hay de todo en todas partes.

12 se comete una grosería, se dice algo que no se debe decir
13 involuntariamente

COMENTARIOS

1 ¿Cuál es tu concepto de la buena educación (las buenas maneras)?
2 El concepto de «la buena educación», ¿varía de una sociedad a otra y, dentro de la misma sociedad, de una clase social a otra?
3 Estando con amigos extranjeros, ¿has metido la pata alguna vez, por no conocer bien sus costumbres?
4 ¿Crees que el besar la mano a las señoras es una costumbre ridícula?
5 ¿Crees que cualquier costumbre está justificada si ayuda a hacer la vida social mas fácil y agradable?
6 ¿Te gustaría vivir en un ambiente donde el protocolo es muy rígido?
7 Si te presentaran a la mujer del presidente de un país, ¿cómo la saludarías?
8 Si te fueras a vivir a un país extranjero, con costumbres muy diferentes de las de tu país, ¿procurarías aprender esas costumbres, o seguirías actuando como si estuvieras en tu propio país?
9 Comparando las costumbres de varios países, ¿crees que unas son mejores que otras o que, simplemente, son diferentes, sin establecer juicios de valor?
10 Se dice que las gentes mediterráneas e hispanoamericanas son expansivas, abiertas y afectuosas en sus relaciones sociales. ¿Estás de acuerdo con esta generalización? ¿Puedes establecer una comparación con otros grupos culturales que tú conoces?

Ampliación de vocabulario

A En una sociedad muy diversificada, como la de los Estados Unidos, en la que coexisten muchos grupos étnicos diferentes, se habla mucho de las diversas culturas, utilizando esta palabra en un sentido muy técnico, tal como la usaría un antropólogo. En español se puede usar esta palabra en la misma forma y con el mismo sentido pero, en general, en la conversación se prefiere usar la palabra **costumbre**. Así se dice: La poligamia forma parte de **las costumbres** musulmanas. La palabra **cultura** se usa, generalmente, para indicar un nivel elevado de conocimientos, sensibilidad artística y refinamiento intelectual. Para un hispanoparlante, una persona **culta** es alguien que ha leído mucho, que ha recibido una buena instrucción. Una persona **educada**, por otra parte, es alguien que tiene lo que la sociedad llama **buenas maneras**. Por eso es perfectamente posible decir en español: Es una persona muy bien **educada** pero **sin cultura** ninguna. Es decir, tiene buenas maneras, pero es muy ignorante.

¿Cuál es tu concepto de «una persona culta»? ¿Qué entiendes tú por «una ciudad con un alto nivel cultural»? ¿Crees que la ciudad donde vives puede ser llamada «una ciudad culta»? Usando el concepto cultura en su sentido técnico, ¿cuántos grupos culturales ves tú en la sociedad en la que vives?

B Las reglas de **la buena educación** (de la etiqueta) cambian de una sociedad a otra. Así es posible **ser bien educado** (estar bien educado, ser **cortés**, tener buenas maneras, tener buenos **modales**) en una sociedad, y **ser un mal educado** (**estar mal educado**, ser **descortés**, no tener buenas maneras, o buenos modales) en otra. Estas diferencias se notan, por ejemplo, comparando lo que se considera **de buena educación** (**correcto**) o **de mala educación** (**incorrecto**) en la mesa. En el mundo hispánico no es **correcto** (no es de buena educación), por ejemplo, tener la mano izquierda debajo de la mesa durante las comidas, algo perfectamente aceptable en otras sociedades. Los adjetivos **correcto** e **incorrecto** se usan, generalmente, en la forma en que han sido utilizados más arriba, para indicar **de buena** (o **de mala**) **educación**, es decir, cuando se está hablando de las normas de corrección social. Cuando se habla de la corrección gramatical de una frase se prefiere decir, para evitar confusiones, que la frase **está bien** (o **está mal**). Así, se considera **incorrecto** (socialmente) decirle a una señora: ¡Qué gorda está usted! Gramaticalmente esta frase **está bien** (es gramaticalmente correcta).

Hay ciertos platos de la cocina árabe que se comen con los dedos. ¿Consideras que esto es de mala educación? ¿Crees que la única manera correcta de comer as usando cuchillo y tenedor? ¿Cómo le explicarías a un amigo extranjero cuáles son las reglas más generales de la cortesía en tu país?

C Cuando una persona es muy cosmopolita, y está acostumbrada a moverse en sociedad, se dice de ella que **tiene mundo**. La persona que no tiene mundo, que es lo contrario de un hombre (o una mujer) cosmopolita, es una persona **provinciana** o **pueblerina**. Si se dice de ella, por otra parte, que es **mundana**, se está diciendo que es **frívola**. Si es seria y digna de confianza, es una persona **formal**. Una persona poco seria, por el contrario, que siempre llega tarde y que nunca hace lo que ha prometido hacer, es una persona **informal**. Una fiesta de noche, en la que las señoras y señoritas llevan **traje de noche** (un traje que no se usa en la calle, o en fiestas que tienen lugar durante el día) y los caballeros llevan **smoking** (*tuxedo*) o **frac** (*tails*), es una **fiesta de etiqueta**. Si la fiesta no es de etiqueta, aunque sea de noche, todos van vestidos **de calle**: trajes (los caballeros) y vestidos (las señoras y señoritas) que se usan durante el día. Con todo esto se ve que las palabras **formal** e **informal** son dos falsos cognados que pueden crear problemas al angloparlante cuando las oye o las usa en español. Una fiesta en la que todos están muy formales es una fiesta en la que todos están muy serios y circunspectos y que, muy posiblemente, resulte bastante aburrida. En **una fiesta de etiqueta**, o un **baile de etiqueta**, los asistentes llevan, como se indicó antes, *evening clothes*. En la sociedad norteamericana un *formal party* no es necesariamente una **fiesta de etiqueta**. La expresión puede indicar, simplemente, que las mujeres están vestidas elegantemente, y que los hombres llevan chaqueta y corbata.

En las sociedades hispánicas se supone que los asistentes a una fiesta se presentarán siempre bien vestidos y, por lo tanto, no hay una expresión que corresponda a la norteamericana *formal* (*but not in evening clothes*). Cuando se quiere indicar que la fiesta será lo que en los Estados Unidos llamaríamos un *informal party*, hay que utilizar cualquier expresión que dé a entender que no es necesario llevar corbata y chaqueta, o vestirse con especial cuidado. Se puede decir, por ejemplo: Para la fiesta de mañana ven vestido como quieras.

Cuando los adjetivos ingleses *formal* e *informal* se aplican a una persona, se puede decir en español: Es una persona muy **etiquetera** (que da mucha importancia a las reglas de la etiqueta, a los uso y costumbres que la sociedad considera elegantes), o, por el contrario: Es una persona poco etiquetera (que no da importancia a esas reglas).

Los conceptos explicados anteriormente, ¿te parecen válidos para toda la sociedad, o crees que reflejan simplemente los criterios de una cierta clase social? Actualmente hay una gran libertad en las formas de vestir; ¿crees que estas ideas no tienen valor en la sociedad de ahora? ¿Crees que los formalismos sociales hacen la vida más agradable, o que son simples expresiones de la hipocresía colectiva? ¿Qué aspectos de la etiqueta de tu sociedad te parecen vacíos de contenido? ¿O, por el contrario, te parecen todos significativos y dignos de conservarse? ¿Te consideras una persona etiquetera? ¿Crees que el obedecer ciegamente las reglas de la etiqueta refleja inseguridad personal en la vida de sociedad?

Dificultades y ejercicios

1. Uso De: **dar la mano, darse la mano**

dar la mano ⟩ *to shake hands*
darse la mano

Manuel encontró a Craig y **le dio la mano.**
Los dos amigos **se dieron la mano.**

Dar la mano es un acto unilateral que otra persona recibe y contesta dando, a su vez, la mano. **Darse la mano** es un acto recíproco.

PRÁCTICA

Vamos a pasar a la forma recíproca.

Manuel nos encontró y nos dio la mano.	Manuel nos encontró y **nos dimos la mano.**
Los presentaron al Presidente y él les dio la mano.	Los presentaron al Presidente y __________.
Después del concierto te presentaron al pianista y él te dio la mano.	Después del concierto te presentaron al pianista y __________.
La conocí ayer en el baile, y cuando la vi hoy en la calle le di la mano.	La conocí ayer en el baile, y cuando la vi hoy en la calle __________.
Cuando veo a mis amigos prefiero decir simplemente: ¡hola!, en lugar de darles la mano.	Cuando veo a mis amigos prefiero decir simplemente: ¡hola!, en lugar de __________.

2 Uso De: **confiar; confiar en, tener confianza en; tener confianza, tener confianza con; ser de confianza**

confiar —— *to entrust*
confiar en ⟩ *to trust*
tener confianza en

tener confianza (**con**)	*to be very close friends with*
ser de confianza	*to be reliable, trustworthy*
	to be a very close friend

«**Te confío** este secreto porque sé que eres un buen amigo, y que no se lo dirás a nadie. **Confío en** ti, y **tengo confianza en** que me guardarás el secreto. Mira, hace muchos años que somos amigos y **tenemos confianza**: Yo tengo confianza contigo y tú la tienes conmigo.»

«¡Bueno, hombre, dilo de una vez! ¿Cuál es ese terrible secreto?»

«No compres los productos que fabrica mi compañía: No son **de confianza**.»

«Querido amigo, eso es un secreto a voces. Todo el mundo lo sabe.»

PRÁCTICA

Confío en mis amigos.	**Tengo confianza en** mis amigos.
Mi mujer confía en mí.	Mi mujer ________ en mí.
Confiamos en nuestros hijos.	________ en nuestros hijos.
¿Confían en ese médico?	¿________ en ese médico?
No confíes en ese hombre.	No ________ en ese hombre.
Te digo lo que pienso porque tengo confianza contigo.	Te digo lo que pienso porque **tenemos confianza**.

Tener confianza con alguien indica un cierto grado de reciprocidad. Esta reciprocidad está implícita en la expresión **tener confianza** (yo contigo y tú conmigo, etc.).

Les cuento este secreto porque tengo confianza con ustedes.	Les cuento este secreto porque ________.
Ellos entran y salen de su casa (de él) porque tienen confianza con él.	Ellos entran y salen de su casa (de él) porque ________.
El los visita todos los días porque tiene confianza con ellos.	El los vista todos los días porque ________.
Te hago esta crítica porque tengo confianza contigo.	Te hago esta crítica porque ________.

Ser de confianza se aplica a personas o cosas para indicar fe, familiaridad o seguridad.

Tengo un secretario en quien confío, que conoce todos los secretos de la compañía.	Tengo un secretario **de confianza**, que conoce todos los secretos de la compañía.
Puedes hablar delante de él: Confiamos en él.	Puedes hablar delante de él: Es ________.
Puedes confiar en este producto.	Este producto es ________.

Es una firma comercial en la que se puede confiar.	Es una firma comercial ______ ______.
En esta tienda nunca te engañarán: Puedes confiar en ellos.	En esta tienda nunca te engañarán: Son ____________.

PRACTICANDO AL CONTESTAR

¿Confías en tus amigos?

Si tuvieras algún problema serio, ¿tienes confianza en que te ayudarían?

¿Hay alguien con quien tienes tanta confianza que le puedes decir siempre lo que piensas?

Pequeño teatro

1 Si algunos miembros de la clase han viajado por países extranjeros, pueden contar sus experiencias y sus descubrimientos de nuevas costumbres y actitudes sociales. Los demás no deben limitarse a escuchar, sino que tendrán que hacer preguntas y pedir aclaraciones.

2 La gran variedad de orígenes étnicos y culturales en los Estados Unidos es, también, una fuente inagotable de conversación. El famoso crisol americano (*melting pot*), por ejemplo, ¿es una realidad o un mito? ¿Todos los grupos de la sociedad norteamericana tienen las mismas costumbres? ¿Cómo coexisten las varias tradiciones culturales?

3 La clase puede convertirse en un grupo de antropólogos y sociólogos que estudia la sociedad norteamericana. ¿Cómo son las costumbres tribales en cuanto al noviazgo, el matrimonio, las relaciones entre vecinos, la muerte? ¿Cómo reacciona el norteamericano medio ante una costumbre nueva, de otro grupo que no es el suyo? ¿Es cierto que en la sociedad norteamericana hay una fuerte presión hacia la uniformidad? ¿Cuál es la reacción de la sociedad ante los que son diferentes? ¿Qué es «ser diferente»?

Sea usted mi intérprete, por favor

1 Do you always shake hands with your friends when you see them?

2 When you light up a cigarette, do you always offer cigarettes to the others first? (Don't answer that you don't smoke, please.)

3 Will you bring up your children the same way you have been brought up?
4 Do you consider yourself an educated person?
5 Do you think that the idea of what is polite and what is not polite changes from one social class to another?
6 Thank you for inviting me to your party. Is it going to be formal or informal?
7 Do you always do what you have to do? Are you a responsible person?
8 Why don't you trust me? You know very well I will keep the secret.
9 Do you have any good friends that you trust?

Cuestiones gramaticales

El Objeto Indirecto

Howard habla de sus pequeñas meteduras de pata en España, y dice que en una ocasión quedó muy mal porque «no le besó la mano a una señora», y luego añade que eso de «besarles la mano a las señoras» a él «le parece ridículo». En estos comentarios Howard usa las palabras **le** y **les**, que son pronombres que indican el objeto indirecto de una acción.

A Cuando enviamos una invitación a un amigo o a una amiga, el objeto directo de nuestra acción es la invitación (= la invitación es enviada por nosotros), y quien recibe ese objeto directo es el objeto indirecto de nuestra acción: un amigo o una amiga, y siempre va precedido de la preposición **a**.

B Los objetos indirectos de una frase pueden estar representados por pronombres.

1 Estos pronombres tienen una **forma corta** (**me, te, le, nos, les, os**) y una **forma larga** (**a mí, a ti, a él, a ella, a usted, a nosotros, a ustedes, a vosotros, a ellos, a ellas**).
2 Las formas cortas **me, te, nos** y **os** son iguales a las que representan a los objetos directos.
3 La forma corta aparece siempre; la forma larga puede acompañarla o no.

C Vamos a estudiar los pronombres de objeto indirecto que representan a las terceras personas:

Envié una invitación	a Howard. a Pilar. a usted.	=	**Le** envié una invitación	a él. a ella. a usted.
Dijo una grosería	a sus amigos. a sus amigas. a ustedes.	=	**Les** dijo una grosería	a ellos. a ellas. a ustedes.

Las formas **le** y **les** son ambiguas y muchas veces van acompañadas de las formas largas (**a él, a ella, a usted**) para evitar confusiones. Esto no es necesario con las otras formas.

D Las formas cortas **me, te, nos, os** pueden estar acompañadas por la forma larga (**a mí**, etc.) para dar más fuerza a la frase, pero no para evitar ambigüedades; en todos los casos la forma larga puede ir delante o detrás de la forma corta:

Nos explicaron las costumbres locales.
A nosotros nos explicaron las costumbres locales.
Nos explicaron las costumbres locales a nosotros.

E Un ejemplo para cada persona:

A mí	**me**	explicaron el refrán.
A ti	**te**	dijeron que eres muy cortés.
A él / A usted / A ella	**le**	hablaron en confianza.
A nosotros	**nos**	enviaron la invitación
A ellos / A ustedes / A ellas	**les**	enviaron una nota de agradecimiento.
A vosotros	**os**	enseñaron la casa.

F Posición de los pronombres de objeto indirecto

En los ejemplos anteriores, el pronombre siempre precede al verbo. Hay dos casos en que siguen al verbo, unidos a él, o lo preceden, separados; hay un caso en que siempre lo sigue:

1 Cuando el verbo está en infinitivo:

Voy a decirle la verdad.
Le voy a decir la verdad.

2 Cuando el verbo está en gerundio:

Estoy diciéndole la verdad.
Le estoy diciendo la verdad.

3 Cuando el verbo está en la forma afirmativa del imperativo, el pronombre siempre lo sigue:

Dile la verdad a tu hermano.

Pero si está en la forma negativa, el pronombre precede al verbo:

No le digas la verdad.

PRÁCTICA

Vamos a completar las frases siguientes, añadiendo a ellas el objeto indirecto indicado entre paréntesis.

Modelo
Di la verdad. (a mí)
Dime la verdad.

1 Explica esta costumbre. (a nuestros amigos)
2 No digas groserías. (a mí)
3 Estás contando algo increíble. (a nosotros)
4 Pidieron un favor. (a ti)
5 Siempre estás escribiendo. (a ellas)
6 El policía puso una multa. (a usted)
7 Dio una buena educación. (a su hija)
8 Dio la mano. (a ustedes)

EL ARTE DE LA COMPOSICIÓN

Para usar en la composición

1. Las buenas maneras
la buena (mala) educación
ser de buena (mala) educación
la grosería
la costumbre
la cultura
correcto, incorrecto
dar(se) la mano
la presentación

2. Conducta
ser { bien (mal) educado / cortés, descortés / grosero / formal, informal / frívolo, -a / pueblerino, -a / provinciano, -a / etiquetero, -a / apegado (-a) a }
tener { mundo / confianza (en, con) }
confiar en
quedar bien (mal)
meter la pata
quedarse + *adjetivo*

3. El vestido
el traje { de calle / de noche / de etiqueta }
el smoking, frac, chaqué
la fiesta de etiqueta
el baile de etiqueta

4. Otras expresiones
el chico, la chica
el refrán
haber de todo
por el estilo
en confianza
sin querer

Posibles temas para una composición

1 La buena educación, un concepto relativo.
2 La buena educación, ¿hace la coexistencia más fácil?
3 Buenas maneras o buen corazón: ¿Qué es más importante?
4 Los choques de culturas.
5 La cortesía, ¿puede estar en conflicto con la verdad?
6 Un antropólogo de otro planeta escribe sobre las costumbres de los habitantes de este país.
7 La institución del «*cocktail party*»: un estudio sobre las relaciones humanas.
8 La juventud actual, ¿más espontánea que la generación anterior?
9 Una fiesta en mi casa: personajes famosos a quienes invitaría.
10 El conformismo: presiones de grupo.

12.

El anti-americanismo

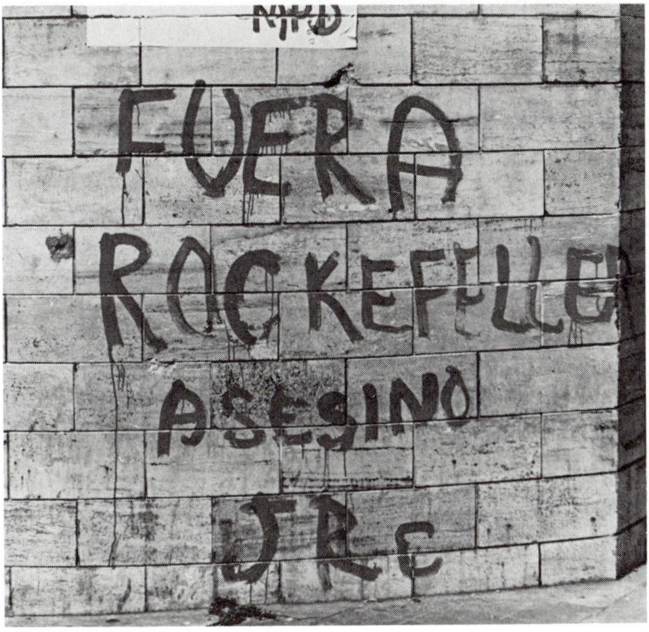

Las paredes hablan.

SHEILA Manuel, el cartero trajo este paquete para ti. Me parece que son las revistas que estabas esperando.

MANUEL Gracias, Sheila. Creo que acertaste.[1]

PILAR ¡No rompas los sellos! Recuerda que un amigo de Howard los colecciona.

MANUEL Tú siempre estás en todo,[2] Pilar. Pero por esta vez no era necesario. Yo tampoco lo había olvidado.

PILAR ¿Qué revistas son?

MANUEL Las de siempre.[3] Ya sabes, esas de varios países que me llegan todos los meses. Revistas de ciencias políticas, de sociología y todo eso.

PILAR Yo también tengo para ti una revista americana que trae un artículo muy interesante. Me la prestó[4] una amiga de Sheila, esa señora que enseña antropología.

MANUEL Bueno, después le echaré un vistazo.[5] Pero ahora voy a hojear éstas que tengo aquí.

SHEILA Si haces como Craig, tardarás un mes.[6] Para él hojear significa leerlo todo de cabo a rabo.[7]

PILAR Sí, me parece que nuestros maridos son dos ratas de biblioteca. Se ponen a[8] leer y no acaban.

MANUEL Mira, Craig, aquí en este semanario hay un artículo que te interesará. Trata de unas manifestaciones antiamericanas en las calles de no sé qué ciudad.

CRAIG Lo añadiré a mi fichero[9] sobre el tema. Espero escribir un libro sobre él algún día. Es un fenómeno que, francamente, empieza a aburrirme.

MANUEL Como en todos los casos de anti-algo, hay mucho de irracional en esa cuestión.

PILAR En algunos países es casi una moda ser anti-americano.

SHEILA Y nos echan la culpa de[10] todo lo malo que sucede en el mundo.

CRAIG ¿Cómo explicas tú ese fenómeno, Manuel?

MANUEL Me parece que le dais demasiada importancia. El «anti-algún país» no es nada nuevo en la historia. Primero en el siglo XVI, estuvo de moda hablar mal de España, cuando circuló lo que nosotros llamamos la «Leyenda Negra». Luego, en el siglo XIX, todos criticaban a Inglaterra, y ahora os toca a vosotros.[11]

SHEILA ¡Pues sí que nos tocó la lotería![12]

MANUEL Es casi inevitable. Cuando un país es poderoso se le critica, y todos contentos.

SHEILA ¡Hombre! ¡Tanto como todos![13]

1 estás en lo cierto

2 siempre tienes todo en cuenta, recuerdas todo

3 las que recibo siempre, las usuales

4 me la dejó

5 pasaré las hojas leyendo algunos párrafos

6 te llevará un mes

7 del principio al fin

8 empiezan a

9 caja o mueble donde se guardan documentos o tarjetas (fichas) clasificadas

10 nos culpan de, nos censuran por

11 es vuestro turno

12 ¡Pues vaya suerte que hemos tenido!

13 ¡Yo no diría todos!

PILAR Bueno, a los criticados, maldita la gracia que les hace.[14]

14 no les hace gracia ninguna, no los divierte

MANUEL A todos les llega su turno. Los ingleses llamaban a nuestro rey Felipe II «el Demonio del Mediodía» o «del Sur». Luego nosotros llamamos a Inglaterra «la Pérfida Albión».

CRAIG Y ¿cómo nos llaman a nosotros?

PILAR En España no tienen ustedes un nombre especial. En Hispanoamérica los llaman «el Coloso del Norte».

MANUEL La literatura antinorteamericana de ahora es un juego de niños comparada con la antiespañola de hace un par de siglos. En toda Europa se escribieron docenas de libros antiespañoles cuando España era la primera potencia del continente. Nos acusaron de todo lo imaginable. Ahora, visto a distancia,[15] hasta resulta divertido. Seamos realistas: Cuando un país es poderoso siempre interviene en la política de otros países.

15 visto de lejos

CRAIG Yo estoy intentando hacer una colección de chistes[16] antiamericanos.

16 historias divertidas

PILAR Tenemos un amigo que te los podría contar a montones.[17]

17 te podría contar muchos

MANUEL Sobre todo historias de millonarios mal educados y sin instrucción. Pero no son nada nuevo. Ya los ingleses las contaban en el siglo XIX.

CRAIG Los sociólogos y antropólogos dicen que cada sociedad tiene una tendencia a sentirse perfecta, y a considerar que todos los demás son inferiores. Es lo que se llama «etnocentrismo».

PILAR Es como el viejo proverbio español: Ver la paja en el ojo ajeno y no ver la viga[18] en el propio.

18 trozo de madera largo y grueso

SHEILA ¿Qué quiere decir eso?

PILAR Ver hasta los defectos más pequeños en otros, y no ver los defectos grandes en uno mismo.

MANUEL Hay que decir que los españoles tenemos una característica, que algunos consideran un defecto, y es la de ser muy críticos con nosotros mismos. Se dice que nadie ha escrito tantas cosas malas de España como los españoles mismos.

PILAR Pero en cambio les molesta cuando las escriben los extranjeros.

CRAIG A mí me parece que ser un buen crítico de sí mismo es una virtud, y una virtud difícil de encontrar.

COMENTARIOS

1 ¿Consideras que el antiamericanismo existe en estos momentos?
2 ¿Cómo explicas su existencia?
3 ¿Crees que algunos países tienen más razones que otros para ser antiamericanos?
4 ¿Crees que, en los Estados Unidos, existe al mismo tiempo una corriente anti-extranjera?
5 ¿Qué entiendes tú por «el aislacionismo norteamericano»?
6 ¿Crees que en el mundo actual es posible el aislacionismo?
7 Las antipatías entre países, ¿pueden desaparecer cuando sus habitantes se conocen mejor?
8 En las antipatías entre países, ¿qué influye más: la política o las diferencias culturales?
9 Crees que la antipatía entre dos sociedades puede ser creada artificialmente por los medios de difusión (información: la prensa, la radio, la televisión)?
10 ¿Crees que los mismos medios de difusión pueden también hacer desaparecer esa antipatía?

Ampliación de vocabulario

A La división del mundo en muchos países hace que existan entre ellos rivalidades y **antipatías** que, a veces, duran generación tras generación. El sentimiento de **la lealtad** (fidelidad) hacia el propio país se puede convertir fácilmente en un nacionalismo **exacerbado** (exagerado, excesivo, rabioso) que hace imposible la objetividad y muy difíciles las relaciones internacionales. **El patriotismo** (amor por la patria, por el propio país) se convierte así en un **patrioterismo** (patriotismo irracional, chovinismo) que niega que en el propio país haya nada malo. **El patriota** ama a su **patria** (su país) sin, por eso, dejar de ver sus defectos. **El patriotero** considera que un defecto es «algo que tienen los otros países». Nicolás Chauvin, un soldado francés de la época napoleónica, no fue el primer *chauviniste*, o chovinista, aunque su nombre sea el origen de ese exagerado sentimiento de lealtad a la patria. El sentimiento patriótico se expresa de muchas maneras, entre ellas el respeto por ciertos símbolos nacionales: **la bandera nacional** (los colores nacionales) y **el himno** (composición musical) nacional.

¿Hay algún país por el cual tus compatriotas sienten una especial simpatía o antipatía? Y tú, personalmente, ¿sientes alguna simpatía o antipatía especial por algún país en particular? ¿Cómo explicas ese sentimiento? ¿Crees que una persona que ha nacido en el país es, por naturaleza, más patriota que un inmigrante que se ha nacionalizado? En un país donde hay muchos inmigrantes extranjeros que se nacionalizan, ¿hay quién ponga en duda el patriotismo de esos nuevos ciudadanos?

B **La xenofobia** (antipatía hacia lo extranjero) tiene su contrapartida en **la xenofilia** (amor por lo extranjero), y cuando una u otra se refieren a un solo país nos encontramos con la oposición entre **americanófilos** (pro-americanos) y **americanófobos** (anti-americanos), **germanófilos** (pro-alemanes) y **germanófobos** (anti-alemanes), **rusófilos** y **rusófobos**, etc. Cuando alguien siente una exagerada admiración por lo extranjero, combinada, quizá, con un cierto menosprecio hacia las cosas de su propio país, se dice de él que esta **extranjerizado**: americanizado, britanizado, afrancesado, germanizado, hispanizado, arabizado, etc. Asi, se dice que la aristocracia rusa de la última época zarista estaba tan afrancesada que había aristócratas que hablaban ruso con acento francés. La intención crítica o de elogio de este tipo de vocabulario depende, naturalmente, del punto de vista de quien hable. Si un mexicano, por ejemplo, dice a un inmigrante extranjero que ya está completamente mexicanizado, le está diciendo que se adaptó tan bien a las formas de vida mexicanas que ya nadie lo considera un extranjero, que ya es «uno de nosotros». Si este mismo inmigrante vuelve de visita a su país de origen y alguien le dice que está muy mexicanizado, le está diciendo que «ya no es uno de los nuestros», ya es un extranjero en el lugar donde nació.

¿Crees que los Estados Unidos tienen una especial capacidad para americanizar a los inmigrantes extranjeros? Si vivieras fuera de tu país, ¿crees que te extranjerizarías fácilmente? Cuando alguien abandona su país después de los veinte años, ¿crees que ciertas formas de pensar, de ver la vida, ya no cambiarán por mucho que se extranjerice aparentemente?

C Las simpatías y antipatías nacionales pueden tener orígenes muy diversos. Puede haber por parte de todo un grupo nacional un complejo de superioridad que le haga ver con desprecio todo lo extranjero: Este sería un país de **xenófobos** o antiextranjeros. Irónicamente, la xenofobia puede ser también producto de un reprimido complejo de inferioridad. El recuerdo de guerras, invasiones u ocupaciones en el pasado puede hacer, también, que predomine en un país un sentimiento contrario a otro: Durante generaciones hubo en

Francia una constante germanofobia, paralela a la francofobia de los alemanes. Un pasado colonial puede hacer que perdure un sentimiento contrario hacia la antigua metrópoli: el antieuropeísmo de algunos países africanos, por ejemplo, o el antiespañolismo de algunos hispanoamericanos (llamar **gachupín** a un español es considerado un insulto en México). El mismo pasado colonial explica el anticolonialismo, con su variante, el antiimperialismo, que expresa una protesta por el control económico de su país sobre otro. La larga lista de «antis» que dividen al mundo todavía puede continuarse con las palabras que tienen su origen en disparidades y antagonismos de sistemas económicos: El anticomunismo y el anticapitalismo coexisten en un mundo en el que, al parecer, hay más «antis» que «pros», como si la raza humana no supiera que estamos todos en el mismo barco, y que hay que aprender a convivir en paz.

¿Crees que en tu país predomina el complejo de superioridad? Si crees que sí, ¿qué razones encuentras para justificar la existencia de ese complejo? ¿Crees que el pasado colonial de los Estados Unidos hace que exista un sentimiento de anglofobia? ¿Conoces algún caso de antiamericanismo? ¿Crees que los «antis» desaparecerán del mundo algún día?

D Cuando dos o más países quieren **estrechar sus lazos de amistad** (ser más amigos) procuran que haya un mejor conocimiento y una mejor comprensión entre sus habitantes. La diplomacia puede solucionar problemas entre gobiernos, pero para que dos pueblos se conozcan y se comprendan mejor es preciso que haya una buena comunicación a nivel personal. Se establecen entonces programas de **intercambios culturales,** y las orquestas sinfónicas, compañías de ballet y de teatro u ópera viajan de un país a otro para que el arte sirva como elemento unificador. Hay también intercambios de estudiantes, artistas y científicos, que reciben **becas** o **bolsas de viaje** para que estudien o trabajen en el otro país. **El turismo** también puede ayudar a que los pueblos se conozcan mejor, y los gobiernos firman **tratados de cooperación** eliminando, por ejemplo, **el requisito** (la necesidad) del **visado** (de **la visa**) para los que visiten el otro país por un período de tiempo que no sea muy largo. Los turistas (**el turista** y **la turista**) pueden ayudar a que mejoren las relaciones entre dos pueblos o, por el contrario, pueden empeorarlas cuando sus actitudes y su conducta no son del agrado de los habitantes del país que los recibe.

¿Crees que los intercambios culturales sirven para algo (tienen algun efecto)? ¿Has visto alguna vez una compañía extranjera de baile o de teatro? ¿Crees que este tipo de intercambio sólo interesa a una minoría? ¿Crees que ver, por ejemplo, el Ballet Folklórico de México, ayuda a comprender al pueblo mexicano? Si tuvieras que organizar un programa de intercambio cultural con otro país, ¿qué espectáculos enviarías?

Dificultades y ejercicios

1. Uso De: **acertar**, **acertar a** + *infinitivo*, **acertar con**

acertar =	averiguar, adivinar	*to guess*
	estar en lo cierto	*to guess right*
	dar en el blanco	*to hit the mark*
acertar a + *infinitivo* =	poder	*to be able to*
	verbo + por casualidad	*to happen to*
acertar con =	encontrar, dar con	*to find*

«Tienes acento extranjero. ¿De dónde eres?»

«A ver si **aciertas** (si averiguas) de dónde soy.»

«Es difícil. Tu acento es muy raro, y **no acierto a** (no puedo) **localizarlo.** Puedes ser alemán. **¿Acerté?** ¿Encontré la respuesta? ¿Estoy en lo cierto?»

«Sí, **acertaste**. Soy de Colonia.»

Tuve un pequeño accidente en la autopista, pero **acertó a pasar** (pasó por casualidad) por allí un policía y me ayudó.

No sé dónde dejé el pasaporte. Lo busco desde hace una hora y **no acierto con** él (no lo encuentro, no doy con él).

PRÁCTICA

Dijiste que las revistas llegarían hoy, y estuviste en lo cierto.	Dijiste que las revistas llegarían hoy, y ____________.
Alguien va a venir a vernos. A ver si adivinas quién es.	Alguien va a venir a vernos. A ver si ____________ quién es.
Es Howard. ¿Estoy en lo cierto?	Es Howard. ¿____________?
Le hice una pregunta difícil, y encontró la respuesta.	Le hice una pregunta difícil, y ____________ la respuesta.
Estuvimos practicando tiro de pistola, pero yo nunca di en el blanco.	Estuvimos practicando tiro de pistola, pero yo nunca ______ ______ en el blanco.
Yo estaba allí por casualidad cuando ocurrió el accidente, y sé muy bien lo que pasó.	Yo ____________ estar allí cuando ocurrió el accidente, y sé muy bien lo que pasó.

¿Sabes dónde dejé las llaves? Las busco y no doy con ellas (no las encuentro).

¿Sabes dónde dejé las llaves? Las busco y no ________ ellas.

Las formas **acertar a** y **acertar con** no son muy frecuentes en conversación, aunque es aconsejable conocerlas. Las formas de la columna de la izquierda son las más frecuentes. La expresión inglesa *it so happens that* tiene su equivalente español: (**es que**) **da la casualidad que**.

«¿Dices que mi español es muy bueno? Es natural. Hablo bien español porque **da la casualidad que** soy uruguayo.»

PRACTICANDO AL CONTESTAR

¿Eres buen conocedor de la naturaleza humana? Cuando juzgas a alguien, ¿aciertas siempre?

¿Pareces más joven o mayor de lo que eres? Cuando alguien calcula tu edad, ¿acierta siempre?

Cuando vas a una película de misterio, ¿aciertas pronto quién es el asesino?

2 Uso De: **prestar, pedir prestado, tomar prestado, prestarse a**

prestar = dejar prestado	*to lend, to loan*
pedir prestado	*to borrow*
pedir prestado a / **tomar prestado de**	*to borrow from*
prestarse a	*to lend (oneself, itself, etc.) to* / *to offer (oneself to)*

Esta revista **me la prestó** una amiga de Sheila. Es una profesora muy amable. Yo fui a su casa para **pedirle prestados** unos libros que no pude encontrar en la biblioteca, y ella **me los prestó; me dejó prestada** también esta revista, y **se prestó a ayudarme** (se ofreció a ayudarme) en mi trabajo. Ya leyó algo de lo que escribí, y me dijo que no le parece bastante claro. Dice que lo que yo escribí **se presta a** varias interpretaciones.

Como se ve, en español no hay un verbo que corresponda exactamente a *to borrow*. Lo más frecuente es usar **pedir prestado**, o cambiar la frase y usar **prestar**, **dejar prestado** o, también, simplemente **dejar**:

Este libro **se lo pedí prestado a** un colega.
Este libro **me lo prestó** un colega.

Este libro **me lo dejó prestado** un colega.
Este libro **me lo dejó** un colega.

PRÁCTICA

Una amiga de Sheila me dejó prestada esta revista.	Una amiga de Sheila me ________ ____ esta revista.
¿Crees que te dejarán prestados esos libros?	¿Crees que te __________ esos libros?
Le dejé prestado mi carro y tuvo un accidente.	Le __________ mi carro y tuvo un accidente.
¿Puedes dejarme cinco dólares?	¿Puedes __________ cinco dólares?

Cambia ahora de las formas **pedir prestado a** y **tomar prestado de** a la forma **prestar**:

¿A quién pediste prestada esta bicicleta?	¿Quién **te prestó** esta bicicleta?
Este carro no es mío. Se lo pedí prestado a mi hermano.	Este carro no es mío. Me lo ______ ______ mi hermano.
El dinero no es nuestro. Se lo pedimos prestado a un banco.	El dinero no es nuestro. Nos lo __________ un banco.
Los discos para el guateque se los pedimos prestados a unos amigos.	Los discos para el guateque nos los __________ unos amigos.
Sin garantías, no puedes pedir prestado dinero al banco.	Sin garantías, el banco no te __________ dinero.
¿Crees que podrás tomar prestado dinero de tu padre?	¿Crees que tu padre te ________ ____ dinero?

PRACTICANDO AL CONTESTAR

Cuando te piden prestado un libro, ¿lo dejas? ¿Estás de acuerdo con el dicho de que «quien presta dinero a un amigo pierde a los dos: dinero y amigo»?

Si no tuvieras dinero para terminar tus estudios, ¿lo pedirías prestado? ¿Quién te lo prestaría?

Pequeño teatro

El grupo se convierte en una reunión de críticos de todas clases, desde economistas hasta sociólogos, desde expertos en algo hasta expertos en nada, pero interesados en todo. El objeto de la reunión es el estudio de la propia sociedad, una especie de examen de conciencia en la que todos analizarán lo que encuentran de bueno y de malo en el mundo que los rodea.

Al hacer una crítica del propio país, la primera cuestión que se presenta, naturalmente, es ésta: ¿Qué es el patriotismo? Esta pregunta trae consigo muchas más: ¿Es patriótico ocultar los defectos propios, sobre todo cuando se habla con extranjeros? («La ropa sucia se lava en casa.») ¿O es mejor, por el contrario, no ocultarlos, y hablar de ellos abiertamente para que así todos los vean y puedan corregirlos? ¿Cómo hay que interpretar esos letreritos que a veces se ven en los parachoques de los carros: *America, love it or leave it*? El patriotismo ¿hace que la autocrítica sea anti-patriótica? ¿Cómo se debe interpretar el dicho: «Mi país con razón o sin ella»?

Ningún país está libre de críticas, y las que se hacen a los Estados Unidos son muchas. ¿Qué encuentra el grupo de criticable en los Estados Unidos? ¿Qué sabe de las críticas hechas por los extranjeros? ¿Está de acuerdo con esas críticas? ¿Cómo responde a ellas? ¿Qué críticas haría a otros países?

Sea usted mi intérprete, por favor

1 Do you collect stamps?
2 May I borrow this magazine?
3 Do you agree with the saying "my country right or wrong"?
4 Does it bother you to hear foreigners criticizing your country?
5 Is self criticism good or bad, right or wrong?
6 Are you a good critic of yourself?
7 Do you see a difference between patriotism and chauvinism?
8 Do you think cultural exchanges will help understanding between countries?
9 Can you guess how old I am?
10 I cannot find my dictionary. May I borrow yours?

Cuestiones gramaticales

Frases con Pronombres de Objeto Indirecto y de Objeto Directo

Cuando al hablar de una revista Pilar dice: «Me la prestó una amiga», y al hablar de unos chistes dice que tiene «un amigo que te los podría contar a montones», ella está usando en la misma frase los pronombres que indican el objeto indirecto y el objeto directo.

A Si incluimos en un solo cuadro estos dos tipos de pronombres, vemos cuáles sirven para indicar tanto el objeto directo como el indirecto, y cuáles son exclusivos de uno o de otro:

Objeto directo	*Objeto direto* *Objeto indirecto*	*Objeto indirecto*
	me, a mí te, a ti	
lo — a él lo, la — a usted la — a ella		le { a él a ella a usted
	nos, a nosotros	
los — a ellos los, las — a ustedes las — a ellas		les { a ellos a ellas a ustedes
	os, a vosotros	

B Posición de los pronombres
Cuando en una frase hay un objeto directo y otro indirecto, los dos en forma pronominal, el objeto indirecto siempre precede al directo, y sufre un cambio. Las formas **le** y **les** se convierten en **se**:

Prometió lealtad a la patria.
Le prometió lealtad.
Se la prometió.

Contó un chiste a sus amigos.
Les contó un chiste.
Se lo contó.

PRÁCTICA

Siguiendo los tres pasos de los ejemplos anteriores, vamos a cambiar las frases siguientes añadiendo la forma pronominal del objeto indirecto indicado entre paréntesis.

Modelo
Dieron una bolsa de viaje. (a Howard)
Le dieron una bolsa de viaje.
Se la dieron.

1 Ofrecieron un intercambio cultural. (al país vecino)
2 Echan la culpa de todo. (a los políticos)
3 El cónsul dio el visado. (a ti)
4 Enviaron el tratado de cooperación. (al Presidente)
5 Explicaron los requisitos del visado. (a nosotros)
6 Pedí una beca. (al comité de intercambio)
7 Trajeron las revistas. (a mí)
8 El banco prestó dinero. (a ustedes)
9 Pedí prestado dinero. (al Banco)
10 Contó unos chistes horribles. (a usted)

C Posición

Como en los casos en que sólo hay un objeto en la frase, los pronombres de objeto directo y de objeto indirecto pueden preceder o seguir al verbo cuando éste está en:

1. infinitivo:
Voy a contártelo todo. = Te lo voy a contar todo.

2. gerundio:
Estoy contándotelo todo. = Te lo estoy contando todo.

Siempre siguen al verbo cuando éste está en la forma afirmativa del imperativo, y siempre lo preceden cuando el imperativo está en la forma negativa:

Cuéntamelo.
No me lo cuentes.

PRÁCTICA

Las frases siguientes incluyen un objeto directo. El objeto indirecto está indicado entre paréntesis. Vamos a cambiar las frases incluyendo los dos objetos en forma pronominal. Cuando el verbo esté en infinitivo o en gerundio, dar las dos formas posibles.

Modelo
Voy a pedir dinero prestado. (al banco)
Voy a pedírselo.
Se lo voy a pedir.

1 ¿Puedes prestar cinco dólares? (a mí)
2 No digas groserías. (a tus amigos)

3 Pide la beca. (al comité)
4 Estás contando chistes. (a nosotros)
5 Vas a echar un vistazo. (al periódico)
6 Pido el visado. (a ti)
7 Van a dar los cheques de viajero. (a la turista)
8 Explica los requisitos. (a Howard)
9 No nieguen los visados. (a los turistas)
10 ¿Vas a pedir un pasaporte? (al gobierno)

EL ARTE DE LA COMPOSICIÓN

Para usar en la composición

1. La patria
la lealtad
el, la patriota
el patriotismo
el patriotero, la patriotera
el patrioterismo
exacerbado
la xenofobia
el xenófobo, la xenófoba
la xenofilia
el xenófilo, la xenófila
la filia
la simpatía
la fobia
la antipatía
extranjerizado, -a
la bandera nacional
el himno nacional

2. El intercambio
estrechar los lazos de amistad entre
el tratado de cooperación
la beca, la bolsa de viaje
el turismo
el, la turista
el visado, la visa
el requisito

3. Expresiones verbales
acertar
acertar a + *infinitivo*
acertar con
estar en todo
echar un vistazo a
tardar
ponerse a + *infinitivo*
echarle la culpa (de algo a alguien)
tocarle (algo a alguien)
prestarle (algo a alguien)
pedir prestado a
tomar prestado de
prestarse a

4. Otras expresiones
lo de siempre
de cabo a rabo
¡tanto como todos!
maldita la gracia que me (te, le, etc.) hace
visto a distancia
a montones

5. Nombres
el fichero
el chiste
la viga

Posibles temas para una composición

1 El antiamericanismo, ¿irracional o justificado?
2 La hegemonía política, ¿fuente inevitable de antipatía internacional?
3 El antiamericanismo en Hispanoamérica.
4 El intervencionismo norteamericano en Hispanoamérica, fuente de resentimiento.
5 *Yankee, go home*, ¿en cuántos idiomas se ha dicho?
6 Patriotismo y patrioterismo.
7 Factores económicos del antiamericanismo.
8 Factores políticos del antiamericanismo.
9 El antiamericanismo, ¿expresión de una frustración?
10 La expansión cultural norteamericana, fuente de antiamericanismo.
11 El patriotismo y las grandes empresas internacionales.

13.

La violencia

Para unos, una carga de las fuerzas del orden. Para otros, la violencia institucionalizada.

HOWARD Oye, María Luisa, dice el periódico que ayer hubo una pelea en la playa donde estuvimos por la tarde.

MARÍA LUISA ¿Una pelea? Yo no vi nada.

HOWARD Es que fue por la noche. Llegaron unos grupos de chicos, se pusieron a beber, y luego se pelearon todos unos contra otros.[1]

MARIA LUISA ¿A tiros?[2]

HOWARD ¡No, mujer! A puñetazos.[3]

MARÍA LUISA Y ¿por qué se pegaron?[4] Sería por algo, digo yo.

SHEILA No me extrañaría nada que lo hubieran hecho nada más que por divertirse.[5] Es típico de la violencia de estos tiempos.

MARÍA LUISA Siempre están hablando de eso de la violencia, y yo nunca veo nada.

SHEILA Ni falta que te hace.[6]

MARÍA LUISA Creo que todo eso es un cuento que han inventado para que las mujeres no salgan de casa.

CRAIG No, María Luisa. Desgraciadamente es verdad. Ya te dije que aquí no se debe de andar por la calle de noche, y menos una chica sola.

MARÍA LUISA Tampoco en Madrid ando sola por la calle, de noche, pero no es porque sea peligroso, sino porque no es de señoritas.[7] Muchas noches mis padres y yo salíamos a pasear por la calle.

SHEILA En coche, me imagino.

MARÍA LUISA No, Sheila, a patitas.[8] Ibamos al Paseo de la Castellana y nos sentábamos en la terraza de un café, debajo de los árboles. Fíjate, esta noche hace calor, y me encantaría salir a dar una vuelta, aunque sólo fuera alrededor de la manzana.

PILAR ¡Pero hija! ¡Si en este barrio las calles ni siquiera tienen aceras!

MANUEL A los españoles nos gusta andar de noche por la calle, y a nadie se le ocurre que eso pueda ser peligroso.

CRAIG Por desgracia, ése es uno de los problemas que tenemos aquí.

PILAR Me he fijado que por la noche aquí todo el barrio está desierto. No se ve ni un alma.

SHEILA Es que vivimos en las afueras.

MARÍA LUISA Con esta manía que tienen de vivir en casitas con jardín, en las ciudades todo es afueras y no hay ciudad. Te apuesto[9] que en estos momentos, en las calles principales, tampoco hay nadie.

1 lucharon todos unos con otros

2 ¿con pistolas o rifles?

3 con los puños

4 ¿por qué se pelearon?

5 solamente por divertirse

6 no necesitas verla

7 no es propio de una señorita

8 a pie (familiar)

9 te juego dinero

HOWARD No te acepto la apuesta, porque perdería.

MARÍA LUISA Ahora comprendo aquellos comentarios tuyos en España, Howard. Un día me dijiste que te parecía como si los españoles viviéramos en la calle.

MANUEL Es la vieja tradición mediterránea.

SHEILA ¿Es que no tienen problemas de violencia en las calles?

PILAR En España los casos son raros, pero van aumentando poco a poco. En las ciudades hispanoamericanas también hay problemas, ciertamente, pero no es nada comparable a lo que sucede aquí.

MANUEL Bueno, depende de muchos factores, y algunas ciudades son más peligrosas que otras. En general, se puede decir que la violencia urbana es una planta que se da mejor[10] en las Américas que en Europa.

10 que crece mejor

PILAR Mira, marido, ése es un comentario típico de un europeo. Los gamberros españoles no tienen nada que aprender de sus colegas de Bogotá, o de Caracas, o de cualquier otra ciudad hispanoamericana.

CRAIG ¿Qué es un gamberro?

PILAR Es un delincuente juvenil. Podríamos decir que está a medio camino entre un vándalo y lo que aquí llaman ustedes un *hoodlum*.

MANUEL Bueno, hay una diferencia importante: Los gamberros nunca usan armas de fuego, como algunos delincuentes juveniles de aquí.

SHEILA Para nosotros, la violencia es un problema nacional. Lo mismo que las drogas.

CRAIG Cuando yo era estudiante, los mayores decían que el gran problema de los jóvenes era la bebida.

MANUEL Mira, con eso que acabas de mencionar tenemos un ejemplo muy significativo. En España, y en Europa en general, enseñamos a nuestros chicos a beber desde que tienen diez o doce años, y así el beber les parece algo natural, y no exageran.

PILAR No tiene el atractivo de lo prohibido.

MARÍA LUISA En muchos edificios de la Universidad hay un bar. ¿Verdad, Howard?

HOWARD Es cierto, y nunca vi a nadie borracho allí.

MANUEL Cada sociedad tiene sus tabúes, y uno de los vuestros es el alcohol.

PILAR Ya saben lo que decimos por allí: Una comida sin vino es como un día sin sol.

COMENTARIOS

1 ¿Crees que la violencia es el problema más importante de la sociedad en la cual vives?
2 El pasado de tu país, ¿ha sido particularmente violento?
3 ¿Crees que los medios de difusión exageran la violencia existente?
4 ¿Es peligroso andar de noche por las calles de tu ciudad?
5 ¿Crees que en el cine y en la televisión ha habido una indirecta glorificación de la violencia?
6 En tu opinión, ¿debiera prohibirse la venta y posesión de armas de fuego, sobre todo de pistolas y revólveres?
7 La violencia en las calles, ¿es un fenómeno particular de las grandes ciudades?
8 Un gran aumento en las fuerzas de policía, ¿puede solucionar el problema de la violencia?
9 Si fueras alcalde de una ciudad con grandes problemas de violencia en las calles, ¿qué harías para solucionar esos problemas?
10 ¿Hay alguna relación entre el uso de las drogas y la existencia de la violencia?

Ampliación de vocabulario

A Mucha gente está preocupada con los problemas de la violencia en la vida moderna. La violencia se puede expresar de muchas maneras, y una de ellas es **la delincuencia urbana** (el cometer delitos en las ciudades). Continuamente se cometen **delitos** (quien comete un delito es **un delincuente**) de todas clases: **robos** (**robar**: tomar lo que es de otros, con violencia o sin ella; el que roba es **un ladrón**), **atracos** (**atracar**: robar el dinero, la cartera, el reloj, etc., de alguien que pasa por la calle; el que atraca es **un atracador**), **crímenes** y **asesinatos** (matar a alguien; el que mata es **un criminal** o **un asesino**; la distinción entre **crimen** y **asesinato** es una distinción legal, pero en conversación se usan estas palabras como si fueran sinónimos, aunque en realidad no lo sean), **robos de pisos** o de casas (entrar en un piso, apartamento o casa y robar objetos de valor; quien comete este delito es **un ladrón de pisos**), **violaciones** (**violar:** poseer a una mujer por la fuerza; el que viola es **un violador**) y, a veces, simples ataques sin sentido, con **arma de fuego** o **arma blanca** (cuchillos, navajas) que no tienen por objeto el robo de la víctima, sino el perverso placer de causar mal a alguien. **Los raptos** de personas y **los secuestros** de aviones también son frecuentes en la actualidad.

¿Se cometen muchos delitos en la ciudad donde tú vives? ¿Se cometen muchos crímenes? ¿Cuál es el delito más frecuente?
¿Te han atracado alguna vez en la calle? ¿Conoces a alguien que haya sido atracado? ¿Qué harías si fueras atracado?

B ¿Qué puede hacer la policía ante una situación semejante? Sus coches **patrullan** las calles, y los policías **hacen sus rondas a pie**, solos o **en parejas**, pero todo es inútil: La delincuencia continúa. Cuando la policía atrapa a alguien en el acto de cometer el delito puede **detenerlo** y llevarlo al **cuartelillo de policía** (**la estación de policía**) para **interrogarlo** (hacerle **un interrogatorio**, hacerle preguntas). Después de un cierto plazo de tiempo, que varía según las leyes de cada país, la policía tiene que entregar al detenido al juez para **ser procesado** (acusado ante los tribunales) o tiene que **soltarlo** (dejarlo en libertad). El juez puede dejarlo en **libertad bajo fianza** (depósito de una cierta cantidad de dinero para garantizar que comparecerá, se presentará, ante el tribunal). Cuando nadie sabe quién cometió un delito, la policía investiga el caso, detiene a **los sospechosos**, los interroga, y los suelta si tienen una buena **coartada** (*alibi*) o si **las sospechas** contra ellos resultan **infundadas**. Para descubrir a los autores de delitos la policía **cuenta con** una red de **confidentes** (personas que conocen **el hampa**, los bajos fondos, el mundo de los delincuentes) y con sus **ficheros** (archivos de fichas con datos biográficos, fotografías, **huellas dactilares**, etc., de muchas personas que han tenido que ver con la justicia). Cuando alguien tiene **antecedentes penales** (un historial de haber estado en prisión) también **está fichado** por la policía.

¿Crees que la policía es eficaz para luchar contra la delincuencia?
¿Qué es el *habeas corpus*?
¿Crees que la policía real tiene tantas aventuras interesantes como la policía de las películas?
¿Te gustaría ser policía?
¿Crees que es posible el crimen (el asesinato) perfecto? En tu opinión, ¿los jueces son demasiado blandos con los delincuentes? ¿Todos los acusados tienen derecho a ser puestos en libertad bajo fianza?

C Cuando alguien es **procesado** (llevado ante los tribunales), es **juzgado** por **un juez**, o por **un jurado** (grupo de personas, de ciudadanos). **El fiscal** (abogado acusador) defiende la ley y acusa a la persona que la ha **infringido** (**infringir**: quebrantar la ley, hacer algo ilegal, contrario a la ley). **El procesado** (la persona que está ante el tribunal) es defendido por **un abogado defensor**; puede ser **absuelto** (**absolver**: declarar inocente) o **condenado** (declarado culpable) a una **pena de reclusión** (condenado a ir a la cárcel, a la prisión, el presidio) o, si el delito es muy grave, en algunos países puede ser condenado a **la última pena** (**pena de muerte**). Cuando está en **el presidio**, es **un preso** (**un presidiario**). Después de algún tiempo, antes de cumplir su **condena** (tiempo que tiene que pasar en la prisión) puede ser puesto en **libertad provisional. Los sistemas penitenciarios** cambian de un país a otro, lo mismo que cambia el código penal, pero en todas partes se busca **mantener el imperio de la ley**.

¿Te gustaría ser juez, o fiscal? ¿Te parece fácil juzgar a otras personas?
¿Eres partidario de la pena de muerte? ¿Crees que la pena de muerte hace que haya menos delincuentes?
¿Eres partidario de la abolición de la pena de muerte?
¿Se habla mucho en los periódicos de los problemas del sistema penitenciario? La cárcel, ¿es para castigar o para reformar a los delincuentes? Cuando alguien tiene antecedentes penales, ¿le es fácil encontrar trabajo?
¿Hay un prejuicio social contra los que han estado en la cárcel? ¿Cómo se puede ayudar a un ex-presidiario a reintegrarse a la sociedad?

Dificultades y ejercicios

1. Uso De: **pegar**

pegar =	adherir, encolar ———	*to glue together*
	golpear ———	*to hit*
	poner en una pared ———	*to post*
	contagiar ———	*to infect with*

Para **pegar** las fotografías en el album necesitas un poco de goma (cola, substancia adhesiva).

Los gamberros lo atacaron, **le pegaron**,* y le robaron la cartera.

Estaba **pegando** unos carteles cuando vi que en aquella pared había un cartel que decía: Prohibido **fijar** (**pegar**) carteles.

Cuando mi hijo mayor se enfermó, **pegó** la enfermedad a todos sus hermanos.

PRÁCTICA

Rompí la tetera, y ahora voy a ver si puedo encolar los trozos.	Rompí la tetera, y ahora voy a ver si puedo ________ los trozos.

* Obsérvese que **pegar** lleva el pronombre en su forma de objeto indirecto, pues indica que alguien le pega (golpes) a otro:

Lo atacaron y lo golpearon.	Lo atacaron y **le** pegaron.

Me dijeron en la tienda que esta goma lo encola todo: papel, cuero, madera y cristal.	Me dijeron en la tienda que esta goma lo ____________ todo: papel, cuero, madera y cristal.
¿Crees que esta goma es buena para encolar porcelana?	¿Crees que esta goma es buena para ____________ porcelana?
Lo atacaron en la calle, le robaron el dinero y lo golpearon.	Lo atacaron en la calle, le robaron el dinero y le ____________.
Es un hombre cruel que golpea a su perro sin razón.	Es un hombre cruel que (le) ____________ a su perro sin razón.
Hubo un escándalo muy grande cuando un periodista acusó a la policía de golpear a los detenidos.	Hubo un escándalo muy grande cuando un periodista acusó a la policía de ____________ a los detenidos.
Puedes colgar fotografías en la pared, si quieres, pero no las encoles a la pared.	Puedes colgar fotografías en la pared, si quieres, pero no las ____________ a la pared.
Prohibido fijar carteles.	Prohibido ____________ carteles.
El médico nos dijo que el niño puede contagiar su enfermedad a sus hermanos.	El médico nos dijo que el niño puede ____________ su enfermedad a sus hermanos.
¡No te acerques a mí! No quiero que me contagies tu catarro.	¡No te acerques a mí! No quiero que me ____________ tu catarro.

PRACTICANDO AL CONTESTAR

¿Te gusta la arqueología? ¿Crees que tendrías paciencia para pegar los trozos de un vaso, o de un ánfora, encontrados en unas excavaciones?

Para educar a un niño ¿crees que es necesario pegarle?

Cuando hay elecciones, ¿ejercen alguna influencia sobre ti los carteles de propaganda electoral que ves pegados en las paredes?

Cuando visitas a algún amigo enfermo, ¿tienes miedo de que te pegue su enfermedad?

¿Trabajarías con gusto con enfermos que tienen enfermedades que se pegan (contagiosas)?

2. USO DE: **pegarse, pegarse a; pelearse; pelear, luchar**

pegarse =
- golpearse, darse un golpe con, contra — *to hit oneself*
- golpearse, darse de golpes con — *to fight, to hit each other*
- contagiarse — *to be catching*

pegarse a		*to stick, to glue oneself to*
pegarse / **pelearse** **con**	= tener una pelea	*to fight (brawl) with*
pelearse	= reñir	*to quarrel with*
pelear / **luchar**	= combatir	*to fight (combat)*

Al salir corriendo de casa **me pegué contra** la puerta, y ahora me duele el brazo izquierdo.

Los dos muchachos **se pegaron** detrás de la escuela.

Parece ser que la violencia es una enfermedad que **se pega**.

Las estampillas estaban húmedas y **se pegaron** (unas o otras).

Es un hombre violento y cuando bebe **se pelea** (se pega) **con** todo el mundo.

Mi novia y yo **nos peleamos** ayer, pero ya hicimos las paces.

Los soldados **lucharon** (pelearon) con gran heroísmo.

PRÁCTICA

Me caí y me di un golpe en la rodilla, pero no me rompí ningún hueso.	Me caí y me ________ un golpe en la rodilla, pero no me rompí ningún hueso.
Iba en su carro a toda velocidad y se dio un golpe contra un árbol. Murió en el acto.	Iba en su carro a toda velocidad y se ________ contra un árbol. Murió en el acto.
Los dos muchachos empezaron a darse de golpes, pero sus amigos los separaron.	Los dos muchachos empezaron a ________ pero sus amigos los separaron.
Se golpearon con furia.	Se ________ con furia.
¿Es cierto que el tifus se contagia?	¿Es cierto que el tifus se ________ ____?
Tuve una pelea y me rompí la chaqueta.	Me ________ y me rompí la chaqueta.
Los dos se quieren mucho, pero siempre están riñendo.	Los dos se quieren mucho, pero siempre están ________.
Todos lucharon hasta el último hombre.	Todos ________ hasta el último hombre.

PRACTICANDO AL CONTESTAR

¿Crees que en las películas de vaqueros hay una glorificación de las peleas a puñetazos? Las peleas que se ven en las películas de la tele, ¿influyen en los niños y hacen que se peleen entre ellos? ¿Crees que el pelearse es una afirmación de la masculinidad? En una guerra, ¿te parece heroico seguir peleando cuando se sabe que todo está perdido?

3. USO DE: **exponer; exponerse a; arriesgar**

exponer =	exhibir			*to exhibit*
	arriesgar			*to risk + noun*
exponerse a =	**arriesgarse a** / correr el riesgo de	+	*nombre* / *infinitivo* / que + *subjuntivo*	*to risk + -ing*

El pintor abrió **una exposición** en la que **expone** su obra de los últimos diez años. Sus cuadros son muy discutidos, y se puede decir que en esta exposición **expone** su obra y **expone** su reputación artística. Los críticos de arte son muy duros, y el pintor **se expone a un fracaso. Se expone a fracasar** y **se expone a que le digan** que ya no pinta tan bien como antes.

PRÁCTICA

Tus fotografías son muy buenas. ¿Por qué no las exhibes?	Tus fotografías son muy buenas. ¿Por qué no las ________?
Hay tanta violencia en las calles, que hay quien dice que salir de noche es arriesgar la vida.	Hay tanta violencia en las calles que hay quien dice que salir de noche es ________ la vida.
Arriesgó su vida por salvar a un niño.	________ su vida por salvar a un niño.
Si sales de noche te arriesgas a un atraco.	Si sales de noche te ________ a un atraco.
Si dejas las llaves en el coche, corres el riesgo de que te lo roben.	Si dejas las llaves en el coche, ________ te lo roben.
No debes arriesgar todo tu dinero en una sola operación financiera.	No debes ________ todo tu dinero en una sola operación financiera.
Si lo haces, te arriesgas a perderlo todo.	Si lo haces, ________ perderlo todo.
Los policías arriesgan su vida todos los días.	Los policías ________ su vida todos los días.

PRACTICANDO AL CONTESTAR

¿Crees que exageran los que dicen que salir a la calle de noche es exponerse a un atraco?

¿Te gustaría tener un trabajo en el que tuvieras que arriesgar la vida cada día?

¿Tienes espíritu aventurero? ¿Estás dispuesto a exponerte a toda clase de riesgos? ¿Te gustan los viajes arriesgados?

Si tuvieras que participar en una expedición peligrosa, ¿preferirías exponerte a los peligros de una selva tropical, o a los de las grandes superficies heladas del polo norte?

Pequeño teatro

El tema de la violencia recibe frecuente atención por parte de los periódicos, las revistas y la televisión. En la clase se puede hablar de:

1. La influencia del ambiente familiar sobre los individuos, y su adaptación o inadaptación a la sociedad.
2. ¿Son los delincuentes seres inadaptados?
3. ¿Es cierto que la sociedad norteamericana tiene una tradición de violencia, desde la época de la expansión hacia el Oeste?
4. La movilidad de la sociedad norteamericana, con la consiguiente falta de raíces en sus miembros, ¿ayuda a explicar la existencia de la violencia en el país?
5. ¿Cómo se explica que el Canadá, un país con un desarrollo muy parecido al de los Estados Unidos, tenga menos delincuencia?
6. ¿Es el aburrimiento una de las causas de la delincuencia juvenil?
7. ¿Es el robo el motivo más frecuente de los delitos que se cometen?
8. ¿Disminuiría la delincuencia si se prohibiera la posesión de armas de fuego?

La clase puede convertirse en un cuartelillo (una estación) de policía, en el que se interroga a un sospechoso. Puede convertirse también en un juzgado, en el que se celebra un proceso contra uno o varios procesados. Los estudiantes harán los papeles de juez, abogado defensor, fiscal, testigos, jurado, etc.

Sea usted mi intérprete, por favor

1. Is crime a problem in your city? Are there many murders?
2. Do you believe they had a fist fight just for fun?
3. Is it safe to walk in the street at night?
4. Has your house or your apartment ever been burglarized?
5. Have you ever been mugged?

6 Do fingerprints help police to find criminals?
7 Do people with a police record have trouble in finding a job?
8 Which would you prefer to be: a prosecutor or a defense lawyer?
9 What do you think of capital punishment?
10 Can convicted murderers be paroled?

Cuestiones gramaticales

Se: SUS DIFERENTES TIPOS
LOS VERBOS REFLEXIVOS

Howard dice que, en la playa, unos muchachos «se pelearon todos unos contra otros», y Craig aconseja que de noche «no se debe andar por la calle». Por el contrario, Manuel dice que en España «a nadie se le ocurre que eso (andar de noche por la calle) pueda ser peligroso», y su mujer, Pilar, comenta que en el barrio residencial donde viven «no se ve ni un alma».

En todas estas frases aparece la palabra **se**, pero no siempre tiene las mismas funciones. Vamos a ver sus diferentes tipos.

A En la lección anterior hemos visto como el pronombre de objeto indirecto (**le, les**) se convierte en **se** cuando precede al pronombre de objeto directo:

Se lo conté todo, pero no me creyó.
Se las traje, las revistas, y empezaron a leerlas.

Esta forma **se**, producto de un cambio de las formas **le** y **les**, no tiene nada que ver con las formas que vamos a estudiar ahora, y no hay que confundirla con ellas.

B **Se** reflexivo

1 Cuando la acción expresada por un verbo recae sobre la misma persona que realiza esa acción, decimos que el verbo es reflexivo. Podemos identificar un verbo reflexivo cuando podemos añadirle la expresión: **a sí mismo, a ti mismo,** etc.
En estos casos, cuando el verbo está en tercera persona, **se** nos indica que el verbo es reflexivo. En las otras personas, la idea reflexiva está indicada por las formas **me**, **te**, **nos**, **os**.

Reflexivo	*No reflexivo*
Howard se afeita (a sí mismo).	Howard afeita a su padre.
Ellos se bañaron (= se dieron un baño a sí mismos).	Ellos bañaron al perro.
Yo me lavo (a mí mismo).	Yo lavo la camisa.

Nos conocemos bien (a nosotros mismos).	Conocemos bien a nuestros amigos.
Te preguntas (a tí misma) qué debes hacer.	Preguntas a tu padre qué debes hacer.
Vosotros os vestisteis (a vosotros mismos) para la fiesta.	Vosotros vestisteis a los niños para la fiesta.

2 Hay muchos verbos que no aceptan añadirles las formas **a sí mismo**, **a nosotros mismos**, etc., pero que son también reflexivos, pues la acción indicada por el verbo cae sobre el sujeto de ese verbo. Así, si Howard dice que se aburrió en la fiesta, no quiere decir que se aburrió a sí mismo con su propia conversación estúpida, sino que sintió aburrimiento, no necesariamente causado por él mismo.
Del mismo modo, hay verbos reflexivos que, por su significado, no indican que el sujeto tuvo la voluntad de realizar la acción. Esta acción, sin embargo, ocurrió, y el sujeto sufrió sus consecuencias. Si digo que el ladrón se cayó del tejado de la casa, no estoy diciendo que él tenía la intención de caerse. Un caso diferente sería si yo dijera que el ladrón se tiró del tejado de la casa: Lo hizo voluntariamente.

Reflexivo	*No reflexivo*
Ella se divirtió mucho en la fiesta.	Ella divirtió a todos con sus chistes.
El preso se despertó a las ocho.	El policía despertó al preso a las ocho.
El policía se cansó en la patrulla.	La patrulla cansó al policía.
El criminal se ahogó en el río.	El criminal ahogó a su víctima en el río.
El barco se hundió en el mar.	Hernán Cortés hundió sus barcos.
El niño se cayó.	El perro hizo caer al niño.

PRÁCTICA

Vamos a hacer frases en forma reflexiva usando los verbos de las frases siguientes. El objeto directo de la frase dada se convertirá en sujeto de la frase reflexiva.

Modelo
La tempestad me asustó. Yo...
Yo me asusté.

1 El ruido te despertó. Tú...
2 La medicina la calmó. Ella...
3 Sus problemas lo preocupan (a usted). Usted...
4 La fiesta nos aburrió. Nosotros...
5 El paseo las cansó (a ustedes). Ustedes...

3 Hay algunos verbos que sólo existen en forma reflexiva, pues su propio significado hace imposible que tengan una forma no-reflexiva: **arrepentirse**, **suicidarse**, **abstenerse** (**de**), **quejarse** (= lamentarse), **dignarse**, **atreverse** (**a**), y algunos otros. Estos verbos expresan acciones o sentimientos que, inevitablemente, caen sobre el sujeto: Yo puedo suicidarme (= matarme a mí mismo), pero no puedo «suicidar a otro»; puedo arrepentirme de mis propios pecados, o puedo influir sobre otro para que él se arrepienta de los suyos, pero no puedo «arrepentir a otro». En la tercera persona estos verbos usan la forma **se**:

El pobre hombre se suicidó.
En el momento de votar, él decidió abstenerse.

4 Algunos verbos tienen un significado cuando funcionan como reflexivos, y otro significado cuando funcionan como verbos no-reflexivos:

Reflexivo	*No reflexivo*
Un miembro del jurado se durmió (= se quedó dormido, empezó a dormir).	Un miembro del jurado durmió (= estuvo dormido).
El juez se casó ayer (= contrajo matrimonio).	El juez casó a los novios (= usó su autoridad legal para declarar que los novios quedan casados).
El procesado se despidió de su familia (= dijo adiós a su familia, y se fue).	Su familia despidió al procesado (= la familia le dijo adiós, y luego él se fue).
	El procesado despidió a su abogado defensor (= le dijo que ya no quería usar sus servicios legales).
El policía se fue a su casa (= empezó a ir hacia su casa, salió hacia su casa).	El policía fue a su casa (= salió hacia su casa y estuvo en ella).
El procesado se negó a confesar (= rehusó confesar).	El procesado negó cuando el abogado le hizo una pregunta (= dijo que no).

C **Se** recíproco

1 Algunos verbos indican una relación mutua entre dos o más personas: El padre quiere a su hijo, el hijo quiere a su padre. En menos palabras: El padre y el hijo se quieren (el uno al otro). Sabemos que una acción es recíproca cuando podemos añadir a la frase las expresiones: **mútuamente** o **el uno al otro**, **el uno a la otra**, y otras posibles combinaciones.

Recíproco	*No recíproco*
El novio y la novia se prometieron fidelidad (el uno a la otra).	El novio prometió fidelidad a la novia, y ella la prometió al novio.
Los dos cómplices se acusaron el uno al otro.	Un cómplice acusó al otro, y viceversa.

PRÁCTICA

Vamos a hacer frases en forma recíproca usando como punto de partida las frases siguientes.

Modelo
Mi hermano no me escribe a mí, y yo no le escribo a él.
Mi hermano y yo no nos escribimos.

1 Tú no quieres a tu marido, y tu marido no te quiere a ti.
2 Hay una barrera generacional: Los padres no hablan a los hijos y los hijos no hablan a los padres.
3 Nosotros no entendemos a nuestros hijos, y nuestros hijos no nos entienden a nosotros.
4 El la insultó, ella lo insultó.
5 El novio besó a la novia, la novia besó al novio.

2 Algunos verbos que pueden funcionar como recíprocos, ofrecen la posibilidad de ser usados también con la estructura **forma reflexiva** + **con**. En estos casos la actitud de una de las partes en la relación recíproca adquiere más importancia que la actitud de la otra parte:

Mi hermano y yo no nos hablamos.	Yo no me hablo con mi hermano.
Mis hijos y yo no nos entendemos.	Yo no me entiendo con mis hijos.
Ella y su familia no se escriben.	Ella no se escribe con su familia.
Los dos amigos se pelearon.	El se peleó con su amigo.

D Se emotivo

Algunos verbos pueden adquirir un sentido más emotivo y personal, aunque sin cambiar de significado, tomando la forma reflexiva. Si el verbo tiene un objeto directo, lo conserva.

Se *emotivo*	*Sin* **se**
Ese delincuente se merece la condena que le dieron.	Ese delincuente merece la condena que le dieron.
Se bebió una botella de whisky y se murió.	Bebió una botella de whisky y murió.
Se fumó mis cigarrillos.	Fumó mis cigarrillos.
Se comió toda la comida.	Comió toda la comida.

Otros verbos que pueden tomar el **se** emotivo: tomarse, esperarse, pasarse, subirse, bajarse, temerse, reírse, andarse.

E **Se** pasivo

1 Una frase en voz activa indica un sujeto, una acción y un objeto de esa acción:

El juez condenó al procesado.

2 La misma idea puede ser expresada en voz pasiva:

El procesado fue condenado por el juez.

En esta frase hay dos sujetos: el procesado, sujeto pasivo de **fue condenado** y el juez, sujeto activo, pués él, en realidad, fue el que condenó.

3 Muchas veces la idea principal (el procesado fue condenado) es la que verdaderamente interesa a la persona que habla; el sujeto activo (el juez que condenó) le parece menos importante, y no lo menciona en la frase. Aparecen entonces dos opciones:

a Usar la forma activa, con un sujeto «ellos» indeterminado:

Condenaron al procesado.

b Usar el **se pasivo**, típico del español:

Se condenó al procesado.

RESUMEN

1. Voz activa:	El juez condenó al procesado.
2. Voz pasiva:	El procesado fue condenado por el juez.
3. «Ellos»:	Condenaron al procesado.
4. Se pasivo:	Se condenó al procesado.

El inglés tiene las formas 1, 2 y 3; el español tiene una forma más, la que usa el **se pasivo**. En esta forma hay que distinguir cuando se refiere a personas determinadas, o a objetos o personas indetermindas.

a Personas determinadas: **se + verbo siempre en singular**

Se interrogó { al atracador. / a los atracadores. }

b Objetos o personas indeterminadas: **se + verbo en singular o plural**

Se necesita secretario.
Se necesitan secretarios.

Se vende una casa.
Se venden dos casas.

Los hispanos confunden a veces estas dos formas, o las simplifican usando siempre el verbo en singular:

Se vende coches usados.
Se alquila habitaciones.

Cuando se trata de varios objetos, lo que sucede es que se omite la repetición del verbo:

Se habla inglés y (se habla) francés.

Este **se** pasivo puede ser llamado también **se aparentemente impersonal.** Se distingue del verdadero **se impersonal** (ver apartado G) en que la frase con **se aparentemente impersonal** siempre puede ser convertida en una frase en voz pasiva, en la cual el sujeto activo es «alguien» que puede hacer la acción. Esta forma en **se pasivo** es típica de los letreros en los lugares públicos:

Se necesita mesero.	= Un mesero es necesitado por este restaurante.
Se prohibe estacionar.	= Estacionar es prohibido por la autoridad municipal.
Se prohibe fumar.	= Fumar es prohibido por la autoridad.
Se ruega no hablar al conductor.	etc.
Se prohibe pisar la hierba.	
Se cambia moneda extranjera.	
Se venden periódicos extranjeros.	
No se aceptan propinas.	
Se prohibe fijar carteles.	

PRÁCTICA

Con las ideas indicadas en las frases siguientes, vamos a hacer frases en **se pasivo**.

Modelo
Los ladrones son enviados a la cárcel.
Se envía a los ladrones a la cárcel.

1 El arma usada en el crimen fue encontrada.
2 Los ladrones fueron detenidos.
3 La pena de muerte fue suprimida.
4 Las sospechas fueron confirmadas.
5 Los procesados fueron absueltos.
6 El delito fue descubierto.
7 La coartada fue probada.

8 La delincuencia urbana fue eliminada.
9 El confidente fue asesinado.
10 Las condenas fueron apeladas.

F Este **se pasivo** puede combinarse con los pronombres:
1 de objeto directo:

Se condenó al procesado a cinco años de cárcel.
Se lo condenó a cinco años de carcel.

Se indultó a las presas.
Se las indultó.

2 De objeto indirecto:

Se dió una condena de cinco años al procesado.
Se le dio una condena de cinco años.

Se explicó la ley a las detenidas.
Se les explicó la ley.

PRÁCTICA

En las frases siguientes, vamos a poner en forma pronominal el objeto directo y el indirecto.

Modelo
Se detuvo al secuestrado. (*objeto directo*)
Se lo detuvo.

Se enviaron los papeles al fiscal. (*objeto indirecto*)
Se le enviaron los papeles.

1 Se leyó la sentencia a los procesados.
2 Se publicó la sentencia.
3 Se descubrió a los secuestradores.
4 Se encontraron las armas de fuego.
5 Se explicaron sus derechos al detenido.
6 Se absolvió a la procesada.
7 Se leyó el articulo del Código Penal a los miembros del jurado.
8 Se concedió libertad bajo fianza a la detenida.

G Se impersonal

Hay frases que usan **se** y que, en realidad, no tienen sujeto, por lo cual no pueden ser convertidas en frases en voz pasiva. Estas frases siempre tienen, expresa o tácita, una idea adverbial de modo o manera unida al verbo, que siempre esta en tercera persona del singular:

Se duerme bien en una cama de agua.
Se come bien en Francia.
Cuando se fuma mucho, se tose mucho.

En conversación descuidada hay una forma, considerada poco elegante, que expresa la misma idea ultilizando como sujeto del verbo las palabras **uno** o **una**; si se quiere destacar la idea del plural, se pueden usar las palabras **todos** y **todas**, con el verbo en plural:

Se anda mal con zapatos nuevos.	Uno anda mal con zapatos nuevos.
Se bebe mucho en ese país.	Todos beben mucho en ese país.

PRÁCTICA

Vamos a utilizar el **se impersonal** para expresar las ideas indicadas en las frases siguientes, cambiando las palabras subrayadas.

Modelo
En esa tienda hay que pagar en dólares.
En esa tienda se paga en dólares.

1 Todos bailan bien en Hispanoamérica.
2 En Argentina es posible esquiar en julio.
3 En ese país todos manejan muy rápidamente.
4 En ese país es posible vivir con poco dinero.

EL ARTE DE LA COMPOSICIÓN

Para usar en la composición

1. La delincuencia
el delito
  el, la delincuente
  cometer un delito
el crimen
  el, la criminal
  matar
el asesinato
  el asesino, la asesina
  asesinar
la violación
  el violador
  violar
el rapto
  el raptor, la raptora
  raptar
el robo
  el ladrón, la ladrona
  robar
el secuestro
  el secuestrador, la secuestradora
  secuestrar
el atraco
  el atracador, la atracadora
  atracar
el arma de fuego
el arma blanca

2. La policía
la patrulla
  patrullar
  hacer la ronda
el cuartelillo } de policía
la estación } de policía
el sospechoso, la sospechosa
  la sospecha (fundada, infundada)
el detenido, la detenida
  detener
  la detención

el interrogatorio
interrogar
el interrogado, la interrogada
la prueba
la coartada
el, la confidente
la confidencia
el fichero
la ficha
estar fichado
los antecedentes penales
las huellas dactilares

3. La justicia
procesar
ser procesado
el procesado, la procesada
la libertad bajo fianza
ser puesto en liberatad bajo fianza
el juzgado
el tribunal
el, la juez
el, la fiscal
el abogado defensor, la abogada defensora
el jurado
el miembro del jurado
condenar
la condena
la pena {de muerte / capital}
la cadena perpetua (máximo período en la cárcel)
absolver
ser absuelto
sentenciar
la sentencia
la cárcel
el presidio
el preso
el presidiario
el sistema penitenciario
la libertad provisional

4. Otras expresiones
pegar(se)
pelear(se)
luchar
a tiros
a puñetazos
exponer(se a)
arriesgar(se a)
divertirse
apostar(le algo a alguien)
ni falta que te hace
no es de + *nombre* (*plural*)
a patas, a patitas

Posibles temas para una composición

1 La violencia urbana, ¿dónde tiene sus causas?
2 La causa de los rebeldes sin causa.
3 La violencia, tradición norteamericana.
4 La glorificación de la violencia en el cine y en la televisión.
5 La violencia, ¿inevitable en una sociedad industrial?
6 La justicia, ¿igual para todos?
7 Crimen y castigo: el sistema penitenciario.
8 La violencia en las cárceles.
9 La violencia y las drogas.
10 Los secuestros de aviones, ¿arma política?
11 Las cárceles, ¿castigo o rehabilitación?
12 La jungla urbana.

14.

Los tópicos nacionales

El cine ¿da una visión real de cada sociedad, o confirma los tópicos que circulan sobre ella?

PILAR Ese matrimonio que conocimos ayer tiene unas ideas muy originales sobre los países extranjeros. ¿No crees, Craig?

CRAIG No presté atención a lo que decían. Ella me pareció una vieja loca de ésas que se asombran y se escandalizan por todo. En cuanto a él,[1] creo que es un pobre hombre. Por cierto, Sheila, ¿dónde conociste a esas dos alhajas?[2]

SHEILA Son unos primos de una amiga mía. Están aquí pasando unos días con ella, y ya la tienen harta.[3] La pobre ya no sabe qué hacer con ellos, y sólo se consuela pensando que se irán pronto.

MARÍA LUISA ¡A mí me dijeron cada cosa![4] Según ella[5] todas las mujeres europeas son unas perdidas[6] que corrompieron a los pobres soldaditos americanos que fueron allí durante la Segunda Guerra Mundial.

PILAR También me lo dijo a mí. Me dejó con la boca abierta.

MANUEL Esa señora es la versión americana de una parienta nuestra en España, que está convencida de que en América no hay moral porque hay muchos divorcios.

MARÍA LUISA ¡La tía Andrea! ¡La pobre! Cuando supo que veníamos aquí dijo que nos íbamos a condenar[7] por visitar un país lleno de protestantes y artistas de cine.

SHEILA Pero, ¿hablaba en serio?

PILAR ¡Y tan en serio![8]

MARÍA LUISA Es una beata[9] que nunca salió del pueblo donde nació. También está convencida de que aquí todo está lleno de gángsteres.

PILAR Sería divertido oír una conversación entre ella y la señora de ayer.

MANUEL ¿Es que tú crees que se hablarían? Se mirarían la una a la otra como dos animales raros,[10] y peligrosos, además.

MARÍA LUISA Por mucha imaginación que tenga esta señora, no creo que pueda pensar que la buena de tía Andrea sea una mujer fatal.[11]

HOWARD Es increíble la cantidad de tópicos que se repiten por ahí.[12] A veces la culpa la tienen las películas. Hay una visión de América, a través del cine, que mucha gente cree a pies juntillas.[13] Gángsteres, vaqueros, millonarios, divorciadas, y se acabó.[14]

1 en lo que a él se refiere
2 esas dos joyas, cosas preciosas
3 ya la tienen aburrida
4 ¡me dijeron unas cosas!
5 de acuerdo con lo que ella dice
6 mujeres sin moral
7 íbamos a ir al infierno
8 ¡muy en serio, de verdad!
9 mujer de ideas religiosas muy estrechas
10 dos seres extraños
11 vampiresa
12 en todas partes, por el mundo
13 cree completamente
14 y eso es todo

MANUEL ¿Y qué me dices de nuestros toreros y de nuestras señoritas con mantilla?

CRAIG Y los mexicanos con un gran sombrero, sentados a la sombra de un cactus, o montados en burro.

MARÍA LUISA Nos olvidamos de las castañuelas y del baile flamenco. Cuando digo aquí que no sé tocar ni la guitarra ni las castañuelas, y que no sé bailar flamenco, la gente se lleva una desilusión.

HOWARD La misma desilusión que yo causé a algunos cuando no me puse nunca un sombrero tejano mientras estuve en Europa.

PILAR ¡Un momento! Los pantalones vaqueros están más de moda en Europa que aquí.

MANUEL Y en cambio me parece que aquí la guitarra en más popular que en España. Hay mucha gente joven que sabe tocarla.

MARÍA LUISA ¡Y yo que ni siquiera sé cuántas cuerdas tiene!

HOWARD Pero la mantilla sí se usa mucho en los países hispánicos.

PILAR Depende de lo que se entienda por mantilla. Lo que llevamos a la iglesia normalmente es una mantilla pequeñita, y la llamamos velo.

MARÍA LUISA La mantilla es más grande, y se lleva generalmente con la peina alta.

SHEILA ¿Qué es la peina?

PILAR Esa especie de peine muy grande, que va debajo de la mantilla.

SHEILA Pero la mantilla, ¿a dónde se lleva? ¿a la iglesia o a los toros?

PILAR A los dos lugares, pero muy rara vez. En realidad, sólo se lleva a la iglesia en Semana Santa.

MARÍA LUISA Y en algunas bodas.

MANUEL Ahí tenéis otro tópico: los toros. Yo soy uno de los muchos españoles que no los aguanta.

MARÍA LUISA Ahora en las plazas de toros hay más turistas que españoles. A mí me gusta ir de vez en cuando. Claro que la señora que conocimos ayer me llamaría salvaje.

MANUEL Y tendría razón.

PILAR ¡Ah, no! ¡Eso sí que no![15] A mí me parece que la corrida de toros es un arte, y que para torear[16] hace falta ser un artista.

MANUEL Es cuestión de opiniones.

15 *¡eso no lo consiento, no lo acepto!*

16 *lidiar toros, enfrentarse con los toros en la plaza*

COMENTARIOS

1 ¿Conoces a alguna persona que tenga ideas preconcebidas sobre países que no conoce?
2 ¿Crees que la gente de tu edad tiene menos ideas preconcebidas que la de la generación anterior?
3 Y tú, personalmente, ¿tienes ideas preconcebidas sobre los habitantes de los países extranjeros?
4 ¿Tienes ideas preconcebidas sobre los habitantes de las diversas regiones de tu país?
5 ¿Cómo describirías a los texanos, los californianos o los neoyorquinos? ¿Cómo formaste tu opinión de ellos?
6 Cuando te presentan a alguien de otra región de tu país, ¿inmediatamente supones que esa persona tiene ciertas características particulares, que tú consideras típicas de los habitantes de esa región?
7 Contesta rápidamente: En tu opinión, ¿cómo son los italianos? ¿los irlandeses? ¿los mexicanos?
8 ¿Qué contestarías a un extranjero que te dijera que los Estados Unidos es un país sin cultura?
9 Si un extranjero te dijera: Todos los norteamericanos son iguales, ¿qué contestarías?
10 ¿Crees que hay algo de verdad en los tópicos?

Ampliación de vocabulario

A **Un tópico** (**una frase hecha, una vulgaridad**) es una expresión **vulgar** (trivial) que se dice cuando no se tiene una opinión personal, original, sobre la materia de la cual se está hablando. El **hablar en tópicos** (el no decir más que tópicos, no decir más que frases hechas, no decir más que vulgaridades) es muy frecuente, y cuando se habla de un país y de sus habitantes es fácil oir generalizaciones, aceptadas como si fueran artículos de fe: Todos los ingleses **son así y asá**, los mexicanos **son de esta manera**, los italianos **son de ésta otra**... ¿Quién no ha oído, y quizá dicho, algún **tópico**, alguna **vulgaridad**? Esta última palabra puede crear problemas a un angloparlante, acostumbrado al uso inglés de *vulgar* y *vulgarity*, en el sentido de **obsceno**, **grosero**. En español se usa en el sentido de algo sin novedad o sin elegancia.

¿Evitas el uso de tópicos en tus conversaciones?
¿Crees que la sociedad actual es más tolerante con el uso de un lenguaje obsceno que la sociedad de hace tan sólo unos años? ¿Te molesta oir un vocabulario grosero en

el cine o en el teatro? En tu vocabulario, ¿hay palabras groseras? ¿Las usas frecuentemente? Cuando hablas con tus amigos, ¿te molesta que usen palabras groseras?

B Los tópicos sobre un país son, a veces, fomentados por los mismos habitantes del país en cuestión. **Lo típico**, lo que es más representativo y simbólico del país, se convierte fácilmente en **un tópico** cuando es explotado, generalmente con fines turísticos. Cuando los turistas regresan a sus países con los objetos típicos que han comprado durante sus vacaciones, ayudan a confirmar los tópicos que muchos han oído: Todos los españoles saben **tocar las castañuelas**, todos los indios americanos **tejen cestos** y **mantas**, en el Oeste americano todos usan **sombreros de vaquero**, en México todos usan unos sombreros muy grandes, con **el ala** muy ancha... etc. **Los carteles** de las agencias de turismo también fomentan, muchas veces, la circulación de los tópicos: En las islas tropicales todos tocan las maracas, en Norteamérica todas las ciudades tienen grandes rascacielos, en el Perú hay llamas por todas partes, y en Inglaterra hay soldados de la Guardia Real, con sus chaquetas rojas, en cada esquina. Los nativos del país se ríen de los turistas que compran estos objetos típicos que ellos, los que nacieron allí, no usan jamás. ¿Cuántos españoles tienen un par de castañuelas? ¿Cuántos norteamericanos del Oeste saben tirar el lazo? Sí, se ríen de los turistas, pero siguen vendiéndoles los objetos típicos que los turistas buscan.

Si tuvieras que hacer un cartel de publicidad turística del Estado de Arizona, ¿qué incluirías en él? Piensa lo mismo de otros estados o países. Y si tuvieras que dibujar un francés, un italiano, un mexicano, un norteamericano, o una persona de cualquier otra nacionalidad, ¿cómo los representarías?

Dificultades y ejercicios

1. Uso De: **tocar, tocarle** (un premio) **a** alguien; **tocarle** (el turno) **a** alguien

tocar	*to touch*
= hacer sonar	*to play an instrument*
	to ring (a bell)
= ganar un premio	*to draw a prize*
= ser el turno de alguien	*to be one's turn*

Le toqué la frente al niño y noté que tenía fiebre.
Toca la guitarra muy bien.
Las campanas de la iglesia **tocan** todas las mañanas.
Si no **tocas** el timbre (de la puerta) nadie nos abrirá.

Espero que algún día **me toque el premio gordo** (el primer Premio) de la lotería.

Observa el cambio de sujeto:

Yo gané un premio.
Me tocó un premio.

Hoy **te toca** a ti lavar los platos.

PRÁCTICA

Me gustaría ser un buen guitarrista.	Me gustaría ________ bien la guitarra.
Cuando suenan las campanas de la catedral, se oyen en toda la ciudad.	Cuando ________ las campanas de la catedral, se oyen en toda la ciudad.
El timbre de la puerta de la calle está estropeado: No suena.	El timbre de la puerta de la calle está estropeado: No ________.
¿Es cierto que ganaste un premio de la lotería?	¿Es cierto que te ________ un premio de la lotería?
¿Cuándo es tu turno de ayudar en la cocina?	¿Cuándo te ________ ayudar en la cocina?

PRACTICANDO AL CONTESTAR

¿Sabes tocar algún instrumento musical?

En la ciudad donde vives, ¿se oye tocar las campanas de las iglesias?

Si te tocara mucho dinero en la lotería, ¿qué harías?

¿Eres una persona de suerte? ¿Te tocó alguna vez algo en una rifa?

Supón que tú y unos amigos se turnan para hacer algún trabajo difícil: ¿procurarías evitar hacerlo el día que te tocara?

2. Uso De: **desilusionar, decepcionar; desilusionarse (con), decepcionarse (con)**

desilusionar = causar una desilusión —— *to disenchant*
decepcionar = causar una decepción —— *to disappoint*
desilusionarse = llevarse una desilusión—— *to be disenchanted*
decepcionarse = llevarse una decepción—— *to be disappointed*

Cuando María Luisa dijo que no sabía bailar flamenco { desilusionó / decepcionó / causó { una desilusión / una decepción } } a sus amigos.

Pero ella también { se desilusionó / se decepcionó / se llevó { una desilusión / una decepción } } cuando un amigo japonés le dijo que no sabía judo.

PRÁCTICA

Me habían hablado mucho de esa ciudad, pero cuando por fin la vi me desilusionó.	Me habían hablado mucho de esa ciudad, pero cuando por fin la vi me __________.
Los niños te esperan hoy, y si no vas a verlos les causarás una desilusión.	Los niños te esperan hoy, y si no vas a verlos los __________.
Esperábamos que la ciudad fuera muy bonita, pero la encontramos bastante fea. Nos decepcionó.	Esperábamos que la ciudad fuera muy bonita, pero la encontramos bastante fea. Nos __________.
Fuimos al ballet, y cuando anunciaron que la primera bailarina estaba enferma nos llevamos una desilusión.	Fuimos al ballet, y cuando anunciaron que la primera bailarina estaba enferma __________.
Los niños esperaban que les trajeras unos regalos, y cuando llegaste con las manos vacías se llevaron una decepción.	Los niños esperaban que les trajeras unos regalos, y cuando llegaste con las manos vacías __________.

Desilusionarse (pero no **llevarse una desilusión**) puede usarse también en el sentido de **perder el interés por** algo demasiado difícil, o imposible:

Vi que no podía terminar el trabajo, y **me desilusioné**. Cuando vimos que todo sería inútil, **nos desilusionamos**. Al ver que sería imposible, **se desilusionaron** y no siguieron.

PRACTICANDO AL CONTESTAR

¿Cuál ha sido la mayor desilusión de tu vida? ¿Te llevarías una gran decepción si alguien a quien admiras mucho resultara ser un perfecto sinvergüenza? Si idealizas a alguien, ¿no crees que tarde o temprano te causará una desilusión? Cuando empiezas un trabajo difícil, ¿te desilusionas fácilmente y lo dejas?

3. Uso De: **ilusionarse** (**con**), **estar ilusionado** (**con**); **hacerse ilusiones** (**sobre**)

ilusionarse (**con**) **estar ilusionado** (**con**)		*to be thrilled*
hacerse ilusiones (**sobre**) =	poner muchas (grandes) esperanzas en	*to have great expectations, to bank on*
	engañarse a sí mismo con	*to kid oneself*

Cuando les dije a los niños que quizá los iba a llevar a Disneyland, **se ilusionaron. Están ilusionados con** (la idea de) ir allí, con verlo todo. Yo les advertí que el viaje no era todavía seguro, y que **no se hicieran grandes ilusiones* sobre** la ida a Disneyland, pero **están tan ilusionados** que ya no me atrevo a decirles que no iremos. **No me hago ilusiones**: Tendré que llevarlos sea como sea, para **no causarles una gran desilusión.**

PRÁCTICA

Los niños se ilusionaron con la idea de ir a Disneyland.	Los niños están ________ con la idea de ir a Disneyland.
Mi hijo más pequeño se ilusiona pensando que va a ver a todos los personajes de las películas de dibujos animados.	Me hijo más pequeño está ____ ____ pensando que va a ver a todos los personajes de las películas de dibujos animados.
Como el viaje no es seguro, les dije que no pusieran muchas esperanzas en la ida.	Como el viaje no es seguro, les dije que no ________ la ida.
El viaje costará bastante. No me engaño a mí mismo sobre el precio.	El viaje costará bastante. No ________ el precio.

PRACTICANDO AL CONTESTAR

Cuando eras pequeño, ¿te ilusionaba mucho la venida de Santa Claus? ¿Crees que todos los niños se ilusionan con la idea de recibir regalos?

¿Eres optimista o no te haces ilusiones sobre tu futuro? Cuando hablas de tu futuro, ¿te molesta que alguien te diga que no debes hacerte muchas ilusiones?

¿Te has dicho a ti mismo alguna vez—«No te hagas ilusiones, lo que deseas es imposible»?

4. Uso De: **ilusión; falsa idea; engaño**

ilusión =	entusiasmo	*enthusiasm*
	esperanza	*illusion (hope)*
	sueño, algo inalcanzable	*illusion (dream)*
	engaño, algo que no existe	*illusion*
	falsa idea	*delusion*
engaño =	falsedad	*deception*

El pintor trabajó con mucha **ilusión**, convencido de aquél iba a ser su mejor cuadro. Tenía **la ilusión** de llegar a ser considerado el mejor pintor del país, pero su **deseo** no fue más que una **ilusión**. «El

* **Hacerse ilusiones** se usa, sobre todo, en forma negativa.

éxito es una **ilusión óptica**», se dijo. Pronto se dio cuenta de que creerse un genio había sido una **ilusión**, y ahora pagaba el precio de su **engaño**.

PRÁCTICA

Todos trabajaron con mucho entusiasmo.	Todos trabajaron con mucha ______ ______.
Tiene la gran esperanza de que pronto va a encontrar el gran amor de su vida.	Tiene la ______ de que pronto va a encontrar el gran amor de su vida.
Es un artista que vive en un mundo de sueños.	Es un artista que vive en un mundo de ______.
Cuando iba por el desierto le pareció ver un gran lago, pero se dio cuenta de que era un engaño óptico.	Cuando iba por el desierto le pareció ver un gran lago, pero se dio cuenta de que era una ______ ______ óptica.
Es un pobre hombre, pero tiene falsas ideas de grandeza.*	Es un pobre hombre, pero tiene tiene ______ de grandeza.
Dijo que era médico, pero resultó ser una falsedad.	Dijo que era médico, pero resultó ser un ______.

PRACTICANDO AL CONTESTAR

¿Es posible vivir sin ilusiones?

¿Te parece una ilusión pensar que algún día habrá un mundo sin guerras?

¿En qué tipo de trabajo crees que trabajarías con más ilusión?

¿Crees que la felicidad es una ilusión?

Un fin moral, ¿justifica el uso del engaño como medio para conseguirlo?

Pequeño teatro

1 La clase se divide en dos grupos. Unos son turistas que visitan un país del cual sólo conocen unos cuantos tópicos. Los otros estudiantes hacen el papel de habitantes de ese país, dispuestos a explotar la ignorancia de esos turistas. ¿Qué espera ver en los Estados Unidos un turista extranjero no muy culto? ¿Qué «América típica» inventaría para él un agente de viajes no muy honrado?

* También se dice: tener **delirios de grandeza**

2 El caso opuesto sería el dividir la clase en dos grupos, uno de extranjeros, el otro de nacionales, los dos cultos e inteligentes, que quieren hacer el programa de una visita a un país para ver en él lo que verdaderamente represente su cultura. Si ese país fuera los Estados Unidos, ¿qué itinerario prepararían los guías nacionales para un grupo de visitantes extranjeros? ¿Qué querrían ver los turistas extranjeros, sinceramente interesados en ver la América real, y no la de los tópicos?
Se puede hacer lo mismo con otros países que sean conocidos por, por lo menos, una parte de la clase. Los que no conozcan el país serán los turistas interesados en visitarlo, y los otros serán sus guías.

3 Otra posibilidad es que una parte de la clase defienda la veracidad de ciertos tópicos que circulan por el mundo, mientras que otro grupo los niega. Algunos tópicos bien conocidos son estos:

a Los latinos son buenos amantes.
b Los latinos son románticos.
c Los anglosajones son fríos.
d Los alemanes son eficientes.
e Los alemanes no tienen imaginación.
f Los orientales son misteriosos.
g Los matrimonios católicos tienen muchos hijos.
h Los hispanos lo dejan todo para mañana.
i Los profesores son distraídos.
j El viajar ilustra.

Sea usted mi intérprete, por favor

1 Are you really surprised by foreign customs?
2 Do you think that movies give a true idea of American society?
3 Have you had many disappointments in your life?
4 Do you play the guitar? How many strings does it have?
5 Why do you think blue jeans became so popular?
6 Do you consider bullfighting an art or a sport?
7 Do you have any preconceived ideas about foreigners?
8 Did you ever draw a prize in a raffle?
9 Do you know yourself well, or do you kid yourself and think that you have qualities you don't have?
10 Do you have delusions of grandeur?

Cuestiones gramaticales

USO DE: **ser** y **estar** (I)

El problema no es tan difícil como parece si consideramos algunos aspectos sicológicos de la lengua, junto con algunos aspectos gramaticales.

Contraste A **Ser** / **Estar** } + **adjetivo**

Cada individuo ve el mundo desde dos puntos de vista:

1 Lo que le parece realidad visible y aceptada.
2 Lo que le parece producto de un cambio en esa realidad.

Estas dos actitudes se reflejan en la opción entre **ser** y **estar** seguidos de una palabra con valor adjetivo.

Muchas gramáticas dicen que hay toda una lista de adjetivos que cambian de significado según estén usados con **ser** o **estar**. Un ejemplo típico es:

Ella es lista (= inteligente).
Ella está lista (= preparada).

Lo que sucede, en realidad, es que el adjetivo **listo** tiene varios significados:

1 Expresa una situación visible y aceptada:

Pilar es lista (= inteligente, viva, según todos los que la conocen y según los criterios aceptados para juzgar la inteligencia).

2 Refleja un cambio:

Pilar está lista (= preparada: se preparó y, en consecuencia, está preparada).
Pilar es muy lista y hoy está **muy** lista (= más lista que nunca).
Cuando tu marido sepa que te olvidaste de llamar a la agencia de viajes, ¡estás lista! (= *you have had it!* Tu vida tranquila tendrá un mal momento hoy).

Tenemos que considerar, por lo tanto, que los llamados diferentes significados son, en realidad, diferencias de puntos de vista:

Realidad visible y aceptada	*Cambio apreciado en esa realidad*
Ser + adjetivo	**Estar + adjetivo**
Howard es alto (= tiene mucha estatura).	Howard está alto (= más alto que los jóvenes de su edad).
Esa familia es rica (= tiene dinero).	Esa familia está rica (= hizo dinero).

Esa familia es pobre (= no tiene dinero).	Esa familia está pobre (= perdió su fortuna).
Ese amigo tuyo es aburrido (= aburre a todos).	Ese amigo tuyo está aburrido (= alguien o algo lo aburrió).
Esta manzana es verde (= su color: verde).	Esta manzana está verde (= etapa de un cambio natural de verde a madura).
Su marido es un enfermo (= no tiene buena salud).	Su marido está enfermo (= perdió su buena salud).
El matrimonio es feliz (= los dos tienen una vida feliz).	El matrimonio está feliz (= algo los hizo felices).
El es casado (= parte de su identidad, como ser rubio).	El está casado (= dejó de ser soltero).

Este criterio nos permite abandonar la división, frecuente en muchas gramáticas, entre lo **permanente** (**ser**) y lo **temporal (estar)**, que no nos explica el uso de ser en frases como:

Es joven y bonita. (La juventud y la belleza se pierden.)

o:

Está muerto. (Condición que no cambia.)

PRÁCTICA

En las frases siguientes vamos a cambiar las palabras subrayadas, usando en su lugar **ser** o **estar**.

Modelo
Esta ciudad siempre tiene una atmósfera triste.
Esta ciudad es triste.

Con la crisis económica la ciudad tiene una atmósfera triste.
Con la crisis económica la ciudad está triste.

1 Tiene la profesión de abogado.
2 Actuó como un hombre simpático, aunque todos sabemos que no lo es.
3 Ya tiene bastantes años, pero tiene aspecto joven.
4 Come mucho y se puso gordísimo.
5 Vamos a tener tormenta. El cielo tiene color negro.
6 No me gusta bañarme en esa playa. En mi opinión el agua tiene una temperatura muy fría.
7 Bebe mucho. Todos lo consideran un alcohólico.
8 Tiene juventud.

9 Perdió mucho peso, y ahora tiene la figura de una persona delgada.
10 Es sarcástico, y hoy actúa de un modo más sarcástico que nunca.

Contraste B **Ser**: voz pasiva
Estar: resultado de una acción

La voz pasiva siempre usa **ser.**

El resultado de una acción se expresa usando **estar** + **participio** con función de adjetivo. Este uso de **estar** está muy relacionado con el estudiado en el apartado anterior.

Ser: voz pasiva	*Estar: resultado de acción*
La guerra fue ganada por el más fuerte.	La guerra está ganada.
La ciudad fue destruida por el terremoto.	La ciudad está destruida.
El perro fue herido por el coche.	El perro está herido.
El libro fue prohibido por la censura.	El libro está prohibido.

No hay que confundir la verdadera voz pasiva (**ser**), usada en los ejemplos anteriores, con las frases que indican la acción realizada (**estar**) y que luego añaden por quién fue realizada:

El libro está prohibido por la censura. (= resultado de la prohibición: El libro está prohibido.)
La ciudad está destruida por el terremoto. (= resultado del terremoto: La ciudad está destruida.)

PRÁCTICA

Con las ideas expresadas en las frases siguientes, vamos a hacer frases en voz pasiva.

Modelo
El libro está terminado. Lo terminó el autor.
El libro fue terminado por el autor.

1 El ejército está vencido. Lo venció el enemigo.
2 La casa está destruida. La destruyó un incendio.
3 La película está cortada. La cortó la censura.
4 La manifestación estará prohibida. La prohibirá la policía.
5 El perro está curado. Lo curó el veterinario.

Con las frases siguientes, vamos a hacer frases que indiquen el resultado de una acción. Todos los participios que hay que usar son irregulares.

Modelo
Alguien rompió esta taza.
Esta taza está rota.

1 El autor escribió el libro.
2 Tú hiciste la comida.
3 El puso la mesa.
4 El enfermo murió.
5 Alguien dijo ya esta frase.

Contraste C **Ser / Estar** + expresión de lugar

1 **Ser** = tener lugar
Estar = encontrarse en

Este contraste diferencia entre el lugar donde ocurre una acción (**ser**) y el lugar donde se encuentra situado un objeto o una persona (**estar**).

Acción	*Persona u objeto*
Ser = tener lugar	**Estar** = encontrarse en
La fiesta es en el jardín.	Los invitados están en el jardín.
La clase (= la actividad docente) es en el laboratorio.	La clase (= el grupo de alumnos) está en el laboratorio.
El accidente fue en la curva.	El coche accidentado está en la curva.
El crimen fue arriba (= la acción de matar).	El muerto está arriba (= la víctima).
El desayuno (= la actividad de desayunarse) será en la terraza.	El desayuno (= el café, etc.) estará en la terraza.

PRÁCTICA

En lugar de las palabras subrayadas, vamos a usar **ser o estar**.

Modelo
Chichicastenango se encuentra en Guatemala.
Chichicastenango está en Guatemala.

1 El verano próximo me encontraré en Puerto Rico.
2 La revolución ocurrió en la capital.
3 Los prisioneros de guerra viven en un campo de concentración.
4 La comida tendrá lugar en el hotel.
5 La comida (la sopa, etc.) se encuentra sobre la mesa.

2 **Aquí, acá, ahí, allá** + { **ser** + (*nombre*) + **donde**
{ **estar** + *nombre* + **donde**

La única diferencia entre estas dos estructuras es que cuando se usa **estar** hay que indicar el nombre que completa el sentido de la frase. Cuando se usa **ser** hay la opción de indicar el nombre o no. Estas estructuras, que incluyen la expresión de lugar **donde**, por su propio significado sólo pueden referirse a lugares o a objetos inmóviles:

Ser	*Estar*
Aquí es (la plaza) donde mataron a Kennedy.	Aquí está la plaza donde mataron a Kennedy.
Ahí es (la casa) donde vivo.	Ahí está la casa donde vivo.

Estas estructuras permiten tres posibles órdenes de palabras:

Es aquí donde vivo.	Está aquí la casa donde vivo.
Aquí es donde vivo.	Aquí está la casa donde vivo.
Donde vivo es aquí.	La casa donde vivo está aquí.

PRÁCTICA

Vamos a expresar las ideas indicadas en las frases siguientes usando las estructuras **aquí**, **allí**, etc. + { **ser** + (*nombre*) + **donde**.
{ **estar** + *nombre* + **donde**.

Modelo

Murió allí.
Allí es donde murió.

Murió aquí, en esta plaza.
Aquí es (la plaza) donde murió.
Aquí está la plaza donde murió.

1 Lo mataron aquí.
2 Lo mataron aquí, en esta plaza.
3 Aquí lo enterraron.
4 Aquí lo enterraron, en este cementerio.
5 Allí chocó.
6 Allí fue el accidente, en aquella curva.

3 Por extensión, esta estructura permite el uso de **ser** para indicar situación en frases muy cortas en las cuales **donde** y todo lo que le sigue está implícito.
En esta estructura:

a Cuando nos referimos a **objetos que no se mueven** (casas, calles, etc.) podemos usar **ser** o **estar**.

b Cuando nos referimos a **actividades**, hay que usar **ser**.
c Cuando nos referimos a **personas**, **animales u objetos que se mueven**, hay que usar **estar**.

Ser	*Estar*
a Tu casa, ¿dónde es? Es ahí. Ahí es.	**a** Tu casa, ¿dónde está? Está ahí. Ahí está.
b Dónde trabajas? Es ahí. Ahí es. (En estos casos la respuesta es una abreviación de: Ahí es donde está mi casa. Ahí es donde trabajo.)	**b** (No se usa **estar**.)
c (No se usa **ser**.)	**c** Tu jefe, ¿dónde está? Está ahí. Ahí está. Tu coche, ¿dónde está? Está ahí. Ahí está. (En estos casos **estar** indica situación, como en los ejemplos del Contraste C.1 (encontrarse en): Tu casa {se encuentra / está} ahí. Tu jefe {se encuentra / está} ahí. Tu coche {se encuentra / está} ahí.)

PRÁCTICA

Contestar las preguntas siguientes, usando {**ser** / **estar**} + **aquí**, **ahí**, etc.

Modelo
¿Dónde se encuentra tu novio?
Está ahí.

¿Dónde estudias?
Es ahí

1 ¿Dónde sucedió el accidente?
2 ¿Dónde practicas deportes?
3 ¿Dónde se encuentran tus padres?

4 ¿Dónde tendrá lugar la fiesta?
5 ¿Dónde se conocieron ustedes?
6 ¿Dónde te encuentras?

4 **En** + *nombre* + **ser** + **donde** + ...

Con esta estructura siempre se usa **ser**, y no hay contraste con otra estructura que use **estar**. Hay, sin embargo, la posibilidad de tres órdenes de palabras. Si comparamos esta estructura con la estudiada en C.2 vemos que ahora no se usa nunca **aquí**, **allá**, etc. Se incluye uno de estos casos en cada ejemplo para ver bien la diferencia.

Es aquí donde mataron a Kennedy.
Es en esta plaza donde mataron a Kennedy.
En esta plaza es donde mataron a Kennedy.
Donde mataron a Kennedy es en esta plaza.

Es aquí donde se bebe el mejor tequila.
Es en México donde se bebe el mejor tequila.
En México es donde se bebe el mejor tequila.
Donde se bebe el mejor tequila es en México.

PRÁCTICA

Vamos a cambiar las frases siguientes, expresando la misma idea con la estructura **ser en** (tres órdenes de palabras).

Modelo
En Puerto Rico hay magníficas playas.
Es en Puerto Rico donde hay magníficas playas.
En Puerto Rico es donde hay magníficas playas.
Donde hay magníficas playas es en Puerto Rico.

1 En Florida viven muchos cubanos.
2 En Luisiana se habla francés.
3 En el sudoeste de los Estados Unidos se habla mucho español.
4 En Bolivia hubo muchas revoluciones.
5 En Perú están las ruinas de Machu Picchu.

EL ARTE DE LA COMPOSICIÓN

Para usar en la composición

1. Los tópicos
hablar en tópicos
la frase hecha
la vulgaridad
la expresión vulgar
lo típico

2. *Expresiones verbales*
tocar
tocarle (algo a alguien)
tocarle el turno (a alguien)
ser así y asá
ser de esta manera
ser de ésta otra
torear
tejer (cestos, mantas)
desilusionar(se)
decepcionar(se)
ilusionarse con
estar ilusionado con
hacerse ilusiones
ser una mujer fatal
condenarse
ser un perdido, una perdida

3. *Otras expresiones*
en cuanto a mí, a ti, etc.
el pobre hombre
la alhaja
¡me (te, etc.) dijeron cada cosa!
¡y tan en serio!
¡y se acabó!
¡eso si que no!
por ahí
la ilusión
la falsa idea
el engaño
el ala del sombrero
obsceno, grosero

Posibles temas para una composición

1 Los tópicos, una ayuda para las imaginaciones pobres.
2 Tópicos acerca de los Estados Unidos.
3 Tópicos acerca de otros países.
4 Disneyland, ¿América típica o América en tópico?
5 El americano típico, ¿cómo es?
6 El turismo y la explotación del tópico.
7 París (o cualquier otra ciudad) vista por quien no la ha visto nunca.
8 La realidad en conflicto con el tópico.
9 Los tópicos, ¿siempre tienen una dosis de verdad?
10 Ideas preconcebidas sobre algunos caracteres nacionales.

15.

La cultura y la lengua

Los toros por las calles de Pamplona, en España, el día de San Fermín.

SHEILA ¿Les gustó la excursión a las cataratas?

PILAR Mucho, Sheila, pero el viaje en coche me dejó cansadísima. Estoy para el arrastre.[1]

CRAIG Estás ¿para qué?

PILAR Perdona, Craig, es un término de las corridas de toros. Después de matar al toro, vienen las mulillas[2] y lo arrastran[3] para llevárselo del ruedo.[4] Eso se llama el arrastre, y estar listo para el arrastre, o simplemente estar para el arrastre, significa estar tan cansado, o tan acabado, que ya no se puede hacer nada.

MANUEL La corrida de toros dio muchas expresiones al idioma. Cuando llega un momento decisivo o importante, se dice: Es la hora de la verdad. Se llama así el momento de matar al toro, cuando se ve si un torero es bueno o no.

MARÍA LUISA Y cuando una persona está jugando con otra, dándole esperanzas y luego desilusionándola, se dice que la está toreando.

HOWARD Eso es lo que tú haces con algunos de mis amigos.

MARÍA LUISA ¡Qué pesado eres![5] Siempre estás con el mismo disco.[6] Un día voy a saltarme a la torera todas las reglas de los buenos modales,[7] y voy a contestarte como mereces.

HOWARD ¡No te pongas así,[8] mujer, que no es para tanto!

PILAR Bueno, haya paz. Volviendo al tema, eso que acaba de decir María Luisa es otra expresión de los toros: Saltarse la ley a la torera es no hacer caso de la ley.

MANUEL Cuando los toreros se ven en peligro, corren y saltan la barrera con mucha gracia y facilidad. De ahí viene la frase. Las costumbres de cada país crean un vocabulario especial.

PILAR ¡Ya lo creo! Hay muchas expresiones americanas que casi no se pueden traducir al español, porque lo que indican no existe en el mundo hispánico. Por ejemplo, un *picket* en caso de huelga. Tendríamos que decir: Un grupo de obreros que se estaciona a la entrada de la fábrica. Lo nuestro es la manifestación, o la sentada.

MANUEL Igual que el *paycheck*. Decimos «el sobre», porque los sueldos y salarios se pagan en efectivo,[9] dentro de un sobre. El cheque se usa menos.

PILAR Si la vieja loca de la semana pasada oyera hablar a la tía Andrea, se horrorizaría. Es tan religiosa

1 estoy tan cansada que no sirvo para nada

2 las mulas

3 tiran de él

4 de la arena

5 siempre insistes en lo mismo, eres aburrido

6 repites lo mismo

7 dejar de cumplir las reglas de la buena educación

8 no te incomodes

9 en billetes

que cada dos palabras dice: «Jesús» o «Jesús, María y José», y si le parecen pocos santos, dice: «Por todos los santos del cielo». Y eso es una señal de devoción en el mundo hispánico.

MARÍA LUISA Y ¿cómo dirías en inglés «ser novios»?

HOWARD Diríamos *to go steady*, aunque se usa poco. Pero no tienen palabra para *coed*.

MARÍA LUISA Se dice una estudiante, y en paz.[10]

CRAIG Ayer estaba leyendo un libro de historia, y encontré unas cuantas palabras que no sé en español, Y, a propósito, el libro era un *paperback*.

MANUEL Encuadernado en rústica, o «en rústica», simplemente, o un libro de bolsillo. Hay otros encuadernados en tela, o en piel.

CRAIG El libro trataba de uno de los presidentes que fue... bueno, que lo echaron. Decimos *impeached*.

MANUEL En general se dice que el Presidente fue depuesto, o que van a deponer al Presidente. En España sólo hubo sistema republicano durante dos breves períodos de su historia, y a los reyes no se los depone: Los reyes son destronados, o se ven obligados a abdicar. Lo que suceda después depende del país y del momento histórico. En Francia y en Inglaterra les cortaron la cabeza, y otras veces, como en España, los mandaron al exilio. En cuestión de guerras, revoluciones y política os hemos dado un buen vocabulario: junta, guerrilla, liberal, calabozo.

MARÍA LUISA Y en cuestión de deportes y de cine, el inglés nos dio muchas palabras: fútbol, gol, chutar,[11] record, aunque la Academia dice que hay que decir marca; camping, film o filmo, filmar, y no sé cuántas más.

PILAR En política, relaciones internacionales y técnica también tenemos algunos préstamos del inglés: el misil, el líder, el mitin, la computadora, el nailón, o nilón... en fin, que ninguna lengua vive aislada de las demás.

MANUEL También se usa mucho ahora «contestar» en el sentido inglés de *to contest*, y se habla en los periódicos de los estudiantes contestatarios, lo mismo que los médicos hablan de un chequeo, y los sicólogos hablan de un test. Y en cuanto a la violencia, nos habéis dado el verbo linchar.

CRAIG Con tanto intercambio, pronto llegaremos a un lenguaje universal.

PILAR No te hagas ilusiones.

10 es bastante

11 dar con el pie a la pelota, con mucha fuerza

COMENTARIOS

1. ¿Qué aspectos de la cultura norteamericana influyen en tu vocabulario? ¿Los deportes? ¿La televisión?
2. ¿Crees que tu generación tiene un vocabulario propio, distinto del de la generación anterior?
3. En los Estados Unidos coexisten muchos grupos étnicos diferentes, con sus propias particularidades culturales. ¿Cómo han influido en tu vocabulario estos diversos grupos?
4. ¿Podrías explicar a un amigo extranjero que se entiende por *black English*?
5. ¿Cómo le explicarías a un amigo extranjero qué es *to have a blind date*?
6. ¿Y cómo le explicarías qué es *far out*?
7. ¿Hay una gran diferencia entre el inglés que estudias en la escuela y el inglés que hablas en la calle?
8. ¿Hay diferencias entre el inglés que hablas en la calle y el que hablas en tu casa?
9. ¿Cuál es tu idea de lo que es «buen inglés»?
10. El estudiar una lengua extranjera, ¿te ayuda a comprender mejor la tuya propia?

Ampliación de vocabulario

A La historia, la religión, la literatura y, en general, las formas de vida de una sociedad, ayudan a la creación de **expresiones idiomáticas** que entran a formar parte del vocabulario de todos los días. El origen de estas expresiones puede llegar a olvidarse, pero su significado es perfectamente claro para el que las usa. La expresión idiomática está viva, llena de significado, aunque el suceso que le dio origen ya pertenezca a un pasado lejano, incluso a un pasado olvidado. El pasado entra así a formar parte de nuestra vida diaria, integrándose en las formas vivas de la cultura a la cual pertenecemos. Para indicar que hay peligro, un español puede decir que **hay moros en la costa**, sin que esto signifique que conozca el origen de la expresión: los ataques de los piratas turcos y del norte de Africa, que tanto obsesionaron a los españoles de los siglos XVI y XVII. También puede decir que **es obra de romanos** un trabajo difícil, que lleva mucho tiempo, sin que al decirlo esté pensando en los grandes e impresionantes monumentos dejados por los romanos en toda la región mediterránea. Cuando lleva a cabo algo muy difícil, puede decir que **puso una pica en Flandes**, clara referencia a los problemas de las guerras que los españoles sostuvieron con los belgas y holandeses en los siglos XVI y XVII, y cuando toma una decisión muy importante, de la cual ya no se puede volver atrás, puede decir que **quemó las naves, como Hernán Cortés**. Las legendarias riquezas de las Américas dieron origen a la expresión **valer un Perú**, que se aplica a cualquier cosa, o persona, de mucho valor. **Mi mujer vale un Perú**, puede decir orgullosamente un marido hispánico para indicar que tiene una esposa muy buena, que lo hace feliz. En la España medieval coexistieron tres sociedades: la de los cristianos, que hablaban castellano o cualquiera de las otras lenguas peninsulares derivadas del latín; la de los musulmanes, que hablaban árabe; y la de los judíos, que hablaban hebreo. De este hecho viene la expresión **hablar en cristiano**, es decir, hablar una lengua que se pueda comprender. «Si no me hablas en cristiano, no te entiendo», quiere decir «háblame con claridad, sin ambiguedades ni obscuridades». En México, cuando se quiere acusar a alguien, generalmente a un político, de estar vendido a intereses extranjeros, se le acusa de **malinchismo**, clara referencia a la Malinche, la hermosa india que ayudó a Hernán Cortés en la destrucción del imperio azteca.

Piensa un poco en las expresiones que usas en tu conversación. ¿Encuentras algunas que estén relacionadas con la historia de tu país? Para indicar que alguien es muy orgulloso, ¿dirías: Se cree descendiente de los que vinieron en el Mayflower? ¿Cómo explicarías a un amigo extranjero lo que significa para ti el hablar de **la última frontera**? Y la expresión *to strike it rich*, ¿tiene algo que ver con el descubrimiento del oro en California? ¿Qué otras expresiones se te ocurren?

B Lo mismo que la historia, la literatura hace sus aportaciones al vocabulario que usamos todos los días. Una persona que sirve de intermediaria en amores clandestinos es **una celestina**, en recuerdo del inolvidable personaje creado por Fernando de Rojas en su *Tragicomedia de Calisto y Melibea*, mejor conocida bajo el título de *La Celestina*. Y Don Quijote, idealista y soñador, nos da su nombre en las expresiones **ser un quijote** o **hacer una quijotada**: la acción de un hombre exageradamente altruista. **Los pícaros** de las novelas picarescas viven todavía en el vocabulario hispánico, como personas que viven de su ingenio, siempre al borde de la ley, aunque nunca violentos o terriblemente peligrosos. Y Don Juan, el amante irresponsable y frívolo, que seduce y abandona con gran facilidad, hace que su nombre circule, convertido en una sola palabra: **Un donjuán** es un hombre que tiene gran éxito con las mujeres, con muchas mujeres.

¿Qué personajes de la literatura y de las artes de tu país, o de cualquier otro país, se han convertido en nombres que tú usas en tu conversación? ¿Te consideras **un romeo**, o conoces a alguien a quién llamarías un romeo? De alguien muy inteligente y astuto, ¿dirías que es **maquiavélico**? ¿Puedes explicar qué es un *Mickey*

Mouse course? Y de alguien que siempre quiere ser el primero en todo, destacándose sobre los demás, ¿dirías que tiene mentalidad de *prima donna*?

C La cultura católica de los países hispánicos ha hecho que se use en la conversación todo un vocabulario tomado del lenguaje de la Iglesia, o relacionado con los diversos aspectos de la religión. En la cultura hispánica no se considera una falta de respeto el usar el nombre de Dios, o de Jesucristo y los santos, fuera de un contexto religioso. Así, cuando alguien estornuda, se le dice **¡Jesús!**; exclamaciones como **¡por Dios!**, **¡por todos los santos del cielo!**, **¡por los clavos de Cristo!**, son frecuentes, y no se consideran irreverentes. Cuando alguien se ha dado un golpe muy grande, se dice que **se ha roto la crisma**, una referencia a la ceremonia del bautismo, y cuando una comida o una bebida cualquiera sabe muy bien, se dice que **sabe a gloria**, referencia a la gloria, al cielo. La patena es una lámina de metal sobre la que se pone la hostia durante la misa, y de algo que está muy limpio se dice que **está limpio como una patena**, o que **está más limpio que una patena**. Al lado de estas expresiones, perfectamente aceptables, hay otras que ya entran en el campo de lo que se consideran blasfemias, que toda persona de buen gusto, aunque no sea religiosa, debe evitar para no herir los sentimientos religiosos de los demás.

En tu lengua, ¿son aceptables las expresiones que tienen claras referencias religiosas? Para evitar en la conversación las expresiones que tienen connotaciones religiosas, ¿hay otras expresiones más aceptables? Si un amigo extranjero te pregunta por qué se dice *for Pete's sake*, ¿cómo se lo explicarías? ¿Qué es el *Bible belt*?

D Como las costumbres cambian de un país a otro es difícil, y a veces imposible, encontrar una palabra que corresponda exactamente a la que en el otro idioma se usa para indicar esa costumbre. Los habitantes del mundo hispánico son muy aficionados a reunirse con sus amigos en un determinado café, para charlar. El grupo forma **una tertulia** en la que se habla de todo, desde política y arte hasta deportes. Las exigencias de la vida moderna están destruyendo esta agradable costumbre, pero aún hay tertulias literarias que se resisten a desaparecer. En la vida familiar es costumbre **quedarse** (o **estar**) **de sobremesa**, al terminar las comidas, para satisfacer así una necesidad hispánica: conversar. En las grandes ciudades la vida es tan agitada como en cualquier otra gran ciudad del mundo, pero los hispanos no renuncian a la larga pausa del mediodía, para almorzar (comer) con su familia. Cuando termina la jornada de trabajo, descansan, pero no han sentido la necesidad de expresar la idea de que están aflojando los resortes que los han mantenido en tensión todo el día: No hay una expresión paralela a *to unwind.* Esto a pesar de que en las grandes ciudades, como México, Buenos Aires o Madrid, la vida es bastante complicada. Y, ciertamente, aunque la vida moderna es muy competitiva, aunque en ella hay mucha competencia, en español no se habla de la *rat race.*

¿Cómo explicarías a un extrajero qué es una *dear John letter*? ¿Y qué es un *Johnny-come-lately*?

El automóvil es muy importante en la vida de los norteamericanos, y ha dado muchas expresiones al idioma. ¿Qué es ser un *back seat driver*? Lo mismo sucede con el mundo de los negocios. ¿Qué es un *rain check*? ¿Y un *self-made man*?

1. Uso De: equivalentes españoles de *to drive*, y expresiones afines

manejar (un carro) (Hispanoamérica) **conducir** (un coche) (España) **ir** / **andar** / **pasear** en {coche / carro}	*to drive*
llevar (a alguien) en {coche / carro}	*to give a ride*
clavar (un clavo, una punta) **en**	*to drive (a nail)*

El no saber **manejar** es un verdadero problema. Tengo que **ir** a mi trabajo **en** camión (autobús, guagua, colectivo), o ir a pie. Felizmente, un amigo que vive cerca se ofreció a **llevarme en su coche** (carro).

El casero (dueño, propietario) del piso que acabo de alquilar me ha dicho que no puedo **clavar** clavos en la pared. No sé cómo voy a colgar los cuadros.

PRÁCTICA

El saber conducir es indispensable en la vida moderna.	El saber __________ es indispensable en la vida moderna.
Cuando hace buen tiempo y estoy libre, me gusta andar en coche por el campo, lejos de la ciudad.	Cuando hace buen tiempo y estoy libre, me gusta __________ por el campo, lejos de la ciudad.
Todas las mañanas tengo que ir en el coche con mis hijos a la escuela.	Todas las mañanas tengo que ____ ________ en coche a mis hijos a la escuela.

Si no puedo poner clavos en la pared, ¿cómo colgaré los cuadros?	Si no puedo ____________ clavos en la pared, ¿cómo colgaré los cuadros?

PRACTICANDO AL CONTESTAR

¿A qué edad aprendiste a manejar?

Desde tu casa, ¿puedes ir a pie a la universidad, o tienes que ir en coche? Si no tienes carro, ¿alguien te lleva en su carro a la universidad?

En el lugar donde vives, ¿te dejan clavar clavos en la pared para colgar cuadros?

impulsar a (ser impulsado a) / **llevar a** (ser llevado a) + {*infinitivo* — *to drive to -ing* / *articulo + nombre*—*to be driven to -ing*}

sacar (a alguien) {**de sus castillas** / **de quicio**} — *to drive crazy*

volver loco — *to drive mad (insane)*

Es un hombre inteligente, pero débil, y sus muchos problemas maritales **lo llevaron a** la bebida. ¡Qué lástima, **ser impulsado a** la bebida por no ser capaz de enfrentarse con sus problemas! El dice que su mujer es muy celosa, y que sus celos **lo impulsaron a** beber porque **lo sacaban de sus casillas**. Ella dice que él tiene un carácter violento que la está **volviendo loca**. ¿Cuál de los dos tendrá razón?

PRÁCTICA

El es bueno, y creo que fueron las circunstancias las que lo impulsaron a la violencia.	El es bueno, y creo que fueron las circunstancias las que ____________ a la violencia.
La gente que siempre llega tarde a las citas me saca de mis casillas.	La gente que siempre llega tarde a las citas ____________.
Me saca de quicio verte ahí, todo el día, sin hacer nada.	____________ verte ahí, todo el día, sin hacer nada.
Están haciendo obras en la calle, delante de mi casa, y el ruido me enloquece.	Están haciendo obras en la calle, delante de mi casa, y el ruido ____________.

PRACTICANDO AL CONTESTAR

¿Crees que las circunstancias pueden llevar a la delincuencia a una persona básicamente honrada?

¿Eres tolerante con los defectos de los demás? ¿Qué aspecto de la personalidad de otros te saca de tus casillas?

¿Cuál sería tu reacción si oyeras a un loco decir: Este ruido me está volviendo loco?

2. Uso De: equivalentes españoles de *to ride*, y expresiones afines

ir / **andar** en bicicleta, coche, motocicleta → *to ride*

ir / **andar** / **montar** a caballo → *to ride*

llevar (a alguien) **en** carro / coche → *to give a ride*

paseo / **viaje** en carro / coche → *ride*

el trayecto (la distancia) → *ride*

Me gusta **andar en** bicicleta, y **andar a** caballo, porque así hago ejercicio, pero no me gusta nada **andar en coche**. Como mi trabajo está demasiado lejos para poder ir en bicicleta, un vecino **me lleva en su coche** todos los días. En realidad, no es **un viaje** largo; es más bien **un paseo**, pero demasiado largo para la bicicleta. En coche es **un trayecto** corto. En bicicleta es **una distancia** larga.

PRÁCTICA

Con tanto tráfico, no es nada agradable ir en coche por la autopista.	Con tanto tráfico, no es nada agradable ________ por la autopista.
La playa está muy cerca, y para ir allí nunca uso el coche. Prefiero ir a pie.	La playa está muy cerca, y para ir allí nunca ________ en coche. Prefiero ir a pie.
Me gusta andar a caballo por la playa.	Me gusta ________ a caballo por la playa.
Como yo no tengo carro, voy al trabajo con un vecino, en su carro.	Como yo no tengo carro, un vecino ________ en su carro al trabajo.
La playa no está lejos de mi casa. En coche es un trayecto corto.	La playa no está lejos de mi casa. En coche es ________.

PRACTICANDO AL CONTESTAR

¿Te gusta andar, o vas a todas partes en coche, aunque la distancia sea corta?

¿Crees que los californianos andan demasiado en carro?

Montar a caballo, ¿es un buen ejercicio? Cuando ves a alguien haciendo auto-stop en la carretera, ¿lo recoges y lo llevas en tu carro?

¿Hay mucha distancia entre tu casa y tu trabajo?

¿Hay un trayecto muy largo entre tu casa y la universidad donde estudias?

Pequeño teatro

Unos estudiantes pueden hacer el papel de extranjeros que visitan este país y que descubren, en la lengua y en las costumbres de los Estados Unidos, elementos culturales de sus países. Si en la clase hay estudiantes que, por razones de familia, han mantenido estrechos contactos con otras culturas, mejor que mejor: Ellos pueden hacer el papel de visitantes, y comentar sus descubrimientos con los otros estudiantes, que hacen el papel de norteamericanos completamente ignorantes de otras culturas.

Por ejemplo, un visitante japonés puede comentar y hacer preguntas sobre la influencia de la arquitectura japonesa en la arquitectura y en la decoración norteamericanas, muy clara sobre todo en los estados del Oeste. Un visitante israelí puede explicar a los demás el significado de algunas palabras de la cultura judía que han entrado en el vocabulario diario de este país. Un francés puede sorprenderse cuando ve *R.S.V.P.* en una invitación de una familia norteamericana, y un hispano puede encontrar en el inglés del Sudoeste una fuerte influencia de su propia cultura y lengua.

Todos pueden hacer también una lista de expresiones idiomáticas de su lengua que reflejen aspectos culturales y costumbres de su sociedad. Los visitantes extranjeros pedirán que les expliquen estas expresiones de origen cultural.

Aquí se incluyen algunas expresiones idiomáticas norteamericanas que, cuando son oídas por primera vez, resultan un misterio lingüístico para un extranjero, por bien que sepa el inglés estandar (sí, palabra aceptada por la Academia de la Lengua):

a carpetbagger
a big shot
a VIP
to give the red carpet treatment
to have the blues
to paint the town red
to feel like a million dollars
to belong to the jet set
a playboy
a centerfold girl, man
to moonshine
to get on the band wagon
skid row
canned music
the Ivy League schools
to be square
a {party / gate} crasher
a little old lady in tennis shoes
to live on the wrong side of the tracks
a Madison Avenue product
from rags to riches
to throw the book at somebody
the beautiful people
a cover girl
to keep up with the Joneses
an apple polisher
to be a wino
to be off base

to have a paper route

to make a Federal case out of something

puppy love

to pass the buck

funeral home

a name dropper

a self-made man

to promise pie in the sky

a bull session

Sea usted mi intérprete, por favor

1 If you live in the suburbs, do you commute to your work in the city?
2 Do you walk to school, or do you drive?
3 When you drive to school, do you share your ride with a friend?
4 Do you think that serious family problems could drive you to drinking?
5 Do you lose your patience easily? Are there many things that drive you crazy?
6 Do you like to ride horses (or, do you like to ride horseback)?
7 Do you give rides to hitchhikers?
8 Is it a long ride from your home to school?
9 Do you like to drive in the country, or do you prefer to walk?
10 Do you ride a motorcycle?

Cuestiones gramaticales

USO DE: **ser** y **estar** (II)

Contraste D **ser** + **de** = origen, material, propiedad
estar + **de** = expresión adverbial de modo

Las tres ideas de origen (soy de Arizona), material de que está hecho algo (la casa es de madera), y propiedad (la casa es de mis padres), contrastan con un solo uso de **estar de**: La indicación de cómo está el sujeto en un cierto momento. Esta idea, en realidad, es una variante de la expresada en los contrastes A y B: cambio apreciado en la realidad, y resultado de una acción. Si digo **estoy de pie**, puedo considerar que he cambiado mi posición entre las que son posibles (estoy de rodillas, de espaldas a la ventana, etc.), o, que estoy de pie como resultado de la acción de levantarme. Por eso la lengua ofrece la posibilidad de expresar la misma idea con la estructura **estar** + palabra con función de adjetivo:

Estoy de pie = estoy levantado (México: Estoy parado).
Estoy de rodillas = estoy arrodillado.

Estoy de codos sobre la mesa = estoy acodado sobre la mesa.
Estoy de mal humor = estoy malhumorado.

Cuando nos encontramos con **estar de** + **profesión**, la idea del cambio está presente indicándonos que esa profesión es algo más o menos provisional:

Soy guía de turistas (= guiar turistas es mi profesión).	Estoy de guía de turistas (= no es necesariamente mi profesión, pero ésa es la actividad que estoy haciendo ahora).

Veamos los contrastes:

Ser de	*Estar de:* *expresión adverbial de modo*
1 **origen:**	
Romeo era de Verona (= nació o vivió en Verona).	Romeo está de buen humor porque Julieta le sonrió.
Las hamburguesas no son de Hamburgo, son de América (= no tiene su origen en Hamburgo, sino en América).	Esta hamburguesa está de maravilla (= está riquísima.)
2 **material:**	
El broche es de brillantes, y vale un Perú (= está hecho con brillantes).	Mi hermano está de agente de viajes en Perú (= su trabajo, por el momento, es ser agente de viajes).
«La cama de piedra» es una canción mexicana.	Ella es una modelo, pero ahora no tiene trabajo y está de empleada en unos grandes almacenes.
3 **propiedad:**	
El broche es de mi mujer.	Está cansada porque estuvo de pie todo el día.

PRÁCTICA

En lugar de las palabras subrayadas, vamos a usar **ser de** o **estar de**.

Modelo
Es actor de teatro, pero ahora trabaja como mesero.
Es actor de teatro, pero ahora está de mesero.

1 Este ron viene de Puerto Rico.
2 La fortaleza de San Juan está hecha con piedra.
3 No encontré trabajo en mi carrera, y trabajo como vendedor de aspiradoras.
4 Mira, esa casa colonial tiene las paredes construidas con adobe.
5 El caballo viene de Arabia y pertenece a un millonario.

6 Cuando termina la comida todos se quedan de sobremesa.
7 ¿A quién pertenece este libro?
8 Las patatas (las papas) y el maíz tienen su origen en América.

RESUMEN

Ser	*Estar*
A Realidad visible y aceptada: **ser** + *adjetivo* Pilar es elegante.	**A** Cambio apreciado en la realidad: **estar** + *adjetivo* Pilar está elegante.
B Voz pasiva: La película fue prohibida (por la censura).	**B** Resultado de una acción: La película está prohibida (por la censura).
C Con expresión de lugar: 1 Referido a acciones: El desayuno es en el jardín. 2 Aquí es + (*nombre*) + donde Aquí es donde vivo. Aquí es (la casa) donde vivo. 3 Aquí + **ser** a Lugares u objetos inmóviles. Tu casa, ¿dónde es? Es ahí. b En expresiones de lugar referidas a acciones: ¿Dónde trabajas? Es ahí. c No se usa **ser**.	**C** Con expresión de lugar: 1 Referido a personas o objetos: El desayuno está en el jardín: 2 Aquí está + *nombre* + donde Aquí está la casa donde vivo. 3 Aquí + **estar**: a Lugares u objetos inmóviles. Tu casa, ¿dónde está? Está ahí. b No se usa **estar**. c En expresiones de lugar referidas a personas u objetos movibles: ¿Dónde estás? Estoy aquí. ¿Dónde está el taxi? Está ahí.

Ser y **estar** sin contraste

Ser

1 **Ser** + expresión de tiempo:
Es tarde para ir al teatro.
Son las siete y media.

2 **Ser** entre palabras que tienen el mismo valor gramatical: **Ser** une palabras **que funcionan** como sustantivos. Lo importante es la función de las palabras, no su clasificación rígida según criterios tradicionales.

En la frase: «La vida es lucha», **ser** une dos sustantivos. En: «Vivir es luchar», **ser** une dos infinitivos que funcionan como sustantivos. En: «Esto es vivir», **ser** une un pronombre y un infinitivo que funcionan como sustantivos. Una palabra o grupo de palabras funciona como sustantivo cuando actúa de sujeto del verbo o de predicado nominal:

Mi casa es mi castillo.
Su obra de teatro fue un éxito de público.
Partir es morir un poco.
Tú eres tú.
Lo que deseo es vivir tranquilo.
Mi deseo es una vida tranquila.
Tres y tres son seis.

Estar

Estar + gerundio

Cuando se quiere expresar que una acción está siendo realizada se usa siempre **estar + gerundio**:

Estás haciendo una quijotada (= en estos momentos haces una quijotada).
Estoy diciéndote que hay moros en la costa.
Estamos hablando de expresiones idiomáticas.
Están escribiendo mucho sobre el malinchismo de algunos políticos.

RESUMEN

Ser	*Estar*
1 Con expresiones de tiempo: Hoy no es ayer. Es la una.	Con gerundio: Estás fumando mucho. ¿Estoy aburriéndote? Están jugando al póker.
2 Cuando une palabras que funcionan como sustantivos: Mi casa es tu casa. Querer es poder. Lo que digo no es lo que hago. Yo soy yo y mi circunstancia. A veces un no quizás es un sí. El verde de sus ojos es el verde de sus lentes de contacto.	

PRÁCTICA de los casos en que no hay contraste entre **ser** y **estar**:

Vamos a usar **ser** o **estar** en lugar de las palabras subrayadas.

1 ¿Dónde vives? Vivo ahí.
2 En estos días te veo fumando mucho.
3 ¿Dónde puedo encontrar tu coche?
4 Cuando dices no, me parece sí.
5 Viajar quiere decir ilustrarse.
6 Tu conducta es muy extraña hoy. Tú no te conduces como tú.
7 Cinco y cinco suman diez.
8 El azul de este mar parece más bien verde.
9 ¿Dónde puedo encontrarte ahora?
10 Me parece que continúas hablando demasiado.

EL ARTE DE LA COMPOSICIÓN

Para usar en la composición

1. La cultura y la lengua
estar de tertulia
haber moros en la costa
ser obra de romanos
quemar las naves
valer un Perú
hablar en cristiano
ser una celestina
ser un quijote
hacer una quijotada
hacer el quijote
ser un pícaro
ser un donjuán
ser un romeo
ser maquivélico
romperse la crisma
saber a gloria
estar limpio como una patena
estar para el arrastre
saltarse a la torera
quedarse / estar } de sobremesa
ir y venir al trabajo

2. Exclamaciones
¡qué pesado eres!
¡no te pongas así!
¡en paz!
¡Jesús!
¡por los clavos de Cristo!
¡por Dios!
¡por todos los santos!

Posibles temas para una composición

1 Influencia de los deportes sobre la lengua.
2 La contracultura y sus innovaciones lingüísticas.
3 El lenguaje de cada generación.
4 La sicología del expletivo.
5 Lengua y clase social.

6 Aportaciones de las culturas minoritarias a la lengua común.
7 Influencia del inglés en otras lenguas: el «franglais», el «espanenglish».
8 Inglés británico, inglés americano.
9 El sexismo en el idioma.
10 Cómo aparecen las palabras nuevas.

Vocabulario

Incluye solamente los significados utilizados en el texto.

A
abierto *open*
abogado *lawyer, attorney;*
— defensor *attorney for the defendant*
aborto *abortion, miscarriage*
abrir *to open*
abuelo, -a *grandfather, grandmother*
aburrido *boring, bored*
aburrimiento *boredom*
aburrir(se) *to bore, to be bored*
acabar *to finish;*
— de *to have just + —ed*
acción *action, share*
acera *sidewalk*
acertar *to guess right, to hit the target*
aclaración *clarification*
aclarar *to clarify*
acompañar *to accompany, to keep company*
aconsejar *to advise*
acontecer *to happen*
acordar *to agree;*
acordarse de *to remember*
acostumbrarse a *to get used to*
actriz *actress*
actual *present*
actualidad *present moment*
acuerdo *agreement;*
de — *agreed*
estar de — con *to agree with;*
estar de — en *to agree*
acusado *defendant, accused*
adelantar *to advance, to progress*
adelante *before;*
por ... adelante *all over...*
además *besides*
afirmación *statement*
aflojar *to loosen*
afuera *outside*
afueras (las) *suburbs*
agarrar *to grab*
agencia de viajes *travel agency*
— de prensa *news service*
agotar(se) *to exhaust, to run out of*
— las entradas, los boletos *to sell out*
agradar *to please*
agua *water;*
aguas residuales *sewage;*
estación depuradora de aguas *sewage treatment plant*
aguantar *to bear, to stand*
agudo *acute*
ahí *there;*
— están *there they are*
ahogar(se) *to drown*
ahora *now*
aire *air;*
— libre *open air*
aislar *to isolate*
ajeno *alien, belonging to somebody else*
ala *rim of a hat*
alcalde, alcaldesa *mayor*
alcantarilla *sewer*

alejarse de *to get away from*
algo *something;*
— así *something like that*
algún, alguna *some*
aliado *allied*
alma (el) *soul*
almacén *warehouse;*
grandes almacenes *department store*
alojamiento *housing*
alquilar *to rent*
alto *tall, stop;*
señal de — *stop sign*
alrededor de *around*
alza *ups;*
—s y bajas *ups and downs*
allá *there;*
más — *farther*
ama de casa *housewife*
amable *pleasant, kind*
amaestrar *to train animals*
amante *lover*
amañar (elecciones) *to rig (elections)*
amarillo *yellow*
amenazar *to threaten*
amigo *friend*
amistad *friendship*
amor *love*
andar *to walk*
angloparlante *English speaker*
animar *to encourage, to enliven*
animado *lively*
antecedentes penales *criminal record*
anterior *before, previous*
antes *before*
anticonceptivo *contraceptive*
anulación *annulment*
anunciar *to advertise*
anuncio *ad, commercial*
añadir *to add*
año *year*
apagar *to extinguish, to put out, to turn off*
aparato de televisión *television set*
aparcar *to park*
aparecer *to appear*
aparte *aside*
apelación *appeal*
apelar *to appeal*
apellido *last name*
aplicar *to enforce (laws)*
apostar *to bet*
aprender *to learn*
aprendizaje *training*
aprobar *to approve, to pass (exam)*
aprovechar *to take advantage of*
apunte *note*
aquí *here*
árbol *tree*
argumento *plot*
aro *ring*
arrastrar *to drag*
arrastre, estar para el — *to be exhausted*
arreglo *repair;*
no tener — *to be hopeless*
arrepentirse *to repent*
arriesgado *risky*
arrodillarse *to kneel down*
artículo *article, column*
artista (el, la) *actor, actress; artist*
asegurar *to assure*
así *so*
asignatura *course*
asistir *to attend*
asombrar(se) *to astonish, to be astonished*
aspiradora *vacuum cleaner*
astro de cine *movie star*
asunto *affair, business, question*
atar *to bind, to tie*
atracar *to hold up*
atrasado, estar — *to be late, not to be in touch with the times*
atravesar *to cross*
atreverse a *to dare to*
aumentar *to increase*
ausencia *absence*
ausente *absent*
autopista *freeway*
aventura *adventure;*
— amorosa *love affair*
avión *airplane*
avisar *to warn, to tell*
ayudar *to help*
ayuntamiento *city council, city hall, municipality*
azul *blue*

B

bachiller *high school graduate, high school studies*
bachillerato *high school studies*
bahía *bay*
bailar *to dance*
baja *drop (stock market)*
bajar *to go down*
bajo *short, under;*
  —s fondos *underworld*
bala *bullet*
ballena *whale*
banda de sonido *sound track*
bandera *flag*
banqueta *sidewalk* (México)
barba *beard*
barbaridad *cruel stupidity*
barbarismo *foreign word*
barco *ship;*
  — petrolero *tanker*
barrera *barrier*
barrio *neighborhood, section of town*
basar(se) en *to base in, to be based in*
batalla *battle*
bautizar *to baptize*
beato, -a *person with very narrow religious ideas*
bebé *baby*
beber *to drink*
bebida *drink*
beca *scholarship*
bello *beautiful*
belleza *beauty*
besar *to kiss*
biblioteca *library*
bien *well*
billete *ticket, bill*
blanco *white; target*
blando *soft*
boca *mouth;*
  dejar con la — abierta *to leave speechless*
boda *wedding*
boleto *ticket*
Bolsa *Stock Exchange*
bolsa de viaje *grant to study abroad*
borde *edge*
borrachón *drunk*
bosque *forest*
bota *boot*
botella *bottle*
breve *brief, short*
broma *joke;*
  dejarse de —s *to stop joking;*
  estar de — *to be joking*
bueno *good*
buque *ship;*
  — tanque *tanker*
buscar *to look for*
búsqueda *search*

C

caballo *horse;*
  estar a — de *to straddle*
cabeza *head;*
  quebradero de — *headache (problem)*
cada *each*
cadena *chain, channel (TV)*
caer *to fall;*
  caérsele algo a alguien *to drop;*
  caerle mal algo a alguien *to dislike*
café *coffee, coffee house*
calentar *to heat, to warm;*
  —se la cabeza *to dream*
calvo *bald*
calzada *street*
callar(se) *to be quiet*
calle *street;*
  —s tiradas a cordel *checker board pattern*
cama *bed*
cámara *chamber, camera*
cámaraman *cameraman*
cambiar *to change*
cambio *change;*
  en — *on the contrary*
camino *road, path, way*
camión *bus* (México), *truck*
camisa *shirt*
campaña *campaign*
campo *countryside, field*
canal *channel*
cansar *to tire*
cantar *to sing, song;*
  ser otro — *to be another story*

capaz *able;*
ser — de *to be able to*
capricho *whim, caprice*
carácter *personality*
cárcel *jail*
cargar *to load;*
cargado de *full of*
carne *meat*
caro *dear, expensive*
carrera *career*
carretera *highway*
carro *car*
carta *letter, card*
cartelera *movie guide, poster board*
cartera *wallet*
cartero *mailman*
casa *house, home*
casar(se) *to marry off; to officiate in a wedding; to get married*
casero *landlord*
casi *almost*
caso *case;*
hacer — de *to pay attention to;*
no hacer — de *to ignore*
castañuelas *castanets*
castillo *castle*
casualidad *chance;*
¡qué —! *what a coincidence!*
catarro *cold*
cátedra *chair (in a university)*
catedrático *full professor*
caza *hunting*
celebrar *to celebrate, to take place*
celoso *jealous*
cenar *to have dinner*
censo *census;*
— electoral *register of voters*
censura *censorship*
censurar *to censor*
centro *center, downtown;*
— comercial *shopping center*
cerca *near, close to*
cerebro *mind, brains*
ciego *blind*
ciencia *science*
científico *scientist*
cierto *certain, true;*
por — *by the way, certainly*
ciertamente *certainly*
cine *movie theatre, movie industry*
cinematográfico *movie* (adj.)
circulación *traffic*
círculo *circle*
cita *date*
citar *to quote; to mention; to have an appointment with*
ciudad *city*
ciudadano *citizen*
claro *clear;*
— que *of course;*
pués — *of course*
clase *class, kind;*
— acomodada *well-to-do class;*
¿qué — de...? *what type of...?*
claustro *cloister;*
— de profesores *faculty*
clavar *to nail*
clave *key (to a problem)*
clavo *nail*
coche *car*
cocina *kitchen; cooking; kitchen range, stove*
cocinar *to cook*
cocinero, -a *cook*
codo *elbow*
cohecho *bribe*
cola *tail; line; glue;*
hacer — *to queue, to stand in line;*
ponerse a la — *to queue, to stand in line*
coleccionar *to collect*
colegio *private high school;*
— electoral *polling place*
colocar *to place*
colono *colonist*
colorado *red*
comenzar *to begin*
cometer *to commit*
comida *food, lunch*
como *how, since*
comparecer ante *to come before (a court)*
compartir *to share*
competencia *competition*
competir *to compete*
complejo *complex*

completar *to complete*
comprar *to buy*
comprender *to understand*
comprensión *understanding*
comprensivo *understanding*
común *common;*
  — y corriente *everyday* (adj.)
comunistoide *pinko*
con *with*
conceder *to grant*
concejal *city councillor*
conciencia *conscience*
concordar *to agree*
condena *sentence*
conducir *to drive, to lead*
conducta *behavior*
conferencia *lecture; conference; long distance call*
confiar *to confide, to trust*
confidente *informer*
confuso *confusing*
congelar *to freeze*
conjunto *group*
conocer *to know; to meet for the first time*
conocimiento *knowledge*
conquistador *a Don Juan, a skirt chaser*
conseguir *to get*
consejero *advisor, counselor*
conservar *to preserve*
conservador *conservative*
conservar *to keep*
consiguiente, con (el, la) — *with the resulting . . .*
constructor *builder*
construir *to build*
consultorio sentimental *lonely hearts page*
contar *to count; to tell*
contener *to contain, to include*
contenido *content*
contentar *to please*
contestar *to answer, to contest*
contradecir *to contradict*
contraer matrimonio *to get married*
contrario *contrary;*
  por el — *on the contrary*
converso *convert*
convertirse en *to turn into, to become*
convincente *convincing*
cónyuge *spouse*
copa *glass, drink*
copiar *to copy*
corazón *heart*
corbata *tie*
cordel *twine*
coro *choir*
corrector de pruebas *galley proof reader*
corregir *to correct, to edit*
corresponsal *correspondent*
corriente, estar al — de *to be up to date*
corromper *to corrupt*
cosa *thing;*
  no hay — *there is nothing . . .*
costa *coast;*
  a — de *at the expense of*
costar *to cost;*
  — trabajo *to be difficult*
costumbre *custom, habit*
crear *to create*
crecer *to grow*
crecimiento *growth*
creer *to believe*
crimen *murder*
criminal *murderer*
crisol *melting pot*
cristal *glass*
crítica *review, criticism*
criticar *to criticize, to review*
crítico *reviewer, critic*
crónica *chronicle, article*
crónico *permanent*
cruce *street crossing*
cuadra *city block* (Hispanoamérica)
cuadro *picture, painting*
cualquier, -a *any*
cuando *when*
cuánto *how much;*
  en cuanto a *with regard to;*
  unos cuantos *a few*
cuartelazo *military revolt, barracks revolt*
cuarto *room; fourth;*
  — de estar *living room*
cubrir *to cover*
cuchillo *knife*

cuenta *bill;*
darse — de *to realize;*
tener en — *to consider*
cuento *story, tale;*
traer a — *to bring into the conversation*
cuerda *string (in musical instruments)*
cuerno *horn*
cuero *leather*
cuerpo *body*
cuidado *care*
cuidadosamente *carefully*
cuidar *to take care of, to watch*
culpable *guilty*
culto *educated, cultivated*
curar(se) *to cure*
curso *course, academic year*

CH

chamaco *child*
chamba *job*
chaqueta *jacket*
chico, -a *boy, girl*
chispa *drunk* (familiar)*; spark*
chiste *joke*
chocar con *to crash against, to collide*

D

daño *damage, harm;*
hacer — *to harm*
dar *to give;*
— con *to find;*
—se cuenta de *to realize;*
— de comer *to feed;*
— la razón *to agree that the other person is right;*
— por descontado *to take for granted;*
— un paseo *to take a walk;*
— un rodeo *to take a roundabout course;*
darle a alguien por ser *to decide to be;*
darse *to grow*
dato *data*
deber *must; to owe*
débil *weak*
decepción *disappointment*
decir *to say; to tell;*
es — *that is to say;*
tú dirás *it is up to you, you decide*
declarar(se) *to declare (one's love)*
decorado *(movie, theatre) set*
dedicar *to dedicate;*
—se a *to devote oneself to*
dedo *finger*
dejar *to allow, to drop;*
— de + infinitivo *to stop + —ing;*
— plantado, -a *to stand up (not to go to a date), to break up*
delante *before;*
— de *in front of*
delfín *dolphin*
delincuente (el, la) *criminal*
delito *crime*
demás (los, las) *the others;*
todo lo — *all the rest*
demasiado *too (much)*
deponer *to demote*
deporte *sport;*
hacer — *to practice sports*
deportista (el, la) *sportsman, sportswoman*
derecho *right, law;*
facultad de — *law school;*
tener — a *to have a right to;*
todo — *straight ahead;*
—s *fees;*
—s de matrícula *registration fees*
derogar *to repeal (a law)*
derribar *to tear down, to shoot down*
derrochar *to waste, to squander*
desagüe *drain*
desandar *to walk back*
desaparecer *to disappear*
desarrollar(se) *to develop*
descaminado, estar — *to be mistaken, way off the truth*
descanso *rest, intermission*
desconfianza *mistrust*
desconocido *unknown; stranger*
descontado, dar por — *to take for granted*
describir *to describe*
descubrimiento *discovery*

descubrir *to discover*
desde *since, from*
desdecirse *to backtrack*
desear *to wish*
desempeñar *to perform*
desempleo *unemployment*
deseo *wish, desire*
desgracia *misfortune*
desgraciadamente *unfortunately*
desierto *desert, deserted, empty*
desigual *unequal*
desigualdad *inequality*
despectivo *derogatory*
desperdigar *to scatter*
despistado *lost*
desplazado *displaced*
despreciar *to despise*
destacar *to point out*
destruir *to destroy*
detalle *detail, trait*
detener *to stop, to arrest*
detenido, -a *under arrest*
día *day*
diablo *devil*
diario *daily paper*
dibujo *drawing*
—s animados *cartoons (films)*
dicho *saying*
dictablanda *mild dictatorship* (humorístico)
dictadura *dictatorship*
dictar *to dictate;*
— una lección *to lecture*
difícil *difficult*
difusión, medios de — *media*
dignarse a *to deign to*
dinero *money*
diputado *deputy, member of parliament*
dirección *address;*
— única *one way traffic*
dirigir *to direct*
disco *record*
discutir *to argue*
disminuir *to decrease, to diminish, to lessen*
disolver *to dissolve, to disperse*
disparar *to shoot*
dispuesto *ready*
distraer(se) *to entertain, to amuse oneself, to forget problems*
distribuir *to distribute*
director de un periódico *editor-in-chief*
divertir(se) *to amuse, to enjoy oneself*
doblaje *dubbing (of a film)*
doblar *to dub (a film)*
domador *animal trainer*
domar *to tame*
dominante *bossy*
domingo *Sunday*
dorado *golden, gilded*
dormir *to sleep;*
—se *to fall asleep*
dormitorio *bedroom*
dosis *dose*
dueño *owner*
durante *during*

E

echar *to throw;*
—se a la calle *to go to the streets*
edad *age;*
— media *Middle Ages*
editar *to publish*
editor *publisher*
editorial (el) *editorial;*
— (la) *publishing house*
editorialista (el, la) *editorial writer*
educar *to bring up (a child), to educate*
educativo *educational*
eficaz *efficient*
ejemplar *issue, copy*
ejército *army*
elector *voter*
elegir *to elect*
elevar *to raise, to lift*
elogiar *to praise*
embargo, sin — *however*
embotellamiento de tráfico *traffic jam*
emisora de radio *radio station*
empeorar *to worsen*
empezar *to begin*
empleo *job, employment*
empresa *enterprise, company;*
— constructora *building company*

enamorarse de *to fall in love with;*
enamorado, -a, estar — de *to be in love with*
encantar *to charm, to like*
encantado, -a *delighted, glad to meet you*
encargarse de *to be in charge of;*
encargado de *person in charge of, manager*
encender *to light, to switch on*
encima *over, above, on top of*
encolar *to glue*
encontrar *to find*
encuadernar *to bind (a book)*
enfermedad *sickness, disease*
enfermo *sick, ill*
enfocar *to focus, to look (at a problem)*
enfrentarse con *to face*
enfurecerse *to get angry, furious*
engañar *to deceive*
enlazar *to tie*
enloquecer *to go mad*
enriquecer(se) *to get rich*
ensartar *to string (beads); to include*
ensayo *essay*
enseñar *to teach, to show*
entender *to understand;*
¿qué entiendes tú por...? *what do you mean by ...?*
enterarse de *to find out, to be informed*
entero *entire, whole*
enterrar *to bury*
entonces *then*
entrada *entry, ticket;*
— de coches *driveway*
entrar *to go in*
entreacto *intermission*
entregar *to hand over*
entrelazado *interwoven*
entrenador *coach*
entrenamiento *training*
entrenar *to train (people)*
entrevistador *interviewer*
envejecer *to grow old*
enviar *to send*
envidia *envy*
época *time, era*
equilibrio *balance*
equipaje *luggage*
equipo *team*
escapar *to escape, to flee*
escoger *to choose*
escribir *to write*
escrutinio de votos *ballot counting*
escuchar *to listen*
esforzarse *to make an effort*
esfuerzo *effort*
espacio *space;*
—s abiertos *open areas*
espalda *back (of human body);*
a —s de *behind the back of*
especie, una — de *a sort of*
espectáculo *show*
esperar *to hope; to wait; to expect*
esquina *corner*
estación *station; season*
estacionar *to park*
estampilla *postage stamp* (México)
estancia *stay*
estar *to be*
estatal *state* (adj.)
estrechar *to tighten;*
— lazos de amistad — *bonds of friendship*
estrecho *narrow*
estrella de cine *movie star*
estrenar *to wear for the first time, to show for the first time;*
—se como *to act as ... for the first time*
estreno *premiere*
estropear *to ruin, to spoil, to break*
estudiar *to study*
estudio *study;*
— cinematográfico *movie studio*
etapa *stage*
evitar *to avoid*
exacerbado *exaggerated*
exaltarse *to get very excited*
exigencia *demand*
exigir *to demand*
éxito *success*
explicación *explanation*
explicar *to explain*
explotar *to explode, to exploit*
exposición *exhibition*
expulsar *to expel*
extranjero *foreigner*

extrañar *to surprise*
extraño *strange*

F
fábrica *factory*
fácil *easy*
facultad *school (of a university)*
faldero *skirt chaser*
falso *false;*
— testimonio *perjury*
falta de ortografía *misspelling*
faltar *to miss, not to be there, not to have arrived;*
hacer falta *to be necessary*
fama *fame, reputation*
familia *family;*
— numerosa *large family*
fecha *date*
feliz *happy*
fenómeno *case, phenomenon*
ferrocarril *railway*
ficha *card*
fichero *file cabinet*
fiel *faithful*
fiesta *party*
fijarse en *to look at*
fila *row*
fin *end*
final *end;*
al — de *at the end of*
financiero, -a *financier;*
sección —a *business pages*
firma *signature, firm*
firmar *to sign*
fiscal (el, la) *prosecutor*
flechazo *love at first sight*
flor *flower*
fondo *bottom; subject;*
en el — *in the end, at heart;*
música de — *background music*
forastero *stranger*
formal *serious, responsible*
fracasar *to fail*
francamente *frankly, to be frank*
francés *French*
franchute *French* (despectivo)
frecuente *frequent;*
—mente *often*
frente *forehead, front;*
— a — *face to face*
fuente *source*
fuerte *strong, thick (accent)*
fuerza *strength, force;*
— bruta *brute force;*
— de voluntad *will power*
fumar *to smoke*
función *performance*
funcionar *to function, to work*
funcionario *civil servant*
fundación *founding*

G
gabinete *cabinet* (government)
gachupín *Spaniard* (despectivo) (México)
gamberro *hoodlum*
ganar *to win, to earn*
garantizar *to guarantee*
gas, escape de — *exhaust (in cars);*
— es lacrimógenos *tear gas*
gato *cat*
gente (la) *people*
gitano, -a *gypsy*
gobernar *to govern, to rule*
gobierno *government*
golpe *stroke, blow;*
— de estado *coup d'état*
goma *glue*
gordo *fat*
grabar *to record (sound)*
gracia *grace;*
tiene — *it is funny;*
—s a *thanks to*
gracioso *funny*
grado *degree*
gran *great*
grande *big, great*
granja *farm*
gratuito *free*
grave *serious*
griego *Greek*
grosería *rude word, remark*
guagua *bus* (Cuba, Puerto Rico, Islas Canarias)
guapo *handsome*
guardia *policeman*

guerra *war*
guión *script, outline*
guionista (el, la) *script writer*
gustar *to like*
gusto *pleasure;*
para todos los —s *for all sorts of opinions*

H

habitación (la) *room*
habitante (el, la) *inhabitant*
hablar *to speak, to talk*
hace *ago;*
— tiempo + que + verbo *to have been —ing for + time*
hacer *to do, to make*
hacia *towards*
hallar *encontrar*
hambre *hunger*
hampa (el) *underworld*
harto, -a *fed up*
hay *there is, there are;*
— que + infinitivo *it is necessary to*
hecho *fact*
heredar *to inherit*
herencia *inheritance*
herida *wound*
herir *to hurt*
hermandad *brotherhood*
hermano, -a *brother, sister;*
—s *brothers and sisters*
hierba *grass.*
hierro *iron*
hijo, -a *son, daughter;*
—s *children;*
— único *only child*
himno *anthem*
hispanoparlante *Spanish speaker*
historia *history, story*
hojear *to skim through a book, magazine*
hombre *man*
hombro *shoulder*
homenaje *homage*
honrado *honest*
hora *hour;*
— punta *peak hour*
hostia *wafer*
hubo *there was, there were*
huella *trace;*
-s dactilares *fingerprints*
huérfano, -a *orphan*
hueso *bone;*
ser un — *to be demanding*
huevo *egg*
humilde *humble*

I

ida y vuelta *round trip*
idioma (el) *language*
iglesia *church*
igual *similar, equal*
igualdad *equality*
ilustrado *illustrated*
imagen *image*
impedir *to prevent*
imponer *to impose*
impresión *feeling, impression*
impuestos *taxes*
inagotable *inexhaustible*
inaguantable *intolerable*
incendio *fire*
inclinación de cabeza *nod*
incluir *to include*
inconveniente *disadvantage*
increíble *incredible*
índice *index*
inesperado *unexpected*
inevitable *unavoidable*
influir *to influence*
informal *irresponsible*
infringer (la ley) *to break (the law)*
ingenuo *naive*
innegable *undeniable*
insalvable *unsurmountable*
inscribir(se) *to register*
insoportable *unbearable*
instalar *to install;*
—se en *to settle down*
instituto *high school, institute*
instruir *to teach, to train*
intercambio *exchange*
interior, política — *domestic politics*
intermedio *intermission*
interrogar *to question*
intransigente *intolerant*

inutilizar *to render useless*
inversa, a la — *in reverse*
ir *to go;*
  — a pie *to walk;*
  — de compras *to go shopping;*
  — en coche *to drive;*
  —se *to depart*
izquierda *left*
izquierdista (el, la) *leftist*

J

jardín (el) *garden;*
  — de infancia *kindergarten*
jefe (el, la) *boss*
joven *young*
jubilarse *to retire (from a position)*
judaizante *a Jew converted to Catholicism who secretly practiced his former religion (in past times)*
judicial *judiciary*
judío, -a *Jewish, Jew*
juicio *judgement;*
  a — de *in the opinion of*
juntos *together*
jurado *jury*
jurar *to swear, to give oath*
juventud (la) *youth*
juzgar *to judge*

L

lacrimógenos, gases — *tear gas*
lado *side;*
  por todos — *everywhere*
ladrón *thief*
lago *lake*
laguna *small lake, pond*
lámpara *lamp*
lanzar *to launch, to throw*
largo *long*
lata *can;*
  ser una — *to be a bore*
lavar *to wash*
lazo *bow*
lealtad *loyalty*
lector *reader*
leer *to read*
lengua *tongue, language*
lento *slow*
león *lion*
letra *letter (a, b, c, etc.); handwriting; words (of a song); draft (banking)*
letrero *sign*
levantar(se) *to lift, to raise, to get up;*
  — el vuelo *to take off, to depart*
ley (la) *law*
libertad *freedom;*
  — bajo fianza *bail;*
  — de palabra *freedom of speech;*
  — de prensa *freedom of the press;*
  — provisional *parole*
libre *free (in freedom);*
  aire — *open air*
libresco *bookish*
libro *book*
licenciarse *to graduate*
liceo *high school*
lidiar (toros) *to fight (bulls)*
limpiar *to clean*
limpio *clean*
lío *mess*
localidad *seat (in theatre); ticket*
loco *mad, crazy*
luces de tráfico *traffic lights*
luego *afterwards*
lugar *place;*
  en — de *instead of;*
  tener — *to take place*
lujo *luxury*
luz *light*

LL

llamada *call*
llamar *to call; to knock; to ring (doorbell)*
llave *key*
llegar *to arrive*
llenar *to fill*
lleno *full*
llevar *to take, to carry*
llorar *to cry, to weep*
lluvia *rain*

M

machismo *male chauvinism*
macho *male*

madera *wood*
madrastra *step-mother*
madre *mother*
madrina *godmother*
maduro *ripe*
maestro *teacher*
mal *bad;*
caerle — algo a alguien *to dislike*
¡maldita la gracia! *it is darned funny!*
malhumorado *in a bad mood*
malo *bad*
mancha *spot;*
— de aceite *oil spill*
manejar *to drive, to handle*
manera *manner, way*
manga *sleeve*
manifestación *demonstration*
mano (la) *hand;*
— de obra *labor force;*
dar la — *to shake hands*
mantener *to keep, to support*
manzana *apple; city block* (Spain)
mañana *tomorrow, morning*
maquillaje *makeup*
máquina *machine*
mar (el, la) *sea*
maravilla *marvelous thing;*
estar de — *to be very beautiful, tasty*
marcar (un número) *to dial*
marcha *departure, progress*
marea *tide;*
— negra *oil spill*
marido *husband*
marroquí *Moroccan*
más *more;*
a lo — *at most*
matasellos *stamp cancellation*
materia *matter, subject*
matricularse *to register*
matrimonio *marriage, married couple*
mayor *bigger, older;*
persona — *adult*
mediados, a — de *in the middle of;*
examen de — de curso *midterm exam*
medias, a — *half and half*
médico, -a *physician, doctor*
medida *measurement*
medio, — ambiente *environment;*
— de transporte *means of transportation*
en — de *in the midst of*
medios *means*
mejor *better*
mejorar *to improve*
menos *less;*
al — *at least;*
por lo — *at least*
menosprecio *contempt, scorn*
mensaje *message*
mensual *monthly*
mentir *to lie*
mercado *market*
mercante, barco — *merchant ship, freighter*
merecer *to deserve*
mesa *table*
mesero *waiter* (México)
meta *goal*
meter *to put into;*
—se *to go, to be, to put oneself into*
metro *subway*
mezclar *to mix, to mixture*
miedo *fear;*
película de — *thriller*
miembro *member*
mientras *while;*
— tanto *in the meanwhile*
mirar *to look*
mismo *same;*
lo — *the same thing*
mito *myth*
moda *fashion*
estar de — *to be in fashion*
modales *manners*
modo *way, manner*
mojar *to wet;*
—se *to get wet*
molestar *to bother, to disturb*
molido *exhausted*
momentáneo *temporary*
moneda *coin, currency*
montón *heap, pile*
mordida *bribe*
morir(se) *to die*
mostrar *to show*

muchacho, -a *boy, girl*
mudo *mute;*
  cine — *silent film*
mueble *piece of furniture*
muela *tooth*
muerte *death*
muerto *dead*
muestra *sample*
mujer *woman; wife*
multa *fine, ticket;*
  poner una — *to give a ticket*
mundial *world* (adj.), *world-wide*
mundo *world;*
  todo el — *everybody*
municipio *municipality*
muralla *wall*
música de fondo *background music*
muy *very*

N
nacer *to be born*
nacido *born;*
  recién — *newly born*
nacimiento *birth*
nada *nothing*
nadie *nobody, anybody*
nariz (la) *nose*
natalidad, control de la — *birth control*
naturaleza *nature*
navaja *pocket knife*
nave *boat*
necesidad *need*
negar (niego) *to deny;*
  —se a *to refuse to*
negocio *business*
negro *black*
niebla *fog;*
  — industrial *smog*
ninguno, -a *either, neither*
niñez *childhood*
niño, -a *child*
nivel *level;*
  — de vida *living standard*
nombrar *to appoint*
nombre *name*
nota *grade, note*
notar *to notice*
noticia *news*
notorio *obvious*
novedad *novelty*
noviazgo *going steady*
novio, -a *boy friend, girl friend; groom, bride*
nuestro *our*
nuevo *new;*
  — rico *nouveau riche*
número *number*
nunca *never*

O
obedecer *to obey*
obligar *to force*
obligatorio *compulsory;*
  curso — *required course*
obra *work;*
  — de teatro *play*
obrero *worker;*
  barrio — *worker's section of town*
obtener *to get*
occidental *western*
ocultar *to hide*
ocupar *to occupy;*
  —se de *to be about, to take care of*
ocurrir *to happen;*
  —sele algo a alguien *(something) to occur to somebody*
odiar *to hate*
oeste *west*
ofrecer *to offer*
oír *to listen, to hear*
ojalá *I wish . . . !*
ojo *eye*
oleoducto *pipeline*
olvidar(se) *to forget*
ordenar *to command, to order;*
  —se *to receive holy orders*
orgulloso *proud*
ortografía *spelling*
oso *bear*
otoño *autumn*
otro *other, another*

P
padrastro *stepfather*
padre *father*

padrino *godfather*
pagar *to pay*
país *country, nation*
paja *straw*
palabra *word*
palco *box (theatre)*
palo *stick*
pandilla *group, gang*
pantalón *trousers;*
— vaquero *blue jeans*
pantalla *screen*
papel *paper; part;*
hacer el papel de *to play the part of*
papeleta *ballot*
para *for, in order to*
parachoque *bumper*
parada *stop*
parar(se) *to stop; to stand up* (México)
parecer *to seem, to look;*
al — *apparently;*
—se *to look alike;*
—se a *to look like*
parecido *resemblance, likeness*
pared (la) *wall*
pareja *couple, pair*
pariente (el, la) *relative*
paro *unemployment*
párrafo *paragraph*
parte *part;*
en todas —s *everywhere;*
por una —, por otra *on the one hand, . . . on the other*
partidario, ser — de *to be for*
partir *to depart, to leave*
pasado *past*
pasar *to happen, to pass;*
— a máquina *to type*
pasear *to stroll, to take a walk*
paseo *walk;*
dar un — *to take a walk*
paso *step*
partido *(political) party*
pata *leg (animal or furniture);*
— trasera *hind leg*
patio de butacas *orchestra (theatre)*
pato *duck*
patrullar *to patrol*
paz (la) *peace;*
en — *that is that*
peatón (el, la) *pedestrian;*
paso de —es *street crossing*
pecado *sin*
pedir *to ask for, to request*
peinado *hairdo, hair style*
pelear(se) *to fight*
película *film*
peligro *danger;*
poner en — *to endanger*
peligroso *dangerous*
pelota *ball*
pena *sorrow; sentence;*
— de reclusión *prison sentence;*
última — *death sentence;*
— de muerte *death sentence;*
valer la — *to be worthwhile*
pensar *to think*
peor *worse;*
lo — *the worst*
pequeño *small, little*
perder *to lose; to waste; to miss*
perdida *loose woman*
perforar *to drill*
periódico *newspaper*
periodista (el, la) *reporter*
perro *dog*
persecución *persecution*
perseguir *to persecute, to follow*
personaje *character*
pertenecer *to belong*
pesado *boring, too insistent*
pesar *to weigh, to be weighty;*
a — de *in spite of*
pescador *fisherman*
pésimo *very bad*
peso *weight;*
razón de — *important reason*
piadoso *pious;*
mentira —a *white lie*
pie *foot;*
ir a — *to walk;*
creer a —s juntillas *to believe completely;*
seguir en — *to still stand*
piel (la) *leather*
píldora *pill*
pintor *painter, artist*

pintura *paint, painting*
pipa *pipe (smoking)*
piso *flat, floor*
plagiar *to plagiarize*
plano *map (of a city)*
planta *plant;*
  — baja *ground floor*
plato *dish; course; plate*
playa *beach*
plazo *deadline*
población *population*
pobre *poor*
pobreza *poverty*
poco *little;*
  —s *few*
poder *can, may, to be able to; power;*
  a más no — *a lot*
policía (la) *police force; policewoman;*
  — (el) *policeman*
policiaca, película — *detective story, film*
política *politics*
político (el, la) *politician;*
  — *political* (adj.)
polvo *dust;*
  hacer — *to destroy*
pomposidad *pomposity*
poner *to put;*
  — en escena *to stage;*
  —se a + infinitivo *to start —ing;*
  — un anuncio *to run an advertisement*
popularizar *to make popular*
por *for;*
  — cierto *by the way, certainly;*
  — eso *for that reason;*
  — lo tanto *therefore;*
  — mucho que + subjuntivo *no matter how much ..., no matter what ...;*
  —qué *why;*
  — tanto *therefore*
porcentaje *percentage*
pozo *well;*
  — de petróleo;
  — petrolífero *oil well*
pradera *prairie*
precioso *very beautiful*
precipitación *haste*
preferir *to prefer*
pregunta *question*
preguntar *to ask;*
  —se *to wonder*
premio *prize*
prensa *press;*
  agencia de — *news service*
preocupar *to worry*
presentar *to introduce, to show (movie);*
  —se en sociedad *to be a debutante*
presidiario *convict*
presidio *prison*
presión *pressure*
prestar *to lend;*
  — atención a *to pay attention to*
pretender *to try*
primavera *spring (season)*
primo, -a *cousin*
principalmente *mainly*
principio *beginning; principle*
privar *to deprive*
probar *to prove, to test, to taste*
procesado *defendant*
procesar *to indite, to indict*
procurar *to try*
prohibir *to forbid, to ban*
promedio *average;*
  — de vida *life expectancy*
prometer *to promise*
prometido, -a *engaged; fiancé, fiancée*
pronto *soon*
pronunciamiento *military revolt*
propaganda *publicity, political literature, propaganda*
propenso a *prone to*
propiedad *property*
propina *tip*
proporcionar *to supply, to provide*
propósito *purpose;*
  a — *by the way; on purpose*
proteger *to protect*
provocar *to cause*
próximo *next*
proyectar *to project, to show (movie)*
proyecto *project;*
  — de ley *bill*
prueba *test; taste; proof, evidence*
publicar *to publish*

pucherazo, dar el — *to rig an election*
pueblo *people; small town*
pues *because, since, well*
puesta de largo *debut*
puesto *job, position*
punta *nail*
punto *point*
— débil *weak point;*
— de vista *point of view*
puñetazo *a blow given with a fist, fisticuff*
pureza *purity*

Q

quebradero de cabeza *headache (problem)*
quebrantar *to break*
quedar(se) *to remain, to stay;*
— a + distancia *to be + distance + away*
quejarse *to complain*
querer *to want, to love*
quicio *door hinge*
sacar de quicio *to irritate, to make somebody hit the ceiling*
química (la) *chemistry*
químico (el, la) *chemist*
quizá(s) *perhaps*

R

rabioso *rabid*
rápido *fast*
raro *strange, rare*
rato (ratito) *little while*
raya *line;*
pasarse de la — *to go too far*
raza *race (human)*
razón *reason;*
darle la — a alguien *to agree that somebody else is right;*
tener — *to be right*
realidad *reality;*
en — *in fact;*
en la — *in real life*
recaer sobre *to fall upon*
recámara *bedroom* (México)
recibir *to receive*
recientemente *recently*
reconocer *to recognize*
recordar *to remember*
recorrer *to cover (distance)*
recto *straight*
recuparar *to recuperate, to recycle*
recurso *resource*
rechazar *to reject*
red *net;*
— de transportes urbanos *city transportation system*
redactar *to write*
referirse a *to mean*
reflejar *to reflect*
regalo *gift*
regla *rule, ruler*
regresar *to return*
reina *queen*
reinar *to reign*
reloj *watch, clock*
relucir *to shine;*
sacar a — *to bring into the conversation*
remordimiento *remorse;*
— de conciencia *bad conscience*
renovar *to renew*
reñir *to fight*
repartir *to share, to divide*
reparto *cast (theatre)*
repaso *review*
representar *to play (theatre)*
reprimir *to suppress*
reprobar *to fail (exam)*
reprochar *to reproach*
requisito *requirement*
residencia *residence, dormitory*
residuo *waste*
resistirse a *to refuse to*
resorte *spring*
respuesta *answer*
resultado *results, returns*
resultar *to result;*
— que *to come out that, to turn out that*
resumir *to sum up, to edit*
retrasado *late;*
— mental *mentally retarded;*
llegar — *to be late*
retraso *delay*
reunión *meeting*

reunirse con *to get together, to meet*
revendedor *(ticket) scalper*
revés *reverse side;*
al — *the other way around*
revista *magazine; musical review*
rey *king*
rico *rich;*
nuevo — *nouveau riche*
rifa *raffle*
rima *rhyme*
río *river*
riqueza *wealth*
risa *laughter*
ritmo *rate, rhythm*
robar *to steal, to rob*
robo *theft;*
— de pisos *burglary*
rodaje (de una película) *shooting (of a movie)*
rodar *to shoot a movie*
rodear *to surround, to go around*
rodeo *roundabout way;*
dar un — *to go around an obstacle*
rodilla *knee*
rojo *red*
romper *to break*
ronda *round;*
hacer la — *to make the rounds*
ropa *clothes, laundry*
rubio *blond*
ruido *noise*
ruptura *break up*

S

saber *to know;*
— a *to taste like*
sabio *wise*
sabor *taste;*
tener — a *to taste like*
sacar *to take out, to get;*
— a relucir *to bring into the conversation;*
— de quicio *to irritate, to make somebody hit the ceiling;*
— entradas *to buy tickets;*
— notas *to receive grades;*
— una conclusión *to draw a conclusion*
sacerdote *priest*
sala *room, parlor;*
— de fiestas *night club*
salario *wage*
salir *to go out;*
— + adj. *to come out* + adj.;
—se con la suya *to have one's way*
saltar *to jump;*
—se a la torera *to disregard (a rule)*
salud (la) *health*
saludar *to greet*
saludo *greetings*
salvaje (el, la) *savage, wild*
secar *to dry*
secreto a voces *well-known secret*
seguir *to follow*
seguro *sure, safe*
selva *forest, jungle*
sello *post stamp, seal;*
— de goma *rubber stamp;*
— de correos *mail stamp*
semáforo *traffic light*
semana *week*
semejante *similar*
senado *senate*
sencillez *simplicity*
sencillo *simple*
sensación *feeling*
sentarse *to sit down*
sentencia *sentence*
sentido *sense, meaning;*
¿en qué —? *in what sense? in what way?*
tener — *to have meaning, to make sense*
sentimientos *feelings*
sentir *to feel, to regret*
señal *signal*
— de tráfico *traffic sign*
ser *to be, being;*
—lo a conciencia *to really be (something*
servir *to serve;*
— de *to be used as*
sesión continua *continuous performance*
siempre *always*
siglo *century*
significar *to mean*
siguiente *following*

silvestre *wild (plant)*
silla *chair*
simpático *nice, charming*
sin *without;*
  — embargo *however;*
siquiera *at least;*
  ni — *not even*
situar *to place, to locate*
sobornar *to bribe*
sobra, de — *more than enough*
sobrar *to be in excess, to be more than enough*
sobre *envelope; on;*
  ¿ — qué hora ? *around what time?*
sobrevivir *survive*
sociedad *society;*
  crónica de — *society pages*
socio *member, partner*
sociólogo, -a *sociologist*
sol *sun*
solamente *only*
solar *empty lot*
soldado *soldier*
soler *to usually* + inf.
solicitar *to apply*
solicitud *application form*
solo *alone;*
  ni un — *not even one*
sólo *only*
soltar *to let loose, to free*
soltero, -a *bachelor, single*
solucionar *to solve*
sombra *shade, shadow*
sombrero *hat*
sonar *to sound*
sonido *sound*
sonoro, cine — *sound films*
sonreír *to smile*
sonrojarse *to blush*
soñar *to dream*
soplar *to blow*
soportar *to bear, to stand*
sorpresa *surprise*
sospecha *suspicion*
sospechoso *suspect*
subasta *bidding, auction*
subdesarrollado *underdeveloped*
subrayar *to underline*
subterráneo *underground*
suburbio *low-class section of town*
suceder *to happen*
sucio *dirty*
sucursal *branch (of a bank, store)*
sueldo *salary*
sueño *dream*
suerte *luck*
sufrir *to suffer, to bear*
sugerencia *suggestion*
suicidarse *to commit suicide*
suministrar *to supply*
sumiso *docile*
superficie *surface*
supervivencia *survival*
suponer *to suppose, to assume*
suprimir *to suppress*
surgir *to come up, to appear*
suspender *to fail (exam)*
sutil *subtle*

T

tal *such;*
  — como es *as is;*
  — y cual *so and so*
también *also*
tampoco *either, neither*
tanto *so much;*
  —s *so many;*
  no — *not quite;*
  por lo — *therefore*
taquilla *ticket-office, window (bank, theatre)*
tardar *to delay, to be long, to take time*
tarde *afternoon, late*
taza *cup*
tejado *roof*
tela *cloth*
tema (el) *subject*
temer *to be afraid*
tempestad *storm*
temporada *season;*
  pasar una — *to spend a vacation*
temporal *temporary*
tenedor *fork*

tener *to have*
— lugar *to take place;*
(no) — nada que ver con *(not) to have anything to do with;*
— razón *to be right*
terminar *to finish*
término *term, word, end*
terraza *flat roof, sun deck;*
— de café *sidewalk café*
terreno *lot*
testigo *witness;*
— de cargo *— for the prosecution;*
— de descargo *— for the defense*
testimonio *testimony;*
falso — *perjury*
tetera *teapot*
tiburón *shark*
tiempo *time; weather*
tienda *shop; tent*
tierra *land, earth, country*
timbre *ring, doorbell*
tipo *type*
tirar *to pull, to throw away;*
—se de *to jump from*
tiro *shot*
titular *headline*
título *diploma, degree, title*
tocar *to touch; to play (music)*
todavía *yet;*
— no *not yet*
todo *all;*
— eso *all that;*
del — *completely;*
en todas partes *everywhere*
tomar *to take; to drink*
tonto *stupid, silly*
tópico *cliché*
torcer (tuerzo) *to turn*
torear *to fight bulls*
torero *bullfighter*
toro *bull;*
los —s *the bulls, the bullfight*
plaza de —s *bullring*
trabajar *to work*
traducir *to translate*
traer *to bring;*
— a cuento *to bring into the conversation*
traje *suit*
— de noche *evening gown*
trance, estar en — de extinción *to be in danger of extinction*
transcurrir *to take place*
transmitir *to show (a TV program), to broadcast*
tras *after*
tratar *to treat, to try, to handle;*
— de *to be about;*
—se con *to be friends with;*
—se de *to be a question of*
trato *treatment*
tren *railway, train*
tribunal *court*
— inferior *lower court*
trimestre *quarter (of academic year)*
triste *sad*
tropezar con *to bump into*
trozo *piece*

U

últimamente *lately*
último *last*
ultranza, a — *out and out*
única, dirección — *one way traffic*
único *only;*
el — *the only one*
unir *to unite, to link*
uno *one*
urbano *city* (adj.)
urna *ballot box*
usar *to use*
útil *useful*
utilizar *to use*

V

vacación *holiday*
vacío *empty*
valer *to be worth*
valioso *valuable*
valor *courage, value, worth;*
—es *stock*
vaquero *cowboy*
varios *several*
¡vaya! *well!*
vecino *neighbor*

velo *veil, small mantilla*
vencer *to defeat*
vendedor *salesman*
vender *to sell*
venir *to come;*
— bien *to be good;*
no — mal *not to be bad*
ventaja *advantage*
ver *to see;*
tener que — con *to have to do with*
verano *summer*
verdad *truth, true;*
de — *truly;*
en — *truly*
verdaderamente *truly, really*
verde *green*
vertiginoso *very fast*
vestido *dress*
vestir *to dress*
vestuario *costumes (theatre)*
vez *time, turn;*
a la — *at the same time;*
alguna — *sometimes;*
a veces *sometimes;*
en — de *instead of*
viajar *to travel*
viaje *travel, trip;*
— de ida y vuelta *round-trip*
vida *life;*
ganarse la — *to make a living*
viejo *old*
viga *beam*
vinagre *vinegar*
vino *wine*
violar *to rape*
vista *view;*
punto de — *point of view*
vistazo *a quick glance;*
echar un — *to give a look*
visto *seen;*
está — que *obviously, it is clear that*
vitalicio *for life, life-long*
viudo, -a *widower, widow*
vivienda *housing*
vivir *to live*
vivo *alive, lively, sharp*
voluntad *will*
fuerza de — *willpower*
volver *to return, to come back;*
— a + infinitivo *to . . . again*
votar *to vote*
voto *vote, ballot*
voz *voice;*
en — alta *aloud*
vuelo *flight*
vuelta *return;*
a la — de *around;*
dar una — *to take a walk;*
ida y — *round trip*
vulgaridad *cliché*

Z

zapato *shoe*

Indice de dificultades

Este índice sólo incluye las palabras y expresiones cuyo uso es estudiado en la sección *Dificultades y ejercicios*, en cada lección.

Los números romanos indican la lección; los números árabes indican la página.

acabársele (algo a alguien) ii, 23
to accomplish vii, 100
to account for vii, 100
acertar xii, 179
  acertar a + *infinitivo* xii, 179
  acertar con xii, 179
acordar x, 150
  acordarse de x, 150
afianzar vii, 99
to agree x, 150
aguantar iii, 37
amaestrar ix, 137
amaestrado ix, 136
andar (en coche, a caballo, etc.) xv, 231
animal trainer ix, 137
apagársele (algo a alguien) ii, 23
arriesgarse a xiii, 195

to bank on xiv, 213
to be able to xii, 179
to be a question of iii, 38
to be blamed for ix, 138
to be catching xiii, 193
to be close friends xi, 167
to be driven to + —ing xv, 232
to be friends with iii, 38
to be guilty of ix, 138
to be one's turn xiv, 211
to be on good terms with iii, 38
to be reliable, trustworthy xi, 167
to be right viii, 116
to be somebody's fault ix, 138
to be thrilled xiv, 213
to be wrong viii, 116
to bear iii, 37
to become iv, 51
to blame ix, 138
to borrow xii, 180

caérsele algo a alguien ii, 23
coach ix, 137
clavar xv, 231
conducir xv, 231
confiar xi, 166
  confiar en xi, 166
  tener confianza en xi, 166
  tener confianza con xi, 167
  ser de confianza xi, 167
confundirse de + *nombre* viii, 117
conocer x, 152
corregir i, 8
culpa ix, 138
  echar la culpa ix, 138
  culpar ix, 138
  tener la culpa ix, 138
  la culpa es de ix, 138

la culpa es + *adjetivo posesivo* ix, 138
cultivado ix, 136

dar cuenta de vii, 100
darse cuenta de vii, 100
dar la mano xi, 166
darse la mano xi, 166
darle a alguien por ii, 22
darle la razón a alguien viii, 116
dar por descontado i, 111
to deal with iii, 38
de haber +*participio* iv, 50
decepcionar xiv, 212
decepcionarse con xiv, 212
decepción xiv, 212
llevarse una decepción xiv, 212
deception xiv, 214
delusion xiv, 214
desconocido i, 6
desilusión xiv, 212
causar una desilusión xiv, 212
llevarse una desilusión xiv, 213
desilusionar xiv, 212
desilusionarse con xiv, 212
to disappoint xiv, 212
to be disappointed xiv, 212
to disenchant xiv, 212
to be disenchanted xiv, 212
distancia xv, 233
doler viii, 114
dolerle algo a alguien viii, 114
domador ix, 137
domesticado ix, 136
doméstico ix, 136
to draw a prize xiv, 211
to drive xv, 231
to drive a nail xv, 231
to drive crazy xv, 232
to drive mad xv, 232
to drive to + *—ing* xv, 232

echar la culpa (de algo a alguien) ix, 138
to edit i, 8
editar i, 8
encontrar x, 153
engaño xiv, 214
enthusiasm xiv, 214
entrenar ix, 137
entrenador ix, 137
to entrust xi, 166
equivocarse viii, 117
estar equivocado viii, 116
to equivocate viii, 117
escapársele algo a alguien ii, 23
estar ilusionado con xiv, 212
to exhibit xiii, 195
exponer xiii, 195
exponerse a xiii, 195
extranjero i, 6
extraño i, 6

falsa idea, xiv, 214
faltar, vi, 83
faltarle algo a alguien vi, 84
to fight xiii, 194
to find x, 153; xii, 179
to finish up vii, 100
to fix vii, 99
foreigner i, 6
foreign countries i, 6
forastero i, 6

to give a ride xv, 231
to glue xiii, 192, 194
to guess xii, 179
to guess right xii, 179

hacer falta vi, 82
hacer +*tiempo* + que + *verbo en presente* v, 67
hacer + *tiempo* + que +*verbo en pretérito* v, 68
hacerse + *adjetivo* iv, 51
hacerse ilusiones sobre xiv, 213
to handle iii, 38
to happen i, 7
to happen to xii, 179
to have great expectations xiv, 213
herir viii, 114
herirse viii, 114
to hit xiii, 192
to hit the mark xii, 179
to hurt viii, 114

illusion xiv, 214
ilusión xiv, 214
ilusionarse con xiv, 213
estar ilusionado con xiv, 213
hacerse ilusiones sobre xiv, 213
impulsar a + *artículo* + *nombre* xv, 232
impulsar a + *infinitivo* xv, 232
to infect xiii, 192
instruir(se) ix, 137
ir a caballo xv, 233
ir en coche xv, 233

to kill oneself xiv, 213
to know x, 152
to know how to x, 153

lastimar viii, 114
lastimarse viii, 114
to lend xii, 180
to look iii, 39; vii, 99
to look like, alike iii, 39
luchar xiii, 194

llegar a ser + *adjetivo* iv, 51
llevar a alguien en coche xv, 231
llevar a + *artículo* + *nombre* xv, 232
llevar a + *infinitivo* xv, 232

manejar xv, 231
mantener iii, 37
to meet x, 152
memoria x, 152
memory x, 152
montar (a caballo) xv, 233

no ser (nada) más que vii, 98

to occur i, 7
ocurrir i, 7
ocurrírsele algo a alguien i, 7
to offer (*oneself to*) xii, 180
olvidársele algo a alguien ii, 23

parecer iii, 39
parecerle algo a alguien iii, 39
parecerse iii, 39
parecerse a iii, 39

paseo xv, 233
pegar, xiii, 192
pegarse xiii, 193
pegarse a xiii, 194
pelear xiii, 194
pelearse xiii, 194
to play (*an instrument*) xiv, 211
ponerse + *adjetivo* iv, 51
por mucho que + *subjuntivo* v, 69
to post xiii, 192
preparar(se) ix, 137
prestar xii, 180
pedir, tomar prestado xii, 180
prestarse a xii, 180
publicar i, 8

to quarrel xiii, 194

raro i, 6
realizar vii, 100
to realize vii, 100
recordar x, 150
recordarse de x, 150
recordarle algo a alguien x, 150
recuerdo x, 150
recuerdos x, 150
regards x, 152
to remember x, 150
remembrance x, 152
to remind x, 150
resumir i, 8
ride xv, 233
to ride xv, 233
to give a ride xv, 233
to ring (a bell) xiv, 211
to risk xiii, 195

saber x, 152
saber a x, 153
saber + *infinitivo* x, 153
sacar (a alguien) de sus casillas xv, 232
sacar de quicio xv, 232
salirse con la suya vi, 81
salvaje ix, 136
to seem iii, 39
serlo a conciencia ii, 22
to shake hands xi, 166
si hubiera + *participio* iv, 50

silvestre ix, 136
sobrarle algo a alguien vi, 84
soportar iii, 37
souvenir x, 152
to stand iii, 37
strange i, 6
stranger i, 6
to stick xiii, 194
subjuntivo + lo que + *subjuntivo* v, 69

to taste x, 153
tener razón viii, 116
terminársele algo a alguien ii, 23
tocar xiv, 211
  tocarle el turno a alguien xiv, 211
  tocarle un premio a alguien xiv, 211
tomar prestado de xii, 180
to touch xiv, 211
to train ix, 137
tratar iii, 38
  tratar de iii, 38
  tratarse con iii, 38
  tratarse de iii, 38
trayecto xv, 233
to treat iii, 38
to trust xi, 166
to try iii, 38

usar frases equívocas viii, 117

viaje (en coche) xv, 233
volver (loco) a alguien xv, 232
  volverse + *adjetivo* iv, 51

wrong viii, 118

75 76 77 78 9 8 7 6 5 4 3 2 1